主　　编　孙晓勇　国家法官学院院长
最高人民法院司法案例研究院院长
副 主 编　胡田野　国家法官学院副院长
刘　畅　最高人民法院司法案例研究院规划部主任
主编助理　赵文轩　最高人民法院司法案例研究院规划部编辑
刘丽媛　最高人民法院司法案例研究院规划部编辑

《中国法院年度案例》编辑人员（按姓氏笔画）
王　锐　刘　畅　朱建伟　朱　琳　吴光荣　李晓果
李　谦　杨小利　胡　岩　赵文轩　唐世银　徐一楠
贾　偆　曹海荣　梁　欣　程诗翰　程　瑛

本书编审人员　朱建伟

中国法院2022年度案例

国家法官学院　最高人民法院司法案例研究院／编

刑事案例四

（妨害社会管理秩序罪、贪污贿赂罪、渎职罪）

中国法制出版社
CHINA LEGAL PUBLISHING HOUSE

《中国法院2022年度案例》通讯编辑名单

序

党的十八大以来，以习近平同志为核心的党中央高度重视法治在推进国家治理体系和治理能力现代化中的重要作用，党的十九届六中全会通过的《中共中央关于党的百年奋斗重大成就和历史经验的决议》指出，必须坚持中国特色社会主义法治道路，贯彻中国特色社会主义法治理论，坚持依法治国、依法执政、依法行政共同推进，坚持法治国家、法治政府、法治社会一体建设，全面增强全社会尊法学法守法用法意识和能力。人民法院始终坚持以习近平法治思想为指导，把加强司法案例研究作为推进全面依法治国的重要途径，通过发布具有普遍指导意义的典型案例，统一法律适用、提高审判质效，提升司法公信力，努力让人民群众在每一个司法案件中感受到公平正义。《中国法院年度案例》丛书，旨在总结提炼典型案例的裁判规则和裁判方法，发挥司法规范、指导、评价、引领的重要作用，大力弘扬社会主义核心价值观，增强全民法治意识和法治素养，展现新时代我国法治建设新成就。

《中国法院年度案例》丛书自2012年编辑出版以来，已连续出版11年，受到读者广泛好评。近年来，为更加全面地反映我国司法审判执行工作的发展进程，顺应审判执行实践需要，响应读者需求，丛书2014年度新增金融纠纷、行政纠纷、刑事案例3个分册，2015年度将刑事案例调整为刑法总则案例、刑法分则案例2个分册，2016年度新增知识产权纠纷分册，2017年度新增执行案例分册，2018年度将刑事案例扩充为4个分册。自2020年起，丛书由国家法官学院与最高人民法院司法案例研究院共同编辑，每年年初定期出版。在全国各级人民法院的大力支持下，丛书编委会现编辑出版《中国法院2022年度案例》系列丛书，共23册。为助力实施环境资源审判专门化的司法政策，推进生态文明建设与绿色发展，自今年起，丛书将土地纠纷（含林地纠纷）分册改为土地纠纷（含环境资源纠纷）分册。

《中国法院年度案例》丛书以开放务实的态度、简洁明快的风格，在编辑中坚持以下方法，努力把案例书籍变得“好读有用”：一是高度提炼案例内容，控制案例篇幅，每个案例基本在 3000 字以内；二是突出争议焦点，剔除无效信息，尽可能在有限的篇幅内为读者提供有效、有益的信息；三是注重对裁判文书的再加工，大多数案例由案件的主审法官撰写“法官后语”，高度提炼、总结案例的指导价值，力求引发读者思考，为司法工作提供借鉴，为法学研究提供启迪。

《中国法院年度案例》丛书编辑工作坚持以下原则：一是广泛选编案例。国家法官学院和最高人民法院司法案例研究院每年通过各高级人民法院从全国各地法院汇集上一年度审结的典型案例近万件，使该丛书有广泛的精选基础，优中选优，可提供给读者新近发生的全国各地多种类型的典型性案例。二是方便读者检索。为体现以读者为本的宗旨，丛书分卷细化，每卷下还将案例主要根据案由分类编排，每个案例用一句话概括裁判规则、裁判思路或焦点问题作为主标题，让读者一目了然，迅速找到目标案例。

中国法制出版社始终全力支持《中国法院年度案例》丛书的出版，给了作者和编辑们巨大的鼓励。2022 年，丛书将继续提供数据库增值服务。购买本书，扫描前勒口二维码，即可在本年度免费查阅往年同类案例数据库。我们在此谨表谢忱，并希望通过共同努力，逐步完善，做得更好，真正探索出一条编辑案例书籍、挖掘案例价值的新路，更好地服务社会主义法治国家建设、服务法治社会建设、服务学习研究法律的读者。

《中国法院年度案例》丛书既是法官、检察官、律师等法律工作者的办案参考和司法人员培训的实用教材，也是社会大众学法用法的经典案例读本，同时是教学科研机构案例研究的良好系列素材。当然，案例作者和编辑在编写过程中也难以一步到位实现最初的编写愿望，客观上会存在各种不足甚至错误，欢迎读者批评指正。我们愿听取各方建议，不断扩宽深化司法案例研究领域，立足新发展阶段，实现中国特色司法案例研究事业的高质量发展。

国家法官学院

最高人民法院司法案例研究院

2022 年 1 月

目　录

Contents

一、妨害社会管理秩序罪

（一）扰乱公共秩序罪

（四）走私、贩卖、运输、制造毒品罪

三、渎职罪

附录：

一、妨害社会管理秩序罪

（一）扰乱公共秩序罪

1

催收“套路贷”行为在新旧规定竞合情况下的法律适用

——柳某刚等寻衅滋事、虚假诉讼、诈骗案

【案件基本信息】

1. 裁判书字号

浙江省绍兴市中级人民法院（2020）浙06刑终152号刑事判决书

2. 案由：寻衅滋事罪、虚假诉讼罪、诈骗罪

【基本案情】

2014年至2018年，被告人柳某刚先后纠集被告人王某某、梅某、吴某某等人，伙同被告人周某，在绍兴市越城区范围内从事“套路贷”非法放贷。放贷过程中，被告人柳某刚等人提供格式化借条，通过“虚增贷款金额”“制造虚假给付痕迹”“毁匿还款证据”等手段获取巨额利益，并采取殴打、限制人身自由以及泼油漆、堵锁孔、贴大字报、播放高音喇叭、深夜敲门等手段非法讨要债务，经民警出警教育后仍继续实施。具体行为有：

1. 2014 年 6 月，柳某刚指使他人在绍兴市越城区东浦街道，以殴打、限制人身自由、威胁到家吵闹等方式向被害人盛某某非法讨要债务。

2. 2015 年上半年，柳某刚指使王某某、梅某纠集他人，数次到边某某家中，以泼油漆、堵锁孔等方式向边某某非法讨要债务，对其家属和周围邻居生活造成影响。

3. 2015 年下半年，柳某刚指使王某某、梅某纠集他人，多次到赵某家中，以播放高音喇叭、贴大字报、堵锁孔、深夜敲门等方式向赵某非法讨要债务，对其家属和周围邻居生活造成影响。赵某家属多次报警，王某某、梅某等人经民警教育后仍继续实施上述行为。

4. 2015 年，柳某刚、吴某某到陈某某家中，以大声吵闹、假装报警威胁等方式非法讨要债务。

5. 自 2016 年 6 月起，柳某刚指使王某某、梅某纠集他人，多次趁郭某某开会之际到其工作场所，以聚集吵闹、静坐等方式向郭某某非法讨要债务，对工作场所正常经营造成影响。

6. 2016 年 6 月，柳某刚指使王某某、梅某等人，对冯某某实施殴打，并到冯某某家中敲门向冯某某非法讨要债务，对其家属和周围邻居生活造成影响。

7. 2016 年，柳某刚、周某经预谋，指使王某某、梅某纠集他人，以殴打的方式向严某某非法讨债，导致严某某受伤。

【案件焦点】

柳某刚纠集他人以泼油漆、堵锁孔、播放高音喇叭、贴大字报、深夜敲门等方式催讨非法债务的行为，是否构成刑事犯罪，构成何种犯罪。

【法院裁判要旨】

浙江省绍兴市越城区人民法院经审理认为：柳某刚等人催讨“套路贷”产生的非法债务，构成寻衅滋事罪。理由如下：

首先，从主观方面分析，柳某刚等人为催讨非法债务的高额经济利益，假借“民间借贷”名义，借故生非，逞强好胜，使他人产生心理恐惧或者形成心理强制，符合寻衅滋事的主观要件。

其次，从侵害客体分析，柳某刚等人在被害人居住小区、工作场所等公共区域实施殴打他人、使用喇叭制造噪声、聚众吵闹静坐等行为，不仅侵害被害人的人身权利，亦扰乱了社会公共秩序和生产经营秩序。

最后，从客观行为分析，柳某刚等人采用暴力殴打及滋扰、纠缠等软暴力手段，其中殴打被害人盛某某、冯某某、严某某的行为，符合《中华人民共和国刑法》第二百九十三条第一款第一项及《最高人民法院、最高人民检察院关于办理寻衅滋事刑事案件适用法律若干问题的解释》（以下简称《寻衅滋事解释》）第二条第三项的规定，属于“多次随意殴打他人”，结合被告人主观故意、行为后果等，应认定为寻衅滋事犯罪。此外，柳某刚等人还实施了限制人身自由、泼油漆、堵锁孔、播放高音喇叭、贴大字报、深夜敲门、聚众静坐等行为，虽暴力威胁程度未及上述殴打行为，但系有组织地采用滋扰、纠缠、哄闹、聚众造势等手段扰乱正常的工作、生活秩序，使他人产生心理恐惧或者形成心理强制，根据《最高人民法院、最高人民检察院、公安部、司法部关于办理实施“软暴力”的刑事案件若干问题的意见》的规定，属于《中华人民共和国刑法》第二百九十三条第一款第二项规定的“恐吓”。同时，根据《寻衅滋事解释》第三条的规定，柳某刚等人实施的第3点事实系多次聚众滋扰、哄闹，严重影响被害人家属和周围邻居日常生活，致被害人家属多次报警，被告人经民警教育后仍继续实施上述行为，可认定为“多次恐吓他人，造成恶劣社会影响”“严重影响他人的工作、生活”，应构成寻衅滋事犯罪；柳某刚等人实施的第2点、第4点、第5点事实，亦属于“多次恐吓他人，造成恶劣社会影响”“严重影响他人的工作、生活”，应构成寻衅滋事犯罪。

据此，柳某刚多次纠集他人实施寻衅滋事犯罪行为，严重破坏社会秩序，应根据《中华人民共和国刑法》第二百九十三条第二款的规定，在五年有期徒刑以上判处刑罚。

柳某刚辩解其行为不属于寻衅滋事情节严重，提起上诉。浙江省绍兴市中级人民法院同意一审法院意见，依照《中华人民共和国刑事诉讼法》第二百三十六条第一款第一项之规定，作出如下裁定：

驳回上诉，维持原判。

【法官后语】

刑法修正案（十一）对催收非法债务的行为作了新的规定（以下简称“新规”），在刑法第二百九十三条（寻衅滋事罪）之后增加一条，作为第二百九十三条之一，将使用暴力、胁迫方法，限制他人人身自由或者侵入他人住宅以及恐吓、跟踪、骚扰他人等采取暴力、“软暴力”手段催收高利放贷产生的债务以及其他法律不予保护债务的行为规定为“催收非法债务罪”。新规在适用时，应注意把握新旧规定的衔接、竞合犯的处断等问题。

一、新旧规定的衔接

针对非法催讨债务的行为，我国司法解释多次予以明确。根据《寻衅滋事解释》的规定，行为人因债务等纠纷，实施殴打、辱骂、恐吓他人或者损毁、占用他人财物等行为的，一般不认定为“寻衅滋事”，但经有关部门批评制止或者处理处罚后，继续实施前列行为，破坏社会秩序的除外。在“扫黑除恶”专项斗争开展过程中，针对“软暴力”日益猖獗的问题，最高人民法院、最高人民检察院、公安部、司法部先后出台《关于办理黑恶势力犯罪案件若干问题的指导意见》《关于办理实施“软暴力”的刑事案件若干问题的意见》等司法解释及部门规章，明确规定有组织地采用滋扰、纠缠、哄闹、聚众造势等手段扰乱正常的工作、生活秩序（或采用“软暴力”手段），使他人产生心理恐惧或者形成心理强制，属于刑法第二百九十三条第一款第二项规定的“恐吓”，同时符合其他犯罪构成条件的，应以寻衅滋事罪定罪处罚。

相较于上述规定，新规的构成要件具有新的特点：一是行为对象限定为“高利放贷产生的债务或者其他法律不予保护的债务”；二是行为类型不仅包括暴力性行为，亦包括“软暴力”性行为；三是入罪标准多样化，涉及寻衅滋事、非法拘禁、非法侵入住宅等犯罪的客观表现。目前虽未有配套规定进一步明确新规中“情节严重”的具体情形，但根据条文表述的文义来看，

“限制他人人身自由”的程度显然轻于非法拘禁犯罪所要求的“剥夺他人人身自由”的程度，“恐吓、跟踪、骚扰他人”亦应不同于寻衅滋事的构罪要求。

二、竞合犯的处断

鉴于新规条文包括了多个犯罪构成，与非法侵入住宅、寻衅滋事等犯罪存在法条竞合关系，这对如何认定行为性质、准确适用罪名造成了一定难度。笔者认为，针对非法催讨法律不予保护债务的行为，新规系特别法，一个行为同时符合同一法律的普通条款与特别条款规定的犯罪构成时，应根据具体情况与法律规定，分别适用特别法优于普通法、重法优于轻法的原则。

通常情况下，应依照特别法优于普通法的原则，以催收非法债务罪定罪处罚。立法法确立特别规定优于一般规定的法律适用规则，是由于特别规定系根据调整具体社会关系的特殊需要而制定的，故具有优先适用的效力。

特殊情况下，应适用重法优于轻法的原则，即按照行为所触犯的法条中法定刑最重的法条定罪量刑。就本新规而言，条文虽没有规定特定情况下按照普通条文规定定罪量刑，但对此也未作禁止性规定。而且，在按特别法条定罪明显不能实现罪刑相适应时，应按照重法优于轻法的原则定罪量刑①。如适用特别法条规定的法定刑明显低于普通法条规定的法定刑，并缺乏法定刑减轻的根据，根据案件情况，适用特别法明显违反罪刑相适应原则的，应适用处罚较重的普通法条。

刑法修正案（十一）自2021年3月1日起施行。本案宣判时，该修正案尚未公布和实施，故本案只能按照寻衅滋事罪考量柳某刚等人的行为，依法追究其刑事责任。自刑法修正案（十一）实施以来，人民法院已经对多起使用暴力、“软暴力”手段催收高利放贷产生的债务以及其他法律不予保护债务的行为，按照“催收非法债务罪”进行了宣判，有效遏制了非法催债行为，受到了人民群众的认可。

编写人：浙江省绍兴市越城区人民法院　车佳妮

---

① 张明楷：《刑法学》，法律出版社2011年版，第424页。

2

利用信息网络寻衅滋事构成犯罪的认定

——彭某寻衅滋事案

【案件基本信息】

1. 裁判书字号

山东省济南市中级人民法院（2020）鲁 01 刑终 80 号刑事裁定书

2. 案由：寻衅滋事罪

【基本案情】

2011 年 12 月以来，被告人彭某任某银行监事长（后某银行等单位合并组建某银行），彭某因职级待遇和未进入某银行领导班子而心生不满，多次通过不正当手段谋求职级和职务上的不正当利益。省某信用社、某银行等单位针对其信访事项分别进行了调查反馈或答复，但彭某仍不满意。2019 年 5 月，为向某银行等单位施加压力，引起舆论关注，彭某主动联系并雇用“网络推手”王某见（另案处理），二人共谋网络炒作方案，后彭某两次付给王某见共计 12 万元。

2019 年 6 月，被告人彭某将道听途说、主观推测的不实材料，交由王某见加工并经彭某同意后，二人通过某微信公众号、某今日头条账号、某百度百家号、某微博账号在网上公开发布文章、信息五十余篇。其中含有“某银行隐瞒涉及金融诈骗案，从而造成银行资产损失近 30 亿元”“丁某某与宗某、王某某与鲁某均有不正当两性关系并生育子女”“彭某被违规降级、信访举报无回应”“省某信用社资金中心存在‘小金库’未予追责、向某源公司的贷款造成损失”等虚假信息。上述文章、信息在十余家网络媒体上被转载报道，引发网民大量点击、转发及负面评论，点击量超过千万次，造成公共秩序严重混乱。

公诉机关认为被告人彭某的行为构成寻衅滋事罪，提请本院依法判处，并建议判处有期徒刑三年六个月至四年六个月。

对于公诉机关在起诉书中指控的犯罪事实，被告人彭某及其辩护人主要提出以下意见：（1）彭某的目的是进行举报，主观上不具有犯罪故意；（2）彭某所发布的并非虚假信息；（3）彭某认为王某见系焦点访谈工作人员，不存在雇用“网络推手”的问题；（4）现有证据不能证明彭某的行为造成了公共秩序严重混乱。

综上，被告人彭某及其辩护人均认为彭某的行为不构成犯罪。

【案件焦点】

1. 彭某在网络上发布信息的目的是否为信访举报；2. 彭某在网络上发布的是否为虚假信息；3. 公安机关出具的网络在线提取记录的程序是否合法、是否能够证明文章点击量，以此证明彭某的行为造成了公共秩序严重混乱。

【法院裁判要旨】

山东省济南市历下区人民法院经审理认为：被告人彭某为谋求职级和职务上的不正当利益，借故生非，伙同他人编造虚假信息，在信息网络上肆意散布，起哄闹事，被多家媒体转载报道，引发网民大量点击、评论，混淆视听，蛊惑群众，造成公共秩序严重混乱，其行为已构成寻衅滋事罪。公诉机关指控彭某犯寻衅滋事罪成立。根据彭某犯罪的事实、性质、情节和对于社会的危害程度，依照《中华人民共和国刑法》第二百九十三条第一款第四项、第二十五条第一款、第六十四条及《最高人民法院、最高人民检察院关于办理利用信息网络实施诽谤等刑事案件适用法律若干问题的解释》第五条第二款的规定，判决如下：

被告人彭某犯寻衅滋事罪，判处有期徒刑四年；扣押于公安机关的作案工具粉色 IPHONE 6S 手机 1 部、黑色 IPHONE 8 手机 1 部，予以没收。

宣判后，彭某上诉至山东省济南市中级人民法院。二审法院同意一审法院裁判意见，维持了一审判决。

【法官后语】

一、彭某在网络上发布信息的目的是否为信访举报

彭某的信访材料、某银行、省某信用社、某银保监局的会议纪要、信访谈话纪要、办理情况报告、处理意见、答复意见书及说明材料证明了彭某多次信访谋求职级和职务上的利益，相关单位已答复其诉求“不符合党员领导干部选拔任用程序，也缺乏政策依据”。王某见的供述证明彭某说过她对在单位所遭受的不公平待遇非常愤怒，她也不会让那些领导好过。证人王某某的证言证明彭某向其明确要求担任某银行副行长未果，就开始采取到上级部门反映、发送短信威胁有关领导等多种方式，以期望实现个人目的。以上证据足以证实彭某“信访”系为了谋求个人不正当利益。彭某和王某见的供述证明彭某明知王某见进行有偿网络“维权”，仍向其支付炒作费用 12 万元，彭某向王某见提供所谓“检举材料”而不提供证据，王某见不仅不审核反而为其加工，且经彭某同意后发布，足以证实彭某系雇用王某见进行网络炒作，而非进行网络举报。二人共谋网络炒作方案，对不实材料进行加工，并使用了吸引眼球、引起网友和舆论关注的标题和文字，通过网络进行发布。彭某明知这种方式会放大影响，其追求的也正是这种效果。

综上，足以认定彭某的行为是利用网络进行炒作，而非为了信访举报。

二、彭某在网络上发布的信息是否为虚假信息

经查，彭某在网上公开发布文章、信息五十余篇的事实，有网络在线提取笔录、今日头条、微博、百度百家号等媒体提供的材料等证据予以证实；彭某及其辩护人对鉴定意见提出异议。法院认为，公诉机关提供了相关情况说明，证明了检材和样本的提取过程，并对亲缘鉴定与亲子鉴定的概念等进行了说明，足以证明检材和样本的真实性、鉴定的科学性；彭某及其辩护人对联合调查组的调查结论提出异议，本院认为，现有证据足以证实调查结论的合法性，联合调查组系由相关国家机关为调查特定事项组成，《关于某银行彭某网络举报问

题调查情况公布》应当认定为权威机构发布的结论性意见，该调查结论与本案其他证据能够相互印证，均证明了彭某的犯罪事实，应予采信。

三、公安机关出具的网络在线提取记录的程序是否合法、是否能够证明文章点击量，以此证明彭某的行为造成了公共秩序严重混乱

公安机关的网络在线提取记录附有提取时的同步录像，应予采信；即使点击量中存在彭某、王某见等人点击或他人重复点击的可能性，亦不足以影响对点击量超过千万次的认定；某银行行长贾某峰、监事长薛某波的证言有某银行关于彭某负面舆情风险应急处置预案、彭某舆情事件对该行业务影响、彭某舆情事件业务数据影响表予以佐证，足以证明彭某的行为造成了公共秩序严重混乱。

编写人：山东省济南市历下区人民法院　王玉

3

帮助信息网络犯罪活动罪的帮助犯性质

——方某、刘某帮助信息网络犯罪活动案

【案件基本信息】

1. 裁判书字号

湖南省岳阳市云溪区人民法院（2021）湘0603刑初8号刑事判决书

2. 案由：帮助信息网络犯罪活动罪

【基本案情】

被告人方某、刘某通过赵某（另案处理）进入“Bryant 群6买币”的微信群，并按照赵某的要求在微信群中为他人网络犯罪的资金进行转账。方某、刘某将自己用于转账的银行卡信息发送到微信群中，收到转账资金后通过在“火

币 pro”App 购买“USTD 币”，并按照微信群中的提币地址进行提币后截图发送到该微信群。至案发，方某通过使用自己的6张银行卡和其亲属的4张银行卡将刘某玲、雷某莉等多人的被骗资金进行转账结算，金额共计3535.6万元。刘某通过使用自己的8张银行卡将刘某玲、杨某容等多人的被骗资金进行转账结算，金额共计3496.5万元。方某、刘某各获利4万元。

【案件焦点】

二被告人的犯罪行为是应当认定为共同犯罪中的从犯，还是单独构成帮助信息网络犯罪活动罪。

【法院裁判要旨】

湖南省岳阳市云溪区人民法院经审理认为：被告人方某、刘某均构成帮助信息网络犯罪活动罪，公诉机关的指控成立。关于被告人方某的辩护人提出的被告人方某系初犯，且积极退缴违法所得，可从轻处罚的辩护意见。经查，与事实相符，本院予以采纳。关于被告人刘某的辩护人提出被告人刘某属自首的辩护意见。经查，根据公安机关出具的抓获经过说明，办案警察赶赴长沙将被告人方某、刘某抓获，传唤至云溪公安分局执法办案区。该辩护意见与事实不符，本院不予采纳。被告人刘某的辩护人提出的被告人刘某系初犯，积极退缴违法所得，可以从轻处罚的辩护意见。经查，与事实相符，本院予以采纳。被告人方某、刘某在共同犯罪中起主要作用，均系主犯；被告人方某、刘某到案后均能如实供述其罪行，均属坦白，愿意接受处罚，对其均可以从轻、从宽处罚；被告人方某、刘某主动退缴全部违法所得，均可酌情从轻处罚。公诉机关的量刑建议适当。依照《中华人民共和国刑法》第二百八十七条之二第一款、第二十五条第一款、第二十六条第一款、第四款、第六十七条第三款、第六十四条及《中华人民共和国刑事诉讼法》第十五条、第二百零一条之规定，判决如下：

一、被告人方某犯帮助信息网络犯罪活动罪，判处有期徒刑二年，并处罚金人民币十万元；

二、被告人刘某犯帮助信息网络犯罪活动罪，判处有期徒刑二年，并处罚金人民币十万元；

三、公安机关扣押在案的被告人方某的违法所得人民币四万元、被告人刘某的违法所得人民币四万元由公安机关予以返还被害人。

宣判后，二被告人均未提起上诉，判决已发生法律效力。

【法官后语】

随着网络空间的不断发展，伴随而来的是越来越多的灰色地带，如果这些灰色地带得不到有效规制，那么，未来的网络空间的发展将受到猛烈冲击。作为拥有亿万网民的网络世界不应成为非法之地，网络犯罪无法可依会严重侵害网络秩序和社会公序良俗。因此，应对网络空间的不断发展，在立法上要形成合理的应对机制，及时应对不断出现的新问题，有效打击网络犯罪，促进网络空间健康有序地发展。在此背景下，刑法修正案（九）增设了帮助信息网络犯罪活动罪这一新罪名。“网络犯罪的帮助行为”相较于刑法规定的其他“帮助行为”，对于完成犯罪起着决定性作用，甚至超过实行行为，理应纳入刑法的管辖范畴。

帮助信息网络犯罪活动罪处罚的只是为他人犯罪提供互联网技术支持的帮助行为，其成立犯罪仍然以正犯的实行行为为前提。例如，“明知”对方犯罪提供帮助才构成犯罪，这就从主观上限制了其处罚范围。量刑以“情节严重”作为成立条件，也从立法上否定了这种处罚范围扩大化的可能性。帮助行为与正犯的危害结果存在一定的因果关系，促进了法益侵害。本案中被告人方某、刘某明知他人利用信息网络实施犯罪，仍为犯罪提供支付结算的帮助，情节严重，这是典型的网络犯罪的帮助行为，故均应当以帮助信息网络犯罪活动罪追究其刑事责任，不再享有刑法总则共同犯罪中从犯“应当从轻、减轻或者免除处罚”的利益。

编写人：湖南省岳阳市云溪区人民法院　丁咪

4

向境外信息网络诈骗分子出售银行卡等“四件套”行为的定性

——舒某军等帮助信息网络犯罪活动案

【案件基本信息】

1. 裁判书字号

江苏省无锡市中级人民法院（2020）苏02刑终225号刑事裁定书

2. 案由：帮助信息网络犯罪活动罪

【基本案情】

2019年6月至12月，被告人舒某军纠集被告人赵某、赵某1从常某祥（另案处理）、舒某（另案处理）处收购他人银行卡、U盾、捆绑银行卡的电话卡、办卡人身份证照片（俗称“四件套”）后，明知买家购买上述“四件套”用于实施信息网络犯罪活动，仍转卖给境外买家，牟取非法利益。被告人舒某军负责联系交易的买家和卖家、约定交易价格、验证所购买的银行卡等材料的真实性（即所谓的“验卡”）；被告人赵某负责接收卖家邮寄银行卡等“四件套”的快递、将快递邮寄给买家、与买家和卖家结算钱款以及“验卡”；被告人赵某1负责协助被告人赵某收发快递、结算货款等。被告人舒某军每交易1套银行卡等材料向被告人赵某分成100元，每月向被告人赵某1支付固定工资人民币3000元。其间，常某祥先后纠集郝某、戴某东、成某（均另案处理）等人在浙江、天津、河北等地，招揽人员办理上述“四件套”，并以每套150元左右的价格进行收购，再加价转卖给被告人舒某军等。2019年9月，被告人舒某军、赵某从舒某处购买持卡人为王某波的银行卡（卡号622848012873079××××）、银行卡（卡号 622203400003165××××）等“四件套”转卖给境外买家；从常某祥、郝某处购买了持卡人为潘某鑫的银行卡资料以及电话号码 1317390××××转卖给境外买家。

2019 年 11 月 19 日至 11 月 25 日，诈骗分子冒充警察谎称家住本市滨湖区的章某澍被牵扯进某洗钱案件，骗得章某澍使用所谓的“资产清查系统”进行资产清查并提供担保资金，共骗取章某澍钱款共计人民币 2000 余万元。其中，诈骗分子使用王某波的卡号为 622848012873079××××的银行账户收取诈骗章某澍的钱款人民币 35 万元。在实施诈骗前，诈骗分子还使用从潘某鑫处购买的 1317390××××电话号码注册的支付宝账号，为诈骗时联系被害人章某澍的电话号码（1520124××××）进行充值话费，并使用上述相同支付宝账号向王某波的卡号为 622848012873079××××的银行账户转账人民币 250 元。

【案件焦点】

舒某军、赵某、赵某 1 明知他人利用信息网络实施犯罪，结伙向境外信息网络诈骗分子出售银行卡等“四件套”行为是否构成帮助信息网络犯罪活动罪。

【法院裁判要旨】

江苏省无锡市滨湖区人民法院经审理认为：被告人舒某军、赵某、赵某 1 明知他人利用信息网络实施犯罪，结伙为其犯罪提供支付结算等帮助，情节严重，其行为均已构成帮助信息网络犯罪活动罪。被告人舒某军在共同犯罪中起主要作用，系主犯；被告人赵某、赵某 1 在共同犯罪中起次要作用，系从犯，应当从轻处罚；被告人赵某曾因犯抢劫罪被判处有期徒刑，在刑罚执行完毕五年以内再犯应当判处有期徒刑以上刑罚之罪，系累犯，应当从重处罚；被告人舒某军归案后能够如实供述犯罪事实，可以从轻处罚；被告人舒某军、赵某、赵某 1 认罪认罚，均可以依法从宽处理。

江苏省无锡市滨湖区人民法院依照《中华人民共和国刑法》第二百八十七条之二第一款、第二十五条第一款、第二十六条第一款、第四款、第二十七条、

第六十五条第一款、第六十七条第三款、第六十四条，《最高人民法院、最高人民检察院关于办理非法利用信息网络、帮助信息网络犯罪活动等刑事案件适用法律若干问题的解释》第十一条第四项、第十二条之规定，判决如下：

一、被告人舒某军犯帮助信息网络犯罪活动罪，判处有期徒刑一年六个月，并处罚金人民币二万元；

二、被告人赵某犯帮助信息网络犯罪活动罪，判处有期徒刑一年，并处罚金人民币一万元；

三、被告人赵某1犯帮助信息网络犯罪活动罪，判处有期徒刑十个月，并处罚金人民币八千元；

四、责令被告人舒某军、赵某、赵某1退赔被害人章某澍经济损失人民币三十五万元；

五、追缴被告人舒某军违法所得人民币九千元；被告人赵某违法所得人民币九千元；被告人赵某1违法所得人民币九千元。

一审宣判后，舒某军、赵某、赵某1均不服一审判决提出上诉。

江苏省无锡市中级人民法院经审理认为：原审判决的审判程序合法，认定事实清楚，证据确实、充分，适用法律正确，量刑适当，应予维持。依照《中华人民共和国刑事诉讼法》第二百三十六条第一款第一项之规定，作出如下裁定：

驳回上诉，维持原判。

【法官后语】

帮助信息网络犯罪活动罪在实质上属于不特定信息网络犯罪的帮助犯，法律适用应当从行为人的主观状态、行为内容、行为效果三个方面进行分析认定。

一、主观状态上明知他人利用信息网络实施犯罪

帮助信息网络犯罪活动罪的适用对象应当排除中立的技术层面的“帮助”。因此，刑法立法条文明确规定该罪的成立需要“主观明知”要件，在“有责性”判断层面为那些面向不特定公众的正常业务行为在特定情形下表现为为他人的信息网络犯罪提供帮助之情形朝着中立技术行为方向解释以排除“违法

性”认定提供了空间。根据《最高人民法院、最高人民检察院关于办理危害计算机信息系统安全刑事案件应用法律若干问题的解释》第十一条之规定，被告人的主观明知状态可以通过客观行为进行推定，并列举了具体的行为类型。本案中上诉人明知境外买家购买网银“四件套”用于实施信息网络犯罪活动，仍为其实施诈骗活动提供支付结算等帮助，从中牟取非法利益。表明上诉人不仅在既证事实层面上已经处于主观明知状态，还符合上述司法解释所规定的推定的主观明知，且无相反证据佐证排除。因此，符合帮助信息网络犯罪活动罪所要求的主观要件。

二、客观行为上实施了出售银行卡等“四件套”的行为

帮助信息网络犯罪活动罪的规制行为对象是除独立网络犯罪行为本体外的帮助行为，且该帮助行为的涵盖范围远超过传统处于从犯地位的辅助性帮助行为。虽然“网络犯罪活动行为”之主体行为与“帮助行为”之间具有“正犯”和“非正犯”之主从犯关系特征，但是刑法对帮助信息网络犯罪活动行为设立单独罪名，使得利用信息网络实施的犯罪行为本身的存在只是帮助信息网络犯罪活动罪成立的事实基础和前提，而不是适用行为对象，二者之间没有指涉关系。因此，帮助信息网络犯罪活动罪的成立和适用要求除网络犯罪行为外的其他行为的存在。本案中，境外买家在实施网络诈骗时需要相应的支付、结算等方面的协助支持，在此基础上，上诉人则实施了向境外买家出售、提供银行卡等“四件套”的行为，符合帮助信息网络犯罪活动罪所要求的行为要件。

三、实际效果上能够为他人利用信息网络实施犯罪提供支付、结算等帮助

帮助信息网络犯罪活动罪所针对的除开信息网络犯罪行为以外的“其他行为”与“信息网络犯罪行为”在行为内涵上不必然具有同质性和共存性，二者可以独立存在。但二者之间结合后表现为一种支持、助益关系，集中体现为“帮助”与“被帮助”之内涵。本案中，上诉人所出售银行卡等“四件套”在日常运作中可以为持有主体提供查询、收款、转账等服务项目，在性质和功能上满足了境外买家顺利进行信息网络犯罪时在支付、结算等关键环节的协助需求，且境外买家利用购得的该银行卡等“四件套”成功完成诈骗收款，符合刑

法条文所规定的行为结果要求。

综上，本案中，上诉人的行为符合《中华人民共和国刑法》第二百八十七条之二所规定的帮助信息网络犯罪活动罪的构成要件，应当以该罪定罪处罚。

编写人：江苏省无锡市中级人民法院　蒋璟　李奇才

5

破坏计算机信息系统罪中的违反国家规定如何认定

——何某孟、刘某兵破坏计算机信息系统案

【案件基本信息】

1. 裁判书字号

浙江省台州市中级人民法院（2020）浙 10 刑终 376 号刑事裁定书

2. 案由：破坏计算机信息系统罪

【基本案情】

2019 年 7 月，被告人何某孟和刘某兵商量利用某保险公司的核心业务系统为自卸车投保并从中牟利，由被告人刘某兵负责找投保人，被告人何某孟获取系统工号和密码并多次进行系统调试。2019 年 7 月 31 日至 2019 年 8 月 1 日，被告人何某孟、刘某兵伙同刘某龙、高某、尤某璐、祝某峰（均另案处理）在某网吧内，侵入某保险公司温岭支公司的核心业务处理系统，输入不实的车辆信息，利用系统的规则漏洞为 130 辆左右的自卸车投保出单。被告人刘某兵向刘某龙、高某、尤某璐、祝某峰收取“手续费”共计人民币 30.4 万余元。案发后，被告人刘某兵退还了刘某龙人民币 11 万元，退还了高某人民币 1 万元。

2019 年 10 月 30 日，某公安局刑警队警察在某村一民宅内抓获被告人刘某兵。2019 年 11 月 2 日，派出所警察在某车站进站口抓获被告人何某孟。被告人刘某兵、何某孟归案后，均如实供述其涉案事实。

【案件焦点】

1. 二被告人的行为如何定性；2. 被告人的行为是否属于“违反国家规定”。

【法院裁判要旨】

浙江省温岭市人民法院经审理认为：依照《中华人民共和国刑法》第二百八十六条第二款、第二十五条第一款、第六十七条第三款、第六十四条及《中华人民共和国刑事诉讼法》第十五条、第二百零一条之规定，被告人何某孟犯破坏计算机信息系统罪，判处有期徒刑五年三个月；被告人刘某兵犯破坏计算机信息系统罪，判处有期徒刑五年；被告人刘某兵犯罪所得人民币 184000 元，依法予以追缴没收，上交国库；作案工具苹果手机二部、电脑一台，由扣押机关温岭市公安局依法予以没收。

一审宣判后，被告人刘某兵、何某孟向浙江省台州市中级人民法院提起上诉。检察院提出抗诉，认为被告人刘某兵在一审签署了认罪认罚具结书后以不构成犯罪为由提起上诉，违背认罪认罚承诺，原判据此对其从宽处罚的基础不存在，建议对刘某兵重新量刑。浙江省台州市中级人民法院经审理认为：刑法第二百八十六条中的“违反国家规定”是指包括《中华人民共和国计算机信息系统安全保护条例》（以下简称《条例》）在内的有关行政法规。根据《条例》第七条的规定，任何组织或者个人，不得利用计算机信息系统从事危害国家利益、集体利益和公民合法利益的活动，不得危害计算机信息系统的安全。本案中，被告人何某孟以查询信息为名获取某保险公司核心系统的账号、密码后，与被告人刘某兵结伙，登录该系统输入投保人、车牌号及车重等与实际情况严重不符的车辆信息，使得系统从本应“人工核保”变成“自动核保”，而产生大量保险合同，显然违背了某保险公司的意愿，超出正常的授权范围，属于侵入计算机信息系统的行为。被告人何某孟、刘某兵事先共谋，相互分工合作，非法侵入并对计算机信息系统中存储的数据进行修改、增加，使相应的数据或程序更改的行为，构成破坏计算机信息系统罪。故被告人何某孟、刘某兵的辩护人关于二被告人的行为不构成犯罪的辩护意见，不能成立。裁定：

驳回抗诉、上诉，维持原判。

【法官后语】

本案中对于二被告人是否构成犯罪以及构成何种罪，有两种观点。

第一种意见认为，被告人何某孟、刘某兵不构成破坏计算机信息系统罪。第一，二被告人违规出具保单的行为是违反公司内部管理规定的行为，不是犯罪行为。温岭和邯郸公司同属一个保险公司，某保险公司也没有规定不能做跨省业务，是在总公司授权范围内从事经营活动，不应按刑事责任处罚。第二，二被告人的行为未破坏公司的计算机系统。二被告人的行为是正常使用该系统的应用程序，只是使用过程中填写不实车辆信息，给公司造成了盈利损失，而非是对系统本身已有的数据和应用程序进行修改增加。第三，被告人的行为客观上未造成温岭支公司的实际损失，造成的是盈利损失。

第二种意见认为，被告人何某孟的行为构成帮助信息网络犯罪活动罪，不符合破坏计算机信息系统罪的犯罪构成。理由是根据《最高人民法院、最高人民检察院关于办理非法利用信息网络、帮助信息网络犯罪活动等刑事案件适用法律若干问题的解释》第十一条的规定，为他人实施犯罪提供技术支持或者帮助，具有下列情形之一的，可以认定行为人明知他人利用信息网络实施犯罪，但是有相反证据的除外。其中第四项是提供专门用于违法犯罪的程序、工具或者其他技术支持、帮助的。何某孟仅仅是教刘某兵等人如何操作系统，但是并未实施具体出单行为，也未参与刘某兵等人的联系洽谈客户、收取客户款项、具体操作出单等整体犯罪过程。因此，何某孟的行为属于构成帮助信息网络犯罪活动罪。

然而笔者并不完全认同上述两种意见，结合本案来看，对二被告人是否构成破坏计算机信息系统罪的分析如下：第一，温岭公司和邯郸公司同属某保险公司的支公司，二被告人作为公司职员，职责之一是保证所录入信息的真实性、合法性，但二被告人利用系统的规则漏洞破坏公司的计算机信息系统亦构成该罪。第二，各支公司根据各地实际情况、经营能力和风险控制等因素的考量，设置不同的业务范围和业务程序，而二被告人利用他人账户往温岭支公司的计算机系统中输入虚假的业务数据从而规避了公司设置的业务流程，导致温岭支公司对保险业务失去控制，增加了公司的经营风险。上述虚假增加数据的行为符合破坏计算机信息系统罪规定的行为要件。第三，帮助信息网络犯罪活动罪的犯罪主体只是明知他人利用信息网络实施犯罪活动而提供帮助，但对他人具体实施何种犯罪并不明知，无法认定与被帮助者形成共同犯罪，故对其单独的帮助行为定罪处罚；而被告人何某孟明知被告人刘某兵的主观故意和犯罪目的，仍提供账号和密码、调试系统、教被告人刘某兵如何虚假输入信息从而出单，并与刘某兵就非法获利的分配有口头约定，故其系与被告人刘某兵共同实施了破坏计算机信息系统犯罪。被告人何某孟未实际获取非法利益只是酌情从轻处罚的情节，并不影响其定罪。

综上，被告人何某孟、刘某兵结伙，违反国家规定，对计算机信息系统中存储、处理或者传输的数据进行修改、增加，后果特别严重，其行为均已构成破坏计算机信息系统罪。

编写人：浙江省温岭市人民法院　叶慧奇　梁玲玲

6

破坏计算机信息系统罪对直接经济损失的法理认定与路径

——罗某某破坏计算机信息系统案

【案件基本信息】

1. 裁判书字号

广东省深圳市中级人民法院（2020）粤03刑终977号刑事裁定书

2. 案由：破坏计算机信息系统罪

【基本案情】

2018年10月至2019年4月，罗某某在某公司负责平台数据编写和维护工作，于2019年4月离职。因对离职待遇不满，为报复公司，罗某某于2019年4月5日编写脚本，利用其在公司工作时得到的公司阿里云账号密码，将公司存放于阿里云服务器的后台数据进行删除，共删除图片1300张（约4.7G被清空），造成合作方某俱乐部的选手图片无法显示，无法进行有效点击。案发后，某公司向某俱乐部赔付经济损失人民币3万元。罗某某家属代为向某公司赔偿人民币3万元，并取得谅解。

【案件焦点】

破坏计算机信息系统罪中，被告人所造成的直接经济损失的范围如何认定。

【法院裁判要旨】

广东省深圳市福田区人民法院经审理认为：罗某某违反国家法律规定，对计算机信息系统中储存的数据进行删除，后果特别严重，已构成破坏计算机信息系统罪。关于造成的经济损失问题，被害公司的经济损失约为人民币20万元，对起诉书指控造成的经济损失约40万元予以更正。

广东省深圳市福田区人民法院依照《中华人民共和国刑法》第二百八十六条第一款及第二款、第六十七条第三款、第六十四条之规定，作出如下判决：

一、被告人罗某某犯破坏计算机信息系统罪，判处有期徒刑五年；

二、扣押的苹果笔记本电脑（13英寸、深空灰色）一部，依法予以没收，上缴国库。

罗某某以经济损失计定方式不精准为由提出上诉。广东省深圳市中级人民法院经审理认为：原审判决认定事实不清、证据不足。广东省深圳市中级人民法院依照《中华人民共和国刑事诉讼法》第二百三十六条第一款第三项之规定，作出如下裁定：

一、撤销深圳市福田区人民法院原审刑事判决；

二、发回深圳市福田区人民法院重新审判。

广东省深圳市福田区人民法院经重新审理认为：罗某某违反国家法律规定，对计算机信息系统中储存的数据进行删除，后果严重，其行为已构成破坏计算机信息系统罪。关于被告人的犯罪行为对被害单位造成的经济损失，依据被害单位法定代表人周某某的陈述，被害单位在恢复、收集被删除的图片上并未支出必要费用，且除赔偿涉案 3 万元款项外，未因本案再向合作方实际进行过赔偿。故依据本案现有证据，尚不足以证实被害单位因被告人的犯罪行为存在上述 3 万元以外的其他直接经济损失，对公诉机关指控的约 40 万元人民币的经济损失金额不予认定。

广东省深圳市福田区人民法院依照《中华人民共和国刑法》第二百八十六条第一款及第二款、第六十七条第三款、第六十四条，作出如下判决：

一、被告人罗某某犯破坏计算机信息系统罪，判处有期徒刑一年四个月；

二、扣押的作案工具苹果笔记本电脑（13 英寸、深空灰色）一部，依法予以没收，上缴国库。

【法官后语】

本案处理的重点主要在于破坏计算机信息系统案件中对被告人造成的直接经济损失如何认定。刑法第二百八十六条规定，破坏计算机信息系统罪是结果犯，必须达到“后果严重”方构成本罪。对于何种情形属于“后果严重”，《最高人民法院、最高人民检察院关于办理危害计算机信息系统安全刑事案件应用法律若干问题的解释》第四条规定了构成“后果严重”的五种具体情形，其中第三种情形为“违法所得五千元以上或者造成经济损失一万元以上的”，其第十一条第三款规定：“本解释所称‘经济损失’，包括危害计算机信息系统犯罪行为给用户直接造成的经济损失，以及用户为恢复数据、功能而支出的必要费用。”该规定明确了经济损失的范围为直接经济损失，但在司法实践中对直接经济损失的范围仍有争议。

在刑事诉讼中，按照学理和实践的通常理解，第一个层次的直接经济损失是指与行为有直接因果关系而造成的财产损毁、减少的实际价值，如本金损失，其概念与所有间接经济损失相对立。第二个层次的直接经济损失除“直接减损”的价值外，还包括必然的其他减损，如利息损失。特别是当“直接减损”无法核算的时候，修复所产生的直接费用以及相应时间内所必然产生的其他减损就成为“直接经济损失”的代位选择。

本案中，认定被告人的行为造成直接经济损失数额应按照以下顺序考量判断：

第一，为及时恢复删除的图片而支出的必要费用。从常情常理分析，被害人受到损害之后，首要解决的问题一般是在避免产生其他直接关联损失之前提下“及时”恢复功能、数据，由此而支出的必要费用则为破坏行为所造成的第一项直接经济损失。对恢复性费用，法律规定强调“必要”二字。也即，非所有为恢复支出的费用均属于该行为所造成的直接经济损失，费用以“必要”为限。

第二，若是图片无法恢复，则“及时”重新收集参赛选手的图片而支出的必要费用，成为替代性费用。同理，若被破坏的是系统功能或应用程序，在无法恢复的情况下，重新更换系统功能或者程序所需要支出的费用为替代性费用，该部分属于认定为直接经济损失法理外延的第二顺位。

第三，穷尽所有合理合法手段后，系统数据、功能、应用程序均无法恢复或者替换，被害人确已无法履行合同，因承担违约责任而实际应向合同相对方支付的赔偿金额，此为直接经济损失法理外延的第三顺位。此处违约责任的承担，首先，必须强调是穷尽了所有合理合法手段之后方能适用；其次，该违约责任不同于民事领域对违约责任的承担，刑事案件因承担违约责任而支付的金额仍以直接损失为限，而不包括可得利益的损失，否则对被告人不公。

前述认定直接经济损失的逻辑顺位是依照法律规定以及蕴含的法理要义而确定，不仅是本案确定直接经济损失的标准，在同类案件中均可同样适用。

编写人：广东省深圳市中级人民法院　涂俊峰　李静

7

通过伪造事业单位印章手段转移待继承房产的性质认定

——汤某伪造事业单位印章案

【案件基本信息】

1. 裁判书字号

北京市第二中级人民法院（2020）京02刑终98号刑事裁定书

2. 案由：伪造事业单位印章罪

【基本案情】

2016年9月6日，被告人汤某使用伪造的某公证处公证书和伪造的其母栗某的委托书，授意张某代理栗某，将属于栗某所有的某房屋过户给自己。经某价格认证中心认定，该房屋评估价值为人民币430.14万元。栗某于2017年3月18日书写遗嘱，指定上述房屋由被告人汤某及栗某的女儿汤某1、孙女汤某2继承。2017年4月16日，栗某因病去世。被告人汤某于2017年6月28日在其他继承人不知情的情况下，将涉案房屋予以出售。

被告人汤某于2018年5月30日被公安机关抓获。

【案件焦点】

汤某的行为是否符合盗窃罪的构成要件，应当以手段行为即伪造事业单位印章罪定罪处罚，还是按照伪造事业单位印章罪与盗窃罪的竞合情形从一重罪处断。

【法院裁判要旨】

北京市西城区人民法院经审理认为：我国刑法没有明确盗窃罪的对象是否

包括不动产，但一般而言，盗窃罪的客体是动产。实践中，不动产所有权会因非法盗卖而遭受侵犯，但因不动产所具有的“不可移动性”，行为人无法完全做到秘密窃取并占有，因而不动产不适合作为盗窃罪的犯罪对象。本案中，被告人汤某将其母亲房屋所有权秘密转移到其名下，房屋依旧由其母亲栗某继续占有居住，栗某并未实际失去对房屋的控制，汤某无法实际处置该房屋。而且本案中死者不能作为房屋的权利主体，不应将汤某在其母亲去世后秘密出售房屋的行为等同盗窃其母亲栗某房屋行为的实施终了，更不能认定为汤某盗窃了继承人（汤某、汤某 1、汤某 2）的房产，而是未经其他权利人同意的私自处分行为。被告人汤某损害了其他继承人的合法权益，其他继承人可通过民事救济途径解决。故被告人汤某的行为不构成盗窃罪。另，被告人汤某为将其母亲房产过户到其名下，向他人提供身份、房产信息伪造公证书与委托书，并为此支付高额报酬，并知晓伪造的公证书中盖有某公证处印章，其行为构成伪造事业单位印章罪。

北京市西城区人民法院依照《中华人民共和国刑法》第二百八十条第二款、第五十二条、第五十三条之规定，作出如下判决：

汤某犯伪造事业单位印章罪，判处有期徒刑二年六个月，并处罚金人民币六千元。

北京市西城区人民检察院提起抗诉。北京市第二中级人民法院经审理认为：（1）在案证据显示，汤某使用伪造的公证书、委托书等材料的时间早于其办理涉案房屋上市交易手续的时间，且办理涉案房屋产权变更时采用了非正常的方式，栗某病重后自书遗嘱对涉案房屋进行财产分配，汤某变更产权后进行了多次抵押贷款，结合汤某在侦查阶段的多次供述，可以认定栗某对于其房屋已被汤某过户一事并不知情。（2）对汤某行为的定性问题。房屋作为不动产具有不可移动性，汤某虽然在其母栗某不知情的情况下变更了涉案房屋的所有权证，但栗某仍在该房屋内居住直至去世，依然享有占有、使用等权能，在此情况下汤某无法对涉案房屋进行出售，故其对房屋的所有权并没有完全取得和实现。汤某在其母亲去世后，将处于待继承状态的涉案房屋出售，实际上侵犯了其他继承人的民事权利，其他继承人可以通过民事途径进行解决，汤某的行为不宜评价为盗窃行为。汤某在办理房产过户中，向他人支付报酬，提供身份、房产等信息，伪造了盖有某公证处印章的公证书、委托书等材料并使用，其行为符合伪造事业单位印章罪的法定构成要件，应予刑罚处罚。

北京市第二中级人民法院依照《中华人民共和国刑事诉讼法》第二百三十六条第一款第一项之规定，作出如下裁定：

驳回抗诉，维持原判。

【法官后语】

本案是近年来司法实践中较为少见的案件类型，既涉及手段行为与结果行为的竞合情形，又涉及民事法律行为与刑事法律行为的交叉情形，在犯罪行为性质认定方面争议较大。

总体来看，司法实务中主要有两种争议意见：一是伪造事业单位印章犯罪与违法的民事行为相竞合，以伪造事业单位印章罪判处；二是伪造事业单位印章罪与盗窃罪相牵连，以盗窃罪判处。

被告人汤某的行为构成伪造事业单位印章罪没有异议，但是本案中伪造事业单位印章的事实是手段行为，后续转移房产占有的事实是结果行为，二者之间属于牵连关系。如果结果行为亦构成犯罪，应当根据牵连犯的处断原则，择一重罪从重处罚。如果结果行为尚不构成犯罪，只是民事违法行为，则应当以手段行为进行判处，即伪造事业单位印章罪。如此一来，对被告人汤某将房屋过户的结果行为是否构成犯罪，以及构成何罪成为本案的争议焦点所在。

本案中，抗诉机关认为，被告人汤某主观上对涉案房屋有非法占有的目的，客观上，实施了伪造公证书、委托书的方式，在房屋产权人栗某不知情的情况下，将房屋转移至自己名下，其行为构成盗窃罪。但是在传统意义上，盗窃罪中的“公私财物”应当具有可移动的特征，房屋作为不动产不能成为盗窃侵犯的对象，即便是被告人汤某将房产转移所有权登记，亦不能达到实际居住、全然占有的所有权意义，房屋依旧由其母亲栗某继续占有居住，栗某并未实际失去对房屋的控制，如果栗某及时发现并提供证据，完全可以通过民事救济手段拿回所有权。因此，在这个意义上，将被告人的行为定性为盗窃有不合理之处。

本案属于刑民交叉案件，被告人汤某涉嫌伪造事业单位印章犯罪和涉案房屋的买卖属于两个法律关系，伪造事业单位印章犯罪与违法的民事行为相竞合，对被告人汤某应当以伪造事业单位印章罪定罪处罚。具体理由如下：一是被告人汤某为房屋过户以提供信息、高额购买的形式指使他人伪造相关印章，其行为符合伪造事业单位印章罪的构成要件；二是综合全案被告人汤某的行为性质和社会危害性等情节，伪造事业单位印章罪的量刑幅度更符合罪责刑相适应原则；三是对于汤某转卖房屋的合同效力的判断和认定应当依据民事合同相关法律法规进行处理，不应一揽子作为刑事犯罪进行评价，否则对违法所得财物的处理将会陷入一个新的困局，例如是否应该在刑事判决的判项中运用民事审判的原则按照遗嘱确定的份额对追缴的违法所得进行发还，以及汤某既是本案的被告人又是本案间接的受害人（即作为遗嘱受益人可以扣除部分追缴金额）。对被告人汤某的手段行为进行刑事处罚，转移房产的事实交由民事案件解决，不仅能够保障其他遗产继承人的财产利益，也能够避免处理民刑交叉案件中财产处理的困境。

编写人：北京市西城区人民法院　王红奎　冀敏

8

聚众斗殴罪转化犯的主体范围

——谭某等故意伤害、聚众斗殴案

【案件基本信息】

1. 裁判书字号

广东省高级人民法院（2021）粤刑终字 201 号刑事裁定书

2. 案由：故意伤害罪、聚众斗殴罪

【基本案情】

2019年11月1日，被告人吴某亳等人在某酒吧内与朱某星因琐事发生矛盾，拉扯至上述酒吧门口，朱某星及其同伙（在逃）打电话叫人过来与吴某亳等人发生身体推搡行为，并有大批人员聚集。公安人员接警后到场，上述人员遂各自离开现场。被告人陈某兵打电话通知被告人谭某来现场帮忙，谭某即回到其所租住房处拿了一把弹簧刀赶到与吴某亳等人会合，吴某亳见状将该刀收至自己保管。同日2时许，被告人朱某星纠集被害人林某隆及黄某东（在逃）等多人行至某街，与被告人谭某、陈某兵、吴某亳、姚某、廖某平（另案处理）等人相遇，被害人林某隆等人即上前与吴某亳等人进行打斗。谭某取过吴某亳保管的弹簧刀，捅刺被害人林某隆的身体。谭某、吴某亳、姚某、廖某平等继续追打受伤后逃跑的林某隆等人。随后，上述人员逃离现场。林某隆后伤重倒地后，送医院抢救无效死亡（经法医鉴定，林某隆系因颈部被锐器作用致右颈总动脉破裂、颈内静脉断裂引起失血性休克死亡）。同年11月1日，谭某、吴某亳到公安机关投案自首。同日姚某、陈某兵、朱某星分别被公安机关抓获归案。

【案件焦点】

除持刀直接捅刺被害人死亡的被告人谭某应当认定为故意伤害罪外，其他参与聚众斗殴的同案人是否也应当认定为故意伤害罪。

【法院裁判要旨】

广东省广州市中级人民法院经审理认为：从视频监控录像来看，姚某是仅次于谭某对被害人林某隆实施了两次间接加害，第一次是林某隆被谭某捅刺之后逃离现场，姚某继续追赶林某隆；第二次是当林某隆返回现场因流血过多倒在地上被两名同伙搀扶时，姚某又回头追打这两名同伙，导致林某隆再次倒地，延误了抢救时间。因此，姚某在聚众斗殴的过程中实施了明显的暴力行为，且对造成被害人死亡的后果起到了积极作用，应当认定其参与聚众斗殴转化成故意伤害罪，但相对于谭某而言，其对造成被害人死亡后果所起的作用较轻，依法可以认定为从犯。从视频监控录像来看，吴某亳被死者从背后突袭后即与正面推搡其的朱某星同伙发生打斗，其没有与死者发生打斗，在谭某捅刺死者时，吴某毫一直是背对着并不知情，且事前吴某毫还有保管谭某所携带刀具制止事态恶化的行为。因此，公诉机关指控吴某毫参与聚众斗殴转化成故意伤害罪的意见不能成立，吴某毫应当构成聚众斗殴罪。从视频监控录像来看，陈某兵在现场没有明显的斗殴动作，更没有与死者发生身体接触，其一直徘徊在现场红色小车周围，其虽然与同案人有聚众斗殴的共同故意，但公诉机关指控陈某兵参与聚众斗殴转化成故意伤害罪的意见不能成立，应当认定陈某兵构成聚众斗殴罪。

广东省广州市中级人民法院依照《中华人民共和国刑法》第二百九十二条、第二百三十四条第二款、第三十六条、第五十七条、第六十五条、第六十七条的规定，判决如下：

一、被告人谭某犯故意伤害罪，判处无期徒刑，剥夺政治权利终身；

二、被告人姚某犯故意伤害罪，判处有期徒刑四年；

三、被告人朱某星犯聚众斗殴罪，判处有期徒刑三年；

四、被告人陈某兵犯聚众斗殴罪，判处有期徒刑二年六个月；

五、被告人吴某毫犯聚众斗殴罪，判处有期徒刑二年。

被告人姚某上诉认为，其行为应当认定为聚众斗殴罪而非故意伤害罪。

广东省高级人民法院依照《中华人民共和国刑事诉讼法》第二百三十六条第一款第一项的规定，作出如下裁定：

驳回上诉，维持原判。

【法官后语】

本案审理的重点在于参与聚众斗殴致一方人员伤亡的另一方所有参与人员是否都要转化为故意伤害或故意杀人罪。下面分几种情形予以分析：

1. 关于首要分子。(1) 对起组织、指挥作用，同时又实施了致人伤亡的首要分子，因组织、指挥聚众斗殴，对可能造成伤亡结果有概括的故意，且客观上实施了具体致人伤亡的行为，应转化为故意伤害或故意杀人罪。(2) 对仅起组织、指挥作用，未实施相关行为的首要分子，一方面，由于其组织、指挥斗殴，对斗殴发生伤亡的结果具有概括的故意，一般应对其概括故意造成伤亡的结果承担刑事责任，根据罪责刑相适应原则，按故意伤害或故意杀人论处；另一方面，如斗殴的具体实施者明显超出概括故意的范围，或首要分子有明确阻止致人伤亡行为的，其主观上对发生伤亡结果具有明确的否定，客观上也未直接实施致人重伤、死亡的行为，不转化定罪。

2. 关于其他积极参加者。(1) 在聚众斗殴过程中，共同故意加害他人，主观上有直接故意或间接故意，被害人的重伤或死亡结果与行为人的殴斗行为有因果关系，即使能够查清造成伤亡后果的直接责任人，也应该将共同加害人转化为构成故意伤害或故意杀人罪；虽然没有具体实施加害行为，但知道本方所实施的动作程度，预见到行为后果，还积极参与的，应该予以转化；对于为具体施害者提供了工具，或者“助威呐喊”“加油鼓劲”“怂恿推动”的行为人，也应适用聚众斗殴转化犯的相关规定，而不限于必须实施加害行为。综上，即当被害人重伤或死亡结果发生后，就不应仅在聚众斗殴的框架内评判，而是应在故意伤害或故意杀人的框架内评判，并适用共犯理论，均共同对故意伤害罪或者故意杀人罪承责，同时根据各共同加害人参与聚众斗殴的地位、作用，裁量刑罚。(2) 对于没有证据证实直接或间接参与实施致人重伤或死亡的聚众斗殴和犯罪行为人，仅是参与斗殴，其行为针对另一方其他参与者的积极参加者，不作为聚众斗殴转化犯处理。(3) 在共同打斗过程中，对于本方的某名参与者突然起意实施了致人伤害或死亡的行为，其他参与人未发现的，不予转化；先与重伤或死亡的被害人有一般的斗殴行为，但仅能致轻伤以下后果，之后离开，但其他参与人又实施了足以致被害人重伤或死亡的行为的，之前实施一般斗殴行为的人不予转化。

具体到本案中，由于本案案发现场有高清视频监控录像记录了双方聚众斗殴的全过程，真实还原了公诉机关指控的五名被告人在聚众斗殴中实施的具体犯罪行为，对合议庭按照上述标准准确认定各被告人的罪名起到了决定性的作用。本案中，被告人吴某亳与被告人朱某星是挑起事端的双方，朱某星纠集了包括死者在内的多人对吴某亳实施挑衅行为，死者率先对吴某亳实施了暴力攻击，双方随即发生大规模打斗。被告人谭某本已回到出租屋，又被被告人陈某兵打电话通知到现场帮忙，谭某携带了一把弹簧刀到场，当死者从后面殴打吴某毫时，谭某随即持刀朝死者捅刺，死者受伤逃跑，被告人姚某积极追赶死者，当死者再次返回现场因流血过多倒在地上被两名同伙搀扶时，姚某再次上前殴打两名搀扶死者的同伙，导致同伙逃离，死者再次倒地，事后死者经抢救无效死亡。谭某持刀直接捅刺被害人，被害人的死亡结果与谭某的行为有因果关系，对于谭某转化为故意伤害罪公诉机关及合议庭均没有争议。吴某毫、陈某兵参与聚众斗殴，但都没有直接与死者发生打斗，也没有追赶死者，其行为与被害人的死亡没有因果关系，合议庭也一致意见将公诉机关指控该两人的故意伤害罪改为聚众斗殴罪。判决后，公诉机关没有抗诉。

对于姚某的定性，合议庭有分歧意见认为，姚某仅仅是在谭某捅刺后追赶了死者，后来又殴打了搀扶死者的同伙，监控录像显示姚某并没有追上死者并殴打死者，故姚某也不应当转化为故意伤害罪。对此，经过合议庭反复查看监控录像，谭某持刀捅刺被害人并没有当场造成被害人死亡的后果，被害人被捅刺后还急速奔跑逃离了姚某的追赶，之后返回现场才因失血过多倒地被两名同伙搀扶。如果此时双方停止斗殴呼叫120抢救被害人，被害人可能因抢救及时不会死亡，但姚某再次上前殴打两名搀扶死者的同伙，导致同伙撒手丢下了正在流血的被害人。过了许久，双方停止斗殴，死者一方报警才有120到场施救，后因抢救无效被害人死亡。故此，合议庭经过激烈讨论，最终一致认为姚某第一次追赶死者是一次加害，再次殴打搀扶死者的同伙又算一次加害，其行为与被害人的死亡后果存在因果关系，应当维持公诉机关对姚某指控故意伤害罪的定性。姚某上诉后，上级法院认为，姚某在本案中的作用仅次于谭某，其行为与被害人的死亡存在因果关系，符合聚众斗殴罪转化为故意伤害罪。

综上，公诉机关对本案致害一方中的四被告人全部认定为故意伤害罪，一审法院改判了其中两名被告人聚众斗殴罪。宣判后，公诉机关没有抗诉，仅有一名被告人上诉。二审法院维持原判。

编写人：广东省广州市中级人民法院　李晓刚

9

惩治长江流域非法采砂涉黑犯罪应秉持从严打击与生态修复并重的司法理念

——彭某兴等组织、领导、参加黑社会性质组织案

【案件基本信息】

1. 裁判书字号

江苏省南通市中级人民法院（2020）苏06刑终271号刑事裁定书

2. 案由：组织、领导黑社会性质组织罪、寻衅滋事罪、敲诈勒索罪、聚众斗殴罪、非法采矿罪

【基本案情】

2018年4月，被告人彭某兴、董某华、刘某永、徐某、周某俊、陆某、宋某军等人为达到控制、垄断长江B7浮及附近水域非法采砂市场、收取非法采砂船船主保护费的目的，纠集在一起，形成了以彭某兴为组织者、领导者，董某华为组织者，被告人徐某、周某俊、陆某、刘某永、胡某、孙某飞、王某斌等人为积极参加者，被告人董某翔、宋某兵、董某、刘某建、董某军、卢某等人为一般参加者的黑社会性质组织。该组织通过威胁、驱赶、拦截、勒索、滋扰等暴力、威胁手段，有组织地实施了寻衅滋事犯罪三起、聚众斗殴犯罪一起、敲诈勒索共计657600元、非法盗采江砂36850吨，价值479050元。该组织于2018年4月22日实施了首次有组织的寻衅滋事犯罪，至2018年5月17日完全控制、垄断了B7浮上下游3公里和B6浮上下游2公里长江水域的非法采砂业。仅半年时间就聚敛非法钱财近300万元。

在该组织的控制下，上述水域的江砂被大肆盗采，造成河床结构受损量

33529.84立方米，涵养水源、净化水质的受损量8450立方米，生态环境损害数额共计69.98万元。采砂时大量非法采砂船占用航道，影响正常船舶通行。非法采砂、销赃行为冲击了正常的砂石市场。综上，以被告人彭某兴为首的犯罪组织给长江B7浮及其附近水域生态环境、通航安全、堤防安全、渔业资源、社会治安、经济秩序造成严重危害，造成恶劣的社会影响。

被告人董某华、刘某永、董某、刘某建等人另实施了非法采矿、敲诈勒索犯罪行为。

【案件焦点】

1. 涉黑犯罪中黑社会性质组织的认定及各被告人地位、承担责任范围；2. 附带民事公益诉讼责任主体、赔偿范围的确定。

【法院裁判要旨】

江苏省南通市崇川区人民法院经审理认为：被告人彭某兴、董某华等人为牟取非法利益，纠集、网罗被告人徐某、周某俊、陆某、刘某永、胡某、孙某飞、王某斌、董某翔、宋某兵、董某、刘某建、董某军、卢某等人，形成较为稳定的，有明确组织者、领导者，骨干成员固定，人数较多的犯罪组织，并以此为基础，有组织地通过实施敲诈勒索、非法采矿、寻衅滋事、聚众斗殴等违法犯罪活动进行敛财，再将所敛聚钱财用以维系、支持组织的生存、发展，造成重大社会影响，该组织具备黑社会性质组织的组织特征、经济特征、行为特征、危害性特征，应认定为黑社会性质组织。对各被告人应按组织、领导、参加黑社会性质组织罪与其参与的具体犯罪进行并罚。

被告人彭某兴、董某华、刘某永、董某、刘某建违反矿产资源法，未取得采砂许可证，在禁采区擅自开采江砂，其行为破坏了长江干流生态资源环境，侵害了国家和社会公共利益，应当赔偿由此造成的相关费用损失及为确定侵权行为造成损失所发生的评估费、公告费。

江苏省南通市崇川区人民法院依照《中华人民共和国刑法》第二百九十四条第一款、第四款、第五款、第二百七十四条、第二百九十二条、第二百九十三条第一款、第二款、第三百四十三条第一款、第二十五条第一款、第二十六条、第二十七条、第五十六条第一款、第六十七条第一款、第三款、第六十四条、第六十九条，《中华人民共和国环境保护法》第六条、第六十四条，《最高人民法院关于审理黑社会性质组织犯罪的案件具体应用法律若干问题的解释》第三条第一款，《最高人民法院、最高人民检察院关于办理敲诈勒索刑事案件适用法律若干问题的解释》第一条、第二条第五项、第四条、第八条，《最高人民法院、最高人民检察院关于办理寻衅滋事刑事案件适用法律若干问题的解释》第三条第二项、第四条第一项，《最高人民法院、最高人民检察院关于办理非法采矿、破坏性采矿刑事案件适用法律若干问题的解释》第一条、第二条第一项、第三条第一款第二项、第二款第一项、第四条第一款、第八条、第十三条第二款第一项，《最高人民法院关于适用〈中华人民共和国刑事诉讼法〉的解释》第一百九十三条之规定，判决如下：

一、被告人彭某兴犯组织、领导黑社会性质组织罪，判处有期徒刑八年，剥夺政治权利三年，并处没收个人全部财产；犯敲诈勒索罪，判处有期徒刑十一年，并处罚金人民币二十万元；犯寻衅滋事罪，判处有期徒刑五年六个月，并处罚金人民币一万元；犯聚众斗殴罪，判处有期徒刑一年；犯非法采矿罪，判处有期徒刑五年，并处罚金人民币十万元。决定执行有期徒刑十九年，剥夺政治权利三年，并处没收个人全部财产；

二、被告人董某华犯组织黑社会性质组织罪，判处有期徒刑七年六个月，剥夺政治权利三年，并处没收个人全部财产；犯敲诈勒索罪，判处有期徒刑十年，并处罚金人民币二十万元；犯寻衅滋事罪，判处有期徒刑五年六个月，并处罚金人民币一万元；犯聚众斗殴罪，判处有期徒刑一年；犯非法采矿罪，判处有期徒刑五年，并处罚金人民币十万元。决定执行有期徒刑十八年，剥夺政治权利三年，并处没收个人全部财产；

三、被告人徐某犯参加黑社会性质组织罪，判处有期徒刑五年六个月，剥夺政治权利二年，并处没收个人全部财产；犯敲诈勒索罪，判处有期徒刑十年六个月，并处罚金人民币二十万元；犯寻衅滋事罪，判处有期徒刑五年六个月，并处罚金人民币一万元。决定执行有期徒刑十四年，剥夺政治权利二年，并处没收个人全部财产；

四、被告人周某俊犯参加黑社会性质组织罪，判处有期徒刑四年，剥夺政治权利一年，并处没收财产人民币五十万元；犯敲诈勒索罪，判处有期徒刑八年，并处罚金人民币十万元；犯寻衅滋事罪，判处有期徒刑二年。决定执行有期徒刑十年，剥夺政治权利一年，并处没收财产人民币五十万元，罚金人民币十万元；

五、被告人陆某犯参加黑社会性质组织罪，判处有期徒刑五年，剥夺政治权利一年，并处没收财产人民币五十万元；犯敲诈勒索罪，判处有期徒刑十年，并处罚金人民币十万元。决定执行有期徒刑十年六个月，剥夺政治权利一年，并处没收财产人民币五十万元，罚金人民币十万元；

六、被告人刘某永犯参加黑社会性质组织罪，判处有期徒刑六年，剥夺政治权利二年，并处没收个人全部财产；犯敲诈勒索罪，判处有期徒刑十年，并处罚金人民币十万元；犯寻衅滋事罪，判处有期徒刑三年；犯非法采矿罪，判处有期徒刑五年，并处罚金人民币十万元。决定执行有期徒刑十五年，剥夺政治权利二年，并处没收个人全部财产；

七、被告人胡某犯参加黑社会性质组织罪，判处有期徒刑四年，并处罚金人民币十万元；犯敲诈勒索罪，判处有期徒刑六年，并处罚金人民币五万元。决定执行有期徒刑七年，并处罚金人民币十五万元；

八、被告人孙某飞犯参加黑社会性质组织罪，判处有期徒刑四年，并处罚金人民币十万元；犯敲诈勒索罪，判处有期徒刑六年，并处罚金人民币五万元。决定执行有期徒刑七年，并处罚金人民币十五万元；

九、被告人王某斌犯参加黑社会性质组织罪，判处有期徒刑四年，并处罚金人民币十万元；犯敲诈勒索罪，判处有期徒刑四年三个月，并处罚金人民币五万元。决定执行有期徒刑六年，并处罚金人民币十五万元；

十、被告人董某翔犯参加黑社会性质组织罪，判处有期徒刑一年，并处罚金人民币二万元；犯敲诈勒索罪，判处有期徒刑三年，并处罚金人民币一万元；犯聚众斗殴罪，判处有期徒刑六个月。决定执行有期徒刑三年六个月，并处罚金人民币三万元；

十一、被告人宋某兵犯参加黑社会性质组织罪，判处有期徒刑一年六个月，并处罚金人民币二万元；犯敲诈勒索罪，判处有期徒刑四年，并处罚金人民币二万元；犯寻衅滋事罪，判处有期徒刑三年；犯聚众斗殴罪，判处有期徒刑一年。决定执行有期徒刑七年，并处罚金人民币四万元；

十二、被告人董某犯参加黑社会性质组织罪，判处有期徒刑一年，并处罚金人民币一万元；犯敲诈勒索罪，判处有期徒刑八个月，并处罚金人民币五千元；犯寻衅滋事罪，判处有期徒刑一年六个月；犯聚众斗殴罪，判处有期徒刑一年六个月；犯非法采矿罪，判处有期徒刑二年，并处罚金人民币五万元。决定执行有期徒刑四年六个月，并处罚金人民币六万五千元；

十三、被告人刘某建犯参加黑社会性质组织罪，判处有期徒刑一年，并处罚金人民币一万元；犯敲诈勒索罪，判处有期徒刑九个月，并处罚金人民币五千元；犯聚众斗殴罪，判处有期徒刑一年；犯非法采矿罪，判处有期徒刑一年六个月，并处罚金人民币五万元。决定执行有期徒刑三年三个月，并处罚金人民币六万五千元；

十四、被告人董某军犯参加黑社会性质组织罪，判处有期徒刑六个月，并处罚金人民币五千元；犯敲诈勒索罪，判处有期徒刑六个月，并处罚金人民币五千元；犯聚众斗殴罪，判处有期徒刑一年六个月。决定执行有期徒刑二年，并处罚金人民币一万元；

十五、被告人卢某犯参加黑社会性质组织罪，判处有期徒刑六个月，并处罚金人民币五千元；犯敲诈勒索罪，判处有期徒刑十个月，并处罚金人民币五千元。决定执行有期徒刑一年二个月，并处罚金人民币一万元；

十六、对被告人彭某兴等人的违法犯罪所得人民币一百一十一万零四百元予以追缴，上缴国库；

十七、公安机关扣押的被告人的作案工具，由扣押机关依法没收，上缴国库或予以销毁；

十八、被告人彭某兴、董某华、刘某永、董某、刘某建于本判决生效之日起十五日内在报纸刊登向社会公众的书面赔礼道歉声明（内容需先经本院审定；逾期不履行的，则由本院在报纸上刊登本判决的主要内容，刊登费用由彭某兴、董某华、刘某永、董某、刘某建承担)；

十九、被告人彭某兴、董某华、刘某永于本判决生效之日起十五日内连带赔偿生态环境修复费、专家评估费、公告费人民币五十六万七千零六十一元；

二十、被告人董某华、刘某永于本判决生效之日起十五日内连带赔偿生态环境修复费、专家评估费、公告费人民币六万一千五百三十五元；

二十一、被告人董某、刘某建于本判决生效之日起十五日内连带赔偿生态环境修复费、专家评估费、公告费人民十四万一千五百五十四元；

一审宣判后，被告人董某华、徐某等人提出上诉，江苏省南通市中级人民法院二审裁定：

驳回上诉，维持原判。

【法官后语】

1. 以被告人彭某兴、董某华为首的犯罪组织系黑社会性质组织。被告人彭某兴、董某华等人为牟取非法利益，纠集、网罗被告人徐某、周某俊、陆某、刘某永、胡某、孙某飞、王某斌、董某翔、宋某兵、董某、刘某建、董某军、卢某等人，形成较为稳定的，有明确的组织者、领导者，骨干成员固定，人数较多的犯罪组织。该组织明确人员分工、行为规范，对内部收取保护费的人员严格监督，不允许外部人员介入组织内部事务。该组织通过暴力、威胁、滋扰、驱赶等手段，多次实施寻衅滋事、敲诈勒索、聚众斗殴等违法犯罪活动，非法侵占被害人财产，攫取巨额钱财。所获取的钱财部分用于支持该组织生存、发展和实施违法犯罪活动，部分用于组织者、领导者、骨干成员的利益分配。该组织形成后的短短一个月的时间，便完全控制、垄断了案涉水域的非法采砂业，给该水域社会治安、航运秩序、堤防安全、生态环境、经济秩序造成严重危害。具备黑社会性质组织的组织特征、经济特征、行为特征、危害性特征，应认定为黑社会性质组织。

2. 黑社会性质组织的组织者、领导者对未直接实施的非法采砂行为，仍需承担刑事责任和长江生态环境修复的民事连带责任。本案中，被告人彭某兴系案涉黑社会性质组织的组织者、领导者，虽未直接实施非法采砂的行为，但通过收取保护费等方式支持、包庇、纵容其他人员在长江案涉水域从事非法采砂的行为，垄断案涉水域地下采砂市场。其与非法采砂者均具有非法采砂的主观故意，客观上共同造成了长江生态环境资源的破坏。应当承担非法采矿的刑事责任和对长江生态环境修复的民事连带责任。

3. 依法从严惩处涉黑犯罪与保护和修复长江流域生态环境并重。良好的长江生态环境是最普惠的民生福祉，维护最严格的生态环境制度是司法机关肩负的使命职责。近年来，随着我国社会经济快速发展，建筑用砂价格上涨，一些不法分子瞄准了长江下游的江砂，长江非法采砂案件呈高发频发态势，严重破坏了长江生态环境资源。该案是南通市首例涉黑长江非法采砂刑事附带民事公益诉讼案。人民法院在案件办理中坚持从严打击与生态修复并重，不仅严厉打击了长江水域恶势力犯罪，切实维护了长江经济带的经济社会秩序，还通过附带民事公益诉讼的审理，积极推动了长江生态环境资源修复，有效维护了国家利益和社会公共利益。

编写人：江苏省南通市崇川区人民法院　曹彬　姚娟

（二）妨害司法罪

10

如何区分掩饰、隐瞒犯罪所得罪与上游犯罪

——万某非法采矿，掩饰、隐瞒犯罪所得案

【案件基本信息】

1. 裁判书字号

湖北省荆州市中级人民法院（2021）鄂10刑终68号刑事裁定书

2. 案由：非法采矿罪，掩饰、隐瞒犯罪所得罪

【基本案情】

一、被告人万某掩饰、隐瞒犯罪所得的事实

2017年10月至2018年2月，被告人万某经营“勇宏号”自卸运输船在长江跑货运过程中，明知秦某（另案处理）销售的卵石是秦某伙同他人在长江流域公安县、江陵县段面水域非法采挖的，仍利用其“勇宏号”自卸运输船向秦某等人购买，收购卵石32船共计4.3822万余吨，并销售给某光公司、某港公司、某能公司、卢某斌、曾某等，其中销售给某光公司12船共计1.65万余吨、某港公司3船共计4102吨、某能公司4船共计5800吨、卢某斌5船共计6700余吨、曾某3船共计4020余吨，剩余5船共计6700余吨销售去向无法查明。万某通过银行转账方式向秦某提供的李某、付某的银行账户支付购买卵石款共计132.06万元；某光公司、某港公司、某能公司、卢某斌、曾某通过银行转账方式向万某银行账户支付购买卵石款共计149.74万元，其中某光公司73.25万元、某港公司16.81万元、某能公司21.8万元、卢某斌22.58万元、曾某15.3万元。经某价格认证中心认定，2017年10月至2018年2月，长江干流江陵、公安县段面水域鹅卵石（6~9石）抵岸价为每吨36元，故认定销售去向不明的6700吨卵石抵岸销售金额为24.12万元。

综上，被告人万某收购他人非法采挖卵石的金额为132.06万元，销售上述卵石的金额为173.86万元，获利41.8万元。

二、被告人万某伙同他人非法采挖江砂的事实

2018年7月至9月，曾某（另案处理）伙同他人在长江流域石首市新厂段面水域非法采挖江砂销售给外省运输船期间，被告人万某明知曾某等人从事非法采挖江砂活动，仍受邀利用其“勇宏号”自卸运输船为曾某等人过驳，将曾某等人非法采挖的江砂运送到外省购买江砂的运输船上，共计过驳江砂2.97万余吨，曾某按每吨5元的价格支付给万某过驳费共计14.85万元。经某价格认证中心认定，2018年长江流域石首新厂段面水域江砂出水年均价为每吨12元，2.97万吨江砂价值共计35.64万元。

【案件焦点】

万某的行为是仅构成非法采矿罪还是既构成非法采矿罪，也构成掩饰、隐瞒犯罪所得罪。

【法院裁判要旨】

湖北省江陵县人民法院经审理认为：被告人万某为获取非法利益，明知系他人在长江非法采挖的卵石而多次予以收购并销售，收购金额132.06万元，情节严重，其行为已构成掩饰、隐瞒犯罪所得罪；明知他人违反矿产资源法的规定，未取得采砂许可证在长江内采砂，仍予参与，涉案金额35.64万元，情节严重，其行为已构成非法采矿罪。被告人万某为获取非法利益，明知系他人非法采挖的卵石而进行收购、销售，符合掩饰、隐瞒犯罪所得罪构成，公诉机关指控万某构成非法采矿罪，罪名不当，依法予以纠正。

湖北省江陵县人民法院依照《中华人民共和国刑法》第三百一十二条第一款、第三百四十三条第一款、第六十七条第三款、第二十五条第一款、第二十七条、第五十二条、第五十三条、第六十九条第一款、第六十四条，《最高人民法院关于审理掩饰、隐瞒犯罪所得、犯罪所得收益刑事案件适用法律若干问题的解释》第三条第一款第一项、第四条，《最高人民法院、最高人民检察院关于办理非法采矿、破坏性采矿刑事案件适用法律若干问题的解释》第一条、第二条第一项、第三条第一款第一项、第十二条第一款、第十三条的规定，作出如下判决：

一、被告人万某犯掩饰、隐瞒犯罪所得罪，判处有期徒刑四年四个月，并处罚金八万元；犯非法采矿罪，判处有期徒刑一年二个月，并处罚金二万元。合并执行有期徒刑四年九个月，并处罚金十万元；

二、对被告人万某掩饰、隐瞒犯罪所得的违法所得四十一万八千元，非法采矿的违法所得十四万八千五百元，共计五十六万六千五百元，予以没收，上缴国库。

宣判后，万某不服，提出上诉，湖北省荆州市中级人民法院审理过程中，上诉人万某撤回上诉。湖北省荆州市中级人民法院经审理认为：原审认定事实和适用法律正确，量刑适当。上诉人万某申请撤回上诉符合法律规定，应予准许。

湖北省荆州市中级人民法院依照《最高人民法院关于适用〈中华人民共和国刑事诉讼法〉的解释》第三百八十三条的规定，作出如下裁定：

准许上诉人万某撤回上诉。

【法官后语】

本案中，公诉机关在指控被告人万某所犯罪名时，笼统地将其行为都认定为非法采矿罪。根据审理查明的事实，本案在判决时，将部分犯罪行为认定为掩饰、隐瞒犯罪所得罪，纠正了公诉机关对于本案单一罪名的认定。

关于被告人万某找秦某等人购买非法采挖的卵石这一部分犯罪事实。根据被告人万某的供述，万某是通过别人得知秦某（另案处理）等人在长江里采挖卵石，于是就去找秦某买卵石，在万某找到秦某之前秦某已经在长江非法采挖卵石了，这说明万某与秦某在非法采挖卵石这件事上，并不存在合谋，万某找到秦某只是单纯购买违法所得的卵石用于转手销售获利，秦某采挖的过程，万某也没有参与，只是去到指定的地点装卵石，装完付钱离开，共同犯罪的主观和客观构成要件均不符合，若按照公诉机关指控的，以非法采矿共同犯罪来处理，明显不当。另外，秦某采卵石的时间一般是在晚上，地点也不固定，也没有提供相关的合法手续，作为一个经营运输船跑货运多年的船主，不可能不知道秦某等人是在非法采挖，仍利用其自卸运输船向秦某等人购买，并销售给多家公司和个人，获取利益，符合掩饰、隐瞒犯罪所得罪的构成要件。根据《最高人民法院、最高人民检察院关于办理非法采矿、破坏性采矿刑事案件适用法律若干问题的解释》第七条的规定，明知是犯罪所得的矿产品及其产生的收益，而予以窝藏、转移、收购、代为销售或者以其他方法掩饰、隐瞒的，依照刑法第三百一十二条的规定，以掩饰、隐瞒犯罪所得、犯罪所得收益罪定罪处罚。

没有买卖，就没有开采，更没有破坏。在长江无证开采、超范围开采砂石，一方面，直接危及堤防安全、行洪安全和沿岸基础设施安全，对人民生命财产构成了严重威胁，影响到人与自然的和谐相处；另一方面，无序掠夺性开采砂石资源，严重透支沿江生态，会造成不可逆转的后果破坏了人与自然的和谐相处。严厉打击破坏长江生态环境的各种违法犯罪行为，不论是非法采矿，还是非法采矿而衍生的下游犯罪，都决不能姑息。

编写人：湖北省江陵县人民法院　黄杨

11

拒不执行判决、裁定罪“情节特别严重”的认定

——杨某等拒不执行判决、裁定案

【案件基本信息】

1. 裁判书字号

江西省吉安市中级人民法院（2020）赣08刑终287号刑事判决书

2. 案由：拒不执行判决、裁定罪

【基本案情】

2013年1月31日，刘某光、杨某与他人合伙注册成立某业公司。2014年2月13日，彭某入股某业公司，并陆续借款给公司周转。2015年12月24日，公司进行重新设立登记，刘某光任法人代表，聘任杨某为经理。2016年1月15日，某业公司形成股东会议纪要：推选杨某担任法人代表，负责公司日常工作的主持和推进，法定代表人变更事宜根据工作方便进行。2017年3月8日，某业公司股东会决议，彭某将股权全部转让给杨某。同年8月11日，江西省吉安市中级人民法院就彭某与某业公司借款纠纷作出（2017）赣08民初59号民事判决，判令某业公司返还彭某借款本金1429.13万元和支付利息1059.8889万元，杨某在240万元及利息范围内承担连带赔偿责任。同年9月12日，彭某向

江西省吉安市中级人民法院申请强制执行，吉安市中级人民法院于 9 月 26 日送达了执行文书。2018 年 4 月 27 日，某业公司、杨某等未如实申报财产情况，且某业公司利用公司工作人员银行账户进出账，规避法院执行，被江西省高级人民法院罚款，其中某业公司罚款人民币 100 万元、杨某罚款人民币 2 万元。同年 8 月 10 日，江西省高级人民法院就彭某与杨某、某业公司股权转让纠纷作出（2018）赣民终 338 号民事判决，判令杨某支付彭某股权转让款 3407.7 万元及违约金，某业公司承担连带清偿责任。同年 9 月 14 日，杨某因拒不执行判决、裁定犯罪行为被刑事拘留。同年 12 月 5 日，杨某与彭某就（2017）赣 08 民初 59 号民事判决书、（2018）赣民终 338 号民事判决书的执行达成和解协议，支付了 320 万元，取得了彭某的谅解，于 12 月 7 日被取保候审，此后杨某仅支付了部分款项，未按约定完全履行和解协议。2019 年 4 月，杨某在取保候审期间指使某业公司员工注册某邦公司，擅自转移、处分巨额财产，规避法院执行。

【案件焦点】

某业公司、杨某的行为属于有能力执行而拒不执行“情节严重”的情形，但是否属于“情节特别严重”，需要结合在案证据认定。

【法院裁判要旨】

江西省吉安市吉州区人民法院经审理认为：某业公司未申报财产，利用公司工作人员银行账户进出账被江西省吉安市中级人民法院处以罚款后，再次通过设立某邦公司来转移、隐藏财产，拒不执行法院生效判决，该行为属于有能力执行而拒不执行“情节严重”的情形，应以拒不执行判决、裁定罪追究其刑事责任。杨某作为某业公司实际控制人，系直接负责的主管人员，其行为亦构成拒不执行判决、裁定罪。杨某在取保候审期间再次实施拒不执行行为，应酌情从重处罚；在案发后履行了部分执行义务，又可酌情从轻处罚。判决如下：

一、被告单位某业公司犯拒不执行判决、裁定罪，判处罚金人民币十万元；

二、被告人杨某犯拒不执行判决、裁定罪，判处有期徒刑二年；

三、被告人刘某光犯拒不执行判决、裁定罪，免予刑事处罚。

江西省吉安市吉州区人民检察院提出抗诉，某业公司、杨某提出上诉。江西省吉安市中级人民法院经审理认为：某业公司、杨某的行为，应当认定为刑法修正案（九）所规定的“情节特别严重”。本案某业公司、杨某拒不执行的行为持续时间长，江西省吉安市中级人民法院执行局采取了一系列执行措施，前后持续近三年。2018 年 4 月 27 日，某业公司、杨某等未如实申报财产情况，且某业公司利用公司工作人员银行账户进出账，规避法院执行，被江西省高级人民法院罚款，其中某业公司罚款人民币 100 万元、杨某罚款人民币 2 万元。2018 年 9 月 14 日，杨某因拒不执行判决、裁定犯罪行为被刑事拘留，因执行和解于 2018 年 12 月 7 日被取保候审，在取保候审期间，杨某指使某业公司员工注册某邦公司，擅自转移、处分巨额财产，规避法院执行，主观恶性特别大。（2017）赣 08 民初 59 号民事判决书确定的金额是 1429.13 万元本金和 1059.8889 万元利息，（2018）赣民终 338 号民事判决书确定的金额是 3407.7 万元股权转让款及违约金。某业公司仍有 415 万元未履行，杨某仍有 1951.61 万元未履行。综合某业公司、杨某的犯罪数额和犯罪情节，犯罪行为和犯罪后果，可依法认定为拒不执行判决、裁定罪“情节特别严重”情节。判决如下：

一、撤销吉安市吉州区人民法院（2019）赣 0802 刑初 168 号刑事判决；

二、上诉人某业公司犯拒不执行判决、裁定罪，判处罚金人民币三十万元；

三、上诉人杨某犯拒不执行判决、裁定罪，判处有期徒刑四年，并处罚金人民币十万元；

四、原审被告人刘某光犯拒不执行判决、裁定罪，判处有期徒刑二年。

【法官后语】

本案处理重点主要在于对拒不执行判决、裁定罪“情节特别严重”适用情形的认定。拒不执行判决、裁定罪，“情节严重”是入罪标准，刑法修正案（九）虽增设“情节特别严重”的处罚，但对具体适用情形未予以规定。有学者认为“情节严重”主要从行为的实际结果来加以分析，另有学者主张“行为+结果”的构建模式。笔者倾向于后者，认为实践中是否达到拒不执行判决、裁定“情节特别严重”，法官可以结合行为人的行为特征、过错程度、行为后果来综合认定。一方面，拒不执行判决、裁定的持续时间越久，对社会的危害程度越大；金额越大，社会危害程度越重。本案中，拒不执行的行为前后持续近三年，时间较长，且某业公司仍有 415 万元未履行，杨某仍有 1951.61 万元未履行，参照财产型犯罪案件所规定的数额，已达到金额特别巨大的程度。另一方面，江西省吉安市中级人民法院积极敦促某业公司、杨某等履行判决书确定的义务，送达了执行法律文书，手续齐全、内容详尽，投入了巨大的司法成本，但某业公司、杨某等未如实申报财产情况，某业公司利用公司工作人员银行账户进出账、规避法院执行被罚款，且杨某在取保候审期间仍指使某业公司员工注册新公司，擅自转移、处分巨额财产，规避法院执行，主观恶性特别大，行为后果特别严重。综合以上情形，根据某业公司、杨某的犯罪数额、情节以及犯罪行为、后果，依法可认定为拒不执行判决、裁定罪的“情节特别严重”情节。

编写人：江西省吉安市中级人民法院　尹菁

12

拒不执行判决、裁定罪中认定的转移财产额应以被执行标的额为限

——曾某某拒不执行判决、裁定案

【案件基本信息】

1. 裁判书字号

福建省泉州市中级人民法院（2020）闽 05 刑终 181 号刑事判决书

2. 案由：拒不执行判决、裁定罪

【基本案情】

就被告人曾某某与王某东民间借贷纠纷一案，福建省泉州市惠安县人民法院于2018年6月12日作出（2018）闽0521民初2831号民事判决，判决被告人曾某某应于判决生效之日起五日内偿还王某东借款人民币（币种下同）60000元。该判决于2018年8月2日发生法律效力。2018年9月5日，王某东申请强制执行。福建省泉州市惠安县人民法院受理后于2018年9月7日依法向被告人曾某某发出执行通知书、执行决定书、报告财产令及限制消费令。

就被告人曾某某与王某农民间借贷纠纷一案，福建省泉州市惠安县人民法院于2018年6月8日作出（2018）闽0521民初3062号民事判决，判决被告人曾某某应于判决生效之日起五日内偿还王某农借款29200元。该判决于2018年8月2日发生法律效力。2019年1月4日，王某农申请强制执行。福建省泉州市惠安县人民法院受理后于2019年1月11日依法向被告人曾某某发出执行通知书、执行决定书、报告财产令及限制消费令。

2018年11月25日，被告人曾某某为逃避执行将其所有的位于惠安县涂寨镇曾厝村曾厝×××号房屋的征收补偿款1516815.07元授权其女儿曾某芸代收，均未用于履行上述两件生效判决确定的还款义务且拒不报告财产情况。

2019年6月27日，被告人曾某某在某食品厂宿舍楼被抓获归案。案发后，被告人曾某某履行了上述还款义务，上述两件生效判决执行完毕，王某农对被告人曾某某的行为表示谅解。

福建省泉州市中级人民法院经审理认为：原判认定原审被告人曾某某与王某东、王某农民间借贷纠纷案件的民事判决均于2018年8月2日发生法律效力，原审被告人曾某某未在生效判决指定的履行期限内履行还款义务，将所有的房屋征收补偿款1516815.07元授权其女代收，未用于履行生效判决确定的还款义务等事实清楚。

另查明，原审被告人曾某某与王某东民间借贷纠纷一案，福建省泉州市惠安县人民法院判令曾某某应于判决生效之日起五日内偿还王某东借款60000元及按年利率24%支付自2015年8月16日起计至还款之日止的利息。原审被告人曾某某与王某农民间借贷纠纷一案，福建省泉州市惠安县人民法院判令曾某某应于判决生效之日起五日内偿还王某农借款29200元及按年利率6%支付自2018年4月11日起至还款之日止的利息。截至曾某某授权其女代收1516815.07元的前一日即2018年11月24日止，曾某某应偿还王某东借款60000元及利息47160元；曾某某应偿还王某农借款29200元及利息1090元。截至2018年11月24日止，曾某某被执行标的额共计137450元。

原审被告人曾某某于2019年6月28日被福建省泉州市惠安县公安局刑事拘留后，曾某某家属与王某东于同年8月6日达成和解协议并清偿王某东8万元，该案执结完毕。曾某某与王某农民间借贷纠纷，双方达成和解协议以22000元偿还王某农本息，按20个月分期付款直至全部清偿完毕。曾某某家属于2019年7月至9月间偿还王某农4400元，尚欠王某农17600元未能偿还。

【案件焦点】

被告人未将收到的房屋征收补偿款1516815.07元用于履行生效判决确定的还款义务，是否可认定该款为恶意转移财产数额，是否达到“情节特别严重的情形”。

【法院裁判要旨】

福建省泉州市惠安县人民法院经审理认为：被告人曾某某在经人民法院作出生效判决确定应当承担还款义务后，藐视法律权威，不但未在判决指定的履行期限内主动履行义务，在案件进入强制执行阶段后，拒不按照规定报告个人财产情况及返还欠款，并转移财产至其亲属名下，数额达1516815.07元，对人民法院的判决有能力执行而拒不执行，且无偿转移财产金额达到执行标的金额30%以上，其行为已构成拒不执行判决、裁定罪，且属情节特别严重。被告人曾某某认罪认罚，已履行全部还款义务，取得申请执行人的谅解，并主动交纳罚金。依据《中华人民共和国刑法》第三百一十三条第一款、第六十七条第三款、第七十二条第一款、第三款、第七十三条第二款、第三款，《全国人民代表大会常务委员会关于〈中华人民共和国刑法〉第三百一十三条的解释》，《最高人民法院关于审理拒不执行判决、裁定刑事案件适用法律若干问题的解释》第一条、第六条的规定，判决如下：

被告人曾某某犯拒不执行判决、裁定罪，判处有期徒刑三年，缓刑四年，并处罚金人民币二万元（已缴纳）。

福建省泉州市惠安县人民检察院抗诉提出，原审被告人曾某某拒不执行判决、裁定的执行标的额共计 89200 元，未达到福建省高级人民法院、福建省人民检察院、福建省公安厅［2018］204 号《关于办理拒不执行判决、裁定刑事案件若干问题的指导意见》中“拒不执行判决、裁定，情节特别严重的情形”规定的 25 万元，属“情节严重”，其法定刑应为三年以下有期徒刑、拘役或者罚金。原判以转移数额 1516815.07 元超过 25 万元直接认定为“情节特别严重”适用法律错误。据此，抗诉机关认为原判对原审被告人轻罪重判，量刑明显不当，建议依法予以改判。

福建省泉州市人民检察院出庭检察人员提出：原审被告人曾某某的行为应适用“情节严重”定罪标准。曾某某拒不执行法院生效判决标的仅 89200 元；曾某某其中部分执行标的即应偿还王某农的 29200 元，是在转移财产之后收到法院执行通知书、报告财产令；在判决前已全部履行清偿责任，一审法院仅按转移财产的百分比，认定被告人曾某某的行为属于“情节特别严重”错误，适用法律不当，导致判处实刑和附加刑错误。原审判决适用法律错误，量刑畸重，建议依法纠正，对原审被告人曾某某判处三年以下有期徒刑、拘役或者罚金。

原审被告人曾某某提出，其犯罪情节属“情节严重”，归案后认罪态度好，并积极履行还款义务，原判量刑偏重，请求改判较轻刑罚。其辩护人提出：曾某某拒不执行法院生效判决标的 89200 元，属“情节严重”，原判量刑畸重，建议改判较轻刑罚。

福建省泉州市中级人民法院经审理认为：原审被告人曾某某在经人民法院作出生效判决确定应当承担还款义务后，未在判决指定的履行期限内主动履行义务，并转移财产人民币 137450 元至其亲属名下，对人民法院的判决有能力执行而拒不执行，其行为已构成拒不执行判决、裁定罪，属情节严重。原判对原审被告人曾某某定罪准确，但认定原审被告人曾某某转移财产人民币1516815.07元有误，进而认定行为属“情节特别严重”适用法律不当，抗诉机关及出庭检察人员提出的该抗诉意见成立，予以采纳。二审对原审被告人曾某某的量刑部分予以撤销。原审被告人曾某某在一审宣告判决前，履行部分执行义务，可以酌情从宽处罚。依照《中华人民共和国刑法》第三百一十三条第一款、第六十七条第三款、第七十二条第一款、第七十三条第二款、第三款，《全国人民代表大会常务委员会关于〈中华人民共和国刑法〉第三百一十三条的解释》，《最高人民法院关于审理拒不执行判决、裁定刑事案件适用法律若干问题的解释》第一条、第六条及《中华人民共和国刑事诉讼法》第二百三十六条第一款第三项的规定，判决如下：

一、撤销福建省泉州市惠安县人民法院（2019）闽0521刑初820号刑事判决中原审被告人曾某某犯拒不执行判决、裁定罪的量刑部分；

二、原审被告人曾某某犯拒不执行判决、裁定罪，判处有期徒刑八个月，缓刑一年。

【法官后语】

被执行人隐藏、转移、故意毁损或者无偿转让的财产额是认定拒不执行判决、裁定罪是否属“情节特别严重”的重要标准，也是对犯罪分子正确定罪量刑的主要依据。本案对转移财产数额的认定，存在以下两种不同观点：

第一种观点认为，本案被告人曾某某在案件进入强制执行阶段后，拒不按照规定报告个人财产情况及返还欠款，并转移财产至其亲属名下，数额达1516815.07元，无偿转移财产金额达到执行标的金额30%以上，其行为构成拒不执行判决、裁定罪，且属情节特别严重。

第二种观点认为，本案被告人曾某某转移财产的数额为拒不履行生效判决的执行标的额即137450元，应认定曾某某拒不执行判决、裁定罪，属“情节严重”。

笔者同意第二种观点。根据《最高人民法院关于人民法院民事执行中查封、扣押、冻结财产的规定》第十九条的规定，查封、扣押、冻结被执行人的财产，以其价额足以清偿法律文书确定的债权额及执行费用为限，不得明显超标的额查封、扣押、冻结。根据《最高人民法院关于人民法院执行工作若干问题的规定》第三十九条的规定，查封、扣押财产的价值应当与被执行人履行债务的价值相当。原审被告人曾某某所有的房屋征收补偿款 1516815.07 元超过 137450 元的部分，人民法院不得因执行本案而查封、扣押，即超过履行债务数额的部分属曾某某可自由支配的个人财产。原审被告人曾某某虽将所有的房屋征收补偿款人民币 1516815.07 元授权其女代收，未用于履行生效判决确定的还款义务，但该款项超过被执行标的额的部分与本案无关，不能直接将该款认定为转移财产数额，原审被告人曾某某转移财产的数额以拒不履行生效判决的执行标的额为限，未达到“情节特别严重”的情形，应认定为“情节严重”。原审被告人曾某某转移财产的数额为拒不履行生效判决的执行标的额即 137450 元，应认定曾某某拒不执行判决、裁定罪，属“情节严重”。

编写人：福建省泉州市中级人民法院　王柳玲

13

窝藏罪中帮助逃匿行为的认定

——王某宇窝藏案

【案件基本信息】

1. 裁判书字号

广东省汕头市潮阳区人民法院（2020）粤 0513 刑初 826 号刑事判决书

2. 案由：窝藏罪

【基本案情】

2020 年 6 月 27 日，涉案人李某清（另案处理）驾驶一辆悬挂车牌号粤 ABQ×××（原车牌为粤 D94×××）小型轿车，途经某路口路段时，与被害人马某某驾驶载着赵某某的电动摩托车发生碰撞，造成被害人马某某、赵某某倒地昏迷，涉案人李某清弃车逃离现场。之后涉案人李某清联系其表兄被告人王某宇告知其在汕头市潮阳区和平镇发生交通事故，并叫被告人王某宇到和平镇接其离开。被告人王某宇随即驾驶粤A3M×××号小轿车到和平镇载涉案人李某清逃至汕头市龙湖区，后涉案人李某清外出潜逃。经法医鉴定，被害人赵某某的损伤程度为重伤二级，被害人马某某的损伤程度为轻伤一级。经交警大队认定，涉案人李某清应承担事故的全部责任。2020年7月4日，被告人王某宇被传唤到公安机关接受调查。

【案件焦点】

行为人主观上知道或应当知道其所帮助的人是或很可能是犯罪的人，仍协助其逃离，是否属于窝藏罪中的帮助逃匿行为。

【法院裁判要旨】

广东省汕头市潮阳区人民法院经审理认为：被告人王某宇无视法律，明知是犯罪的人而帮助其逃匿，妨害司法机关正常的刑事诉讼活动，其行为已构成窝藏罪。被告人王某宇经公安机关传唤后主动到案接受调查，应视为自动投案；归案后能如实供述自己的罪行，是自首。王某宇自愿认罪认罚，对其可以从轻处罚。

广东省汕头市潮阳区人民法院依照《中华人民共和国刑法》第三百一十条第一款、第六十七条第一款和《最高人民法院关于处理自首和立功具体应用法律若干问题的解释》第一条的规定，作出如下判决：

被告人王某宇犯窝藏罪，判处有期徒刑七个月。

宣判后，被告人未提起上诉，判决已发生法律效力。

【法官后语】

本案的法律焦点在于王某宇帮助李某清离开案发地的行为在法律上的定性。

根据刑法第三百一十条的规定，窝藏罪是指明知是犯罪的人而为其提供隐藏处所、财物，帮助其逃匿的行为。由此可见，窝藏罪的认定主要考察主观方面和客观方面。

1. 主观上明知的认定标准。行为人在实施窝藏行为时，不一定能知悉其窝藏的人犯罪行为的内容和涉嫌的具体罪名，甚至不确定其是否已实施了犯罪行为。在这种情况下，如何把握“明知”的标准，是司法实践中的一个问题。行为人不对自己不能预见后果的事件负责，这是法律界的共识。然而，法律一经颁布，任何人不得以对法律规定不知情为由逃避法律责任。因此，不能要求行为人在完全不知情的情况下对客观行为负责，也不能以行为人明确知道其所帮助的是已犯罪的人为入罪门槛。行为人是否构成窝藏罪，不能单纯以被窝藏的人的犯罪事实为准，还应综合各种因素考虑行为人在实施帮助行为时是否应当知情或可能知情。如果行为人认知到其帮助的人系犯罪的人的可能性明显大于不是犯罪的人的可能性，则可以认定行为人存在窝藏的主观故意。

本案中，被窝藏的人已明确告知行为人其行为造成了交通事故，行为人对此不存在被欺骗或误解，从一个正常的社会理性人的角度来看，即使不具备专业的法律知识，也应当预见到交通事故导致犯罪后果的可能性是比较大的，但仍对其实施帮助行为，可以认定行为人主观上明知其帮助的人是犯罪的人。

2. 客观方面的表现形式。在辨析某一行为是否属于窝藏行为时，首先要明确窝藏罪侵犯的法益。窝藏犯罪的人的行为，妨害了司法机关正常开展刑事追诉和刑罚执行活动。把握窝藏罪的本质，有利于理解刑法条文对于窝藏罪客观行为的范围界定。对于“提供隐藏处所、财物，帮助其逃匿”具体如何理解，有目的说和手段说两种观点。“目的说”认为帮助逃匿是提供隐藏处所、财物的目的，“手段说”认为帮助逃匿是除提供隐藏处所、财物外其他窝藏行为的囊括性表述。刑法解释运用的方法主要有文义解释和目的解释，单从字面上看，很难分析“帮助逃匿”是否为一种客观行为方式。结合刑法对于窝藏罪的立法目的，为了打击社会上形式多样的窝藏行为，对帮助逃匿的行为应理解为与提供隐藏处所、财物并行的窝藏手段，既可以表现为直接协助犯罪的人逃跑，也可以表现为提供逃跑路线、工具、指示逃跑方向等。由于无法完全列举，故以“帮助逃匿”概括，以便于司法实践中根据具体情况，判断某一客观行为是否属于窝藏行为。

本案中，王某宇虽未为李某清提供隐藏处所，但其载人逃跑的行为客观上已妨碍司法机关的正常活动，属于帮助逃匿的表现形式之一，且其主观上具有帮助犯罪的人逃匿的目的。因此，王某宇帮助李某清离开案发地的行为属于窝藏行为，依法应以窝藏罪定罪处罚。

编写人：广东省汕头市潮阳区人民法院　陈黄佳

14

非法处置查封的财产罪之司法认定

——陈某华非法处置查封的财产案

【案件基本信息】

1. 裁判书字号

湖南省郴州市中级人民法院（2020）湘10刑终366号刑事裁定书

2. 案由：非法处置查封的财产罪

【基本案情】

2017年5月15日，湖南省桂阳县人民法院以（2017）湘1021保11号民事裁定书查封了某房地产公司（法定代表人陈某华）的68套房产，后某房地产公司对该裁定提出异议。2018年4月15日，湖南省桂阳县人民法院经审查以（2018）湘1021执异14号执行裁定书解封了其中19套房产，对剩余49套房产继续予以查封。被告人陈某华在明知该49套房产已被湖南省桂阳县人民法院依法查封的情况下，依然签订合同将查封的49套房产出卖给业主收取购房业主预付款，现被出售的49套查封的房产大部分业主已入住。2019年10月8日，被告人陈某华经警察电话联系后主动到桂阳县公安局投案。

【案件焦点】

被告人陈某华是否构成非法处置查封的财产罪。

【法院裁判要旨】

湖南省桂阳县人民法院经审理认为：被告人陈某华非法销售人民法院查封的房产，情节严重，其行为已构成非法处置查封的财产罪。陈某华经民警电话联系后主动到公安机关投案并能够如实供述犯罪事实，系自首，可依法从轻处罚。综上，原审法院结合陈某华认罪、悔罪态度，依照《中华人民共和国刑法》第三百一十四条、第六十七条第一款以及《中华人民共和国刑事诉讼法》第二百条第一项之规定，遂判决：

被告人陈某华犯非法处置查封的财产罪，判处有期徒刑一年。

一审判决后，被告人提出上诉。湖南省郴州市中级人民法院经审理认为：陈某华违反规定变卖已被人民法院查封的房产，致使人民法院生效文书无法执行，情节严重，其行为已构成非法处置查封的财产罪。陈某华主动投案并能如实供述其犯罪事实，系自首，可依法从轻处罚。关于陈某华提出“其积极主动投案，系自首；认罪认罚，原审量刑过重”的上诉理由，经查，原审法院考虑陈某华有自首情节，并结合陈某华的认罪、悔罪态度，已对其从轻处罚，量刑适当，故该上诉理由不成立，本院不予采纳。关于陈某华提出“已与申请查封财产的当事人达成善后和解协议，请求对其判处缓刑”的上诉理由，经查，陈某华虽与申请查封财产的曹某、何某华、刘某多签订了民事和解协议，但陈某华并未按照协议约定履行还款义务，曹某等人对陈某华的行为不予刑事谅解，故该上诉理由不成立，本院不予采纳。综上，原判认定事实清楚，证据确实充分，定罪准确，量刑适当，适用法律正确，审判程序合法，本院依法予以维持。依照《中华人民共和国刑事诉讼法》第二百三十六条第一款第一项的规定，裁定如下：

驳回上诉，维持原判。

【法官后语】

根据刑法第三百一十四条的规定，隐藏、转移、变卖、故意毁损已被司法机关查封、扣押、冻结的财产，情节严重的，处三年以下有期徒刑、拘役或者罚金。该条规定即为非法处置查封的财产罪。通过司法实践发现，无论是公安、检察还是法院，对于该罪行的构成要件的理解不一，故笔者在既有研究成果的基础上，结合自己的办案经验，对本罪的构成要件进行解析。

一、本罪的主体

本罪的一般主体为自然人。虽然刑法并没有规定单位可以成为本罪的主体，但单位的成员作为具有完全刑事责任能力的自然人，明知自己的行为会发生危害社会的结果，却仍然有意为之，当然应当对自己的行为承担独立的刑事责任。因此，对已被司法机关查封的财产予以隐藏、转移、变卖、故意毁损的单位，也构成本罪。从上述内容可知，自然人、单位都可以成为非法处置查封的财产罪的主体。本案中，某房地产公司，其法定代表人是陈某华，依法可以构成非法处置查封的财产罪的主体。

二、本罪的主观方面

本罪的主观方面是故意，而且是直接故意，非间接故意和过失所为，需要具备对非法处置查封的财产的明知要素。本案中，被告人陈某华非法销售人民法院查封的49套房产，主观上明显是故意的，且是直接故意。因此，本罪主观方面是成立的。

三、本罪的客体

非法处置查封的财产罪侵犯的客体为司法机关查封财产的正常秩序。本案中，被告人陈某华在明知已被人民法院依法查封49套房产的情况下，依然签订合同将查封的49套房产出卖给业主并收取购房业主预付款，现被出售的49套查封的房产大部分业主已入住，违反了司法机关查封财产的规定，直接对司法机关查封财产的正常秩序构成了破坏。因此，本罪客体是成立的。

四、本罪的客观方面

非法处置查封的财产罪在客观方面的表现是：行为人实施了隐藏、转移、变卖、故意毁损已被司法机关查封的财产的行为，且情节严重。本案中，一是在对象上，被告人陈某华在明知该49套房产已被湖南省桂阳县人民法院依法查封的情况下；二是在行为方式上，被告人陈某华依然签订合同将查封的49套房产出卖给业主并收取购房业主预付款，现被出售的49套查封的房产大部分业主已入住；三是发生在执行中；四是情节严重。故，从客观方面来看，其行为构成本罪。

五、本罪的量刑

根据刑法第三百一十四条的规定，犯本罪的处三年以下有期徒刑、拘役或者罚金。本案中，人民法院考虑到陈某华经民警电话联系后主动到桂阳县公安局投案并能够如实供述犯罪事实，有自首情节，且考虑到行为人毕竟是为了单位利益而非个人利益，量刑时可以酌情从宽处理，并结合陈某华的认罪、悔罪态度，对其从轻处罚。故，两级法院依法判处陈某华有期徒刑一年，量刑适当。

编写人：湖南省郴州市中级人民法院　陈建华

（三）破坏环境资源保护罪

15

选择性罪名及公益损害赔偿的认定适用问题

——陆某富非法运输、出售珍贵、濒危野生动物案

【案件基本信息】

1. 裁判书字号

广西壮族自治区南宁市中级人民法院（2020）桂01刑终574号刑事裁定书

2. 案由：非法运输、出售珍贵、濒危野生动物罪

【基本案情】

2019 年 1 月 4 日，被告人陆某富携带一批野生动物（部分野生动物已被陆某富宰杀）从绥县中东镇上余村枯攀屯前往南宁市出售。陆某富在南宁市西乡塘区大学鲁班路口下车时被查获，公安人员当场从其手持编织袋中查获疑似褐翅鸭鹃 21 只（活体、死体、冻死体各 7 只）、疑似斑头鸺鹠 4 只（活体、死体各 2 只）、疑似草鸮 1 只（活体）、疑似领角鸮 4 只（活体）、疑似夜鹭 1 只（冻死体）、疑似花锦蛇 2 条（活体）、疑似三索锦蛇 1 条（活体）及疑似松鼠尾巴 56 条。经鉴定，涉案鸟类中，21 只为杜鹃科鸭鹃属褐翅鸭鹃，4 只为鸮形目斑头鸺鹠，1 只为鸮形目草鸮，4 只为鸮形目领角鸮；涉案蛇类中，2 条为游蛇科锦蛇属百花锦蛇，1 条为游蛇科锦蛇属三索锦蛇。

另查明，鹃形目杜鹃科鸦鹃（所有种）、鸮形目（所有种）为《国家重点保护野生动物名录》中的二级保护动物。百花锦蛇、三索锦蛇被列入《国家保护的有益的或者有重要经济、科学研究价值的陆生野生动物名录》，即属于“三有”保护动物。

根据《野生动物及其制品价值评估办法》以及其附件《陆生野生动物基准价值标准目录》，涉案褐翅鸭鹃基准价值为每只 500 元，其属于国家二级保护野生动物，价值按照基准价值的五倍核算，即其价值核算为每只 2500 元；草鸮科、鸱鸮科鸟类基准价值为每只 3000 元，鸮形目鸱鸮科鸺鹠属斑头鸺鹠、鸮形目鸱鸮科角鸮属领角鸮、鸮形目草鸮科草鸮属草鸮均为国家二级保护野生动物，价值按照基准价值的五倍核算，即其价值核算为每只 15000 元。

【案件焦点】

1. 被告人陆某富的行为构成一罪还是数罪；2. 被告人陆某富需承担的生态环境损害赔偿数额应如何计算。

【法院裁判要旨】

广西壮族自治区南宁市西乡塘区人民法院经审理认为：被告人陆某富杀害国家重点保护的珍贵、濒危野生动物，其行为已构成非法杀害珍贵、濒危野生动物罪；被告人陆某富非法运输、出售国家重点保护的珍贵、濒危野生动物，其行为已构成非法运输、出售珍贵、濒危野生动物罪。陆某富对部分同一犯罪对象实施了不同的犯罪行为，但陆某富将难以存活的待出售野生动物宰杀并冷藏，最终是为了运输、出售该野生动物，即陆某富出于一个犯罪目的，实施数个犯罪行为，行为之间存在手段和目的的关系。根据全案事实，本案应以非法运输、出售珍贵、濒危野生动物罪定罪处罚。陆某富运输、出售两种珍贵、濒危野生动物，其中，鸭鹛 21 只，鸮形目鸟类共 9 只，属于情节特别严重，依法应在“十年以上有期徒刑，并处罚金或者没收财产”法定刑幅度内量刑。陆某富虽未完全如实供述自己的犯罪事实，但在起诉书指控的犯罪事实范围内如实供述运输行为，对该部分酌情予以从轻处罚。

人与自然和谐相处是人类社会追求的重要目标，依法保护野生动物对于保障生物多样性、保护生态系统完整性具有重要意义。根据《中华人民共和国野生动物保护法》第三条的规定，野生动物资源属于国家所有。根据《中华人民共和国野生动物保护法》第五十七条的规定，本法规定的猎获物价值、野生动物及其制品价值的评估标准和方法，由国务院野生动物保护主管部门制定。检察机关主张以《野生动物及其制品价值评估办法》及其附件《陆生野生动物基准价值标准目录》的相关规定计算国家野生动物资源损失，于法有据。陆某富非法杀害或致褐翅鸭鹛等国家二级保护动物死亡，损害了国家利益和社会公共利益，应当承担侵权责任，即陆某富应赔偿国家野生动物资源损失 65000 元（2500×14+15000×2）。

陆某富破坏国家野生动物资源，危害生物多样性和生态环境的平衡，损害了国家利益和社会公共利益，应当通过媒体向社会公众赔礼道歉。

广西壮族自治区南宁市西乡塘区人民法院依照《中华人民共和国刑法》第三百四十一条第一款、第五十三条第一款，《最高人民法院关于审理破坏野生动物资源刑事案件具体应用法律若干问题的解释》第一条、第三条，以及《中华人民共和国环境保护法》第六十四条，《中华人民共和国侵权责任法》第四条、第六条、第十五条，《最高人民法院关于审理环境民事公益诉讼案件适用法律若干问题的解释》第十八条之规定，判决如下：

一、被告人陆某富犯非法运输、出售珍贵、濒危野生动物罪，判处有期徒刑十年，并处罚金人民币一万元；

二、被告人陆某富于本判决生效之日起三十日内赔偿国家野生动物资源损失人民币六万五千元，上缴国库；

三、被告人陆某富在南宁市一家市级以上媒体向社会公众赔礼道歉。

一审宣判后，被告人陆某富不服提出上诉。广西壮族自治区南宁市中级人民法院经审理同意一审法院裁判意见，裁定：

驳回上诉，维持原判。

【法官后语】

一、选择性罪名的适用问题

本案中公诉机关起诉指控的罪名为非法猎捕、杀害珍贵、濒危野生动物罪和非法收购、运输、出售珍贵、濒危野生动物罪，这两个独立的罪名均由刑法第三百四十一条第一款所规定，而后者是一个典型的选择性罪名。

所谓选择性罪名，是指一个法律条文规定了两种以上可供选择的罪名，其犯罪行为或者犯罪对象之间具有内在联系，从而既可以分解使用又可以概括使用。

非法收购、运输、出售珍贵、濒危野生动物罪包括三种犯罪行为，其中收购包括以营利、自用等为目的的购买行为，运输包括采用携带、邮寄、利用他人、使用交通工具等方法进行运送的行为，出售包括出卖和以营利为目的加工利用行为。被告人实施了上述行为的任何一种或几种，应当以其实施的行为对其定罪。

本案中，被告人陆某富杀害国家重点保护的珍贵、濒危野生动物，后为出售而运输国家重点保护的珍贵、濒危野生动物，其实施的不同犯罪行为均针对同一犯罪对象，将难以存活的待售珍贵、濒危野生动物宰杀并冷藏最终是为了便于运输、出售。因此被告人陆某富出于一个犯罪目的，实施数个犯罪行为，行为之间存在手段和目的的关系，属于刑法理论中的牵连犯，应择一重罪论处。

此外，被告人陆某富的运输行为已实施完毕，由于意志之外的原因未能将野生动物出售，属犯罪未遂。但对陆某富的行为应从整体考察，运输野生动物的行为与出售野生动物的目的不宜分割处理，出售野生动物未得逞的行为需要在定罪中单独考虑，能更直观地体现出手段和目的之间的牵连性，亦是部分既遂部分未遂的选择性罪名犯罪的适当选择。

因此，本案以非法运输、出售珍贵、濒危野生动物定罪量刑较为适宜，同时在量刑时考虑被告人出售野生动物未遂的情节。

二、公益损害赔偿的认定问题

根据《中华人民共和国野生动物保护法》第三条的规定，野生动物资源属于国家所有。根据《中华人民共和国环境保护法》第六十四条，《中华人民共和国民法典》的规定，破坏生态造成损害的应当承担侵权责任。

本案中，活体野生动物和死体（包括冻死体）野生动物给生态环境造成的损失应区分界定。

对于涉案死体野生动物，陆某富非法杀害或致14只褐翅鸦鹃、2只斑头鸺鹠等国家二级保护动物死亡，损害了国家利益和社会公共利益，应当承担侵权责任。根据《中华人民共和国野生动物保护法》第五十七条的规定，应依照《野生动物及其制品价值评估办法》以及其附件《陆生野生动物基准价值标准目录》的相关规定来计算野生动物整体的价值，即陆某富应当赔偿的国家野生动物资源损失。

对于涉案活体野生动物，陆某富非法运输行为导致涉案野生动物离开栖息地，破坏了当地生态系统的动态平衡和稳定，给整体生态环境造成了损害。但这种损害不等同于国家野生动物资源在物质方面受到直接损失，不宜仅根据《野生动物及其制品价值评估办法》来计算陆某富的赔偿数额。

因此，本案认定被告人陆某富在附带民事公益诉讼中应承担死体野生动物部分的公益诉讼赔偿责任。

编写人：广西壮族自治区南宁市西乡塘区人民法院　胡月　秦晓

16

滥伐林木中如何界定被告人是明知的

——韦某寿滥伐林木案

【案件基本信息】

1. 裁判书字号

广西壮族自治区钦州市中级人民法院（2020）桂 07 刑终 91 号刑事裁定书

2. 案由：滥伐林木罪

【基本案情】

2017 年 1 月，上诉人韦某寿欲砍伐其位于某村村委会壮岭的一幅速生桉林木出售，便向时任某林业站站长方某树提交申请办理某村村委会壮岭林木采伐许可证的相关申请材料，申请办理林木采伐许可证。方某树收到材料后，即和某设计公司的人员到现场对林木采伐蓄积量进行调查设计。某设计公司于 2017 年 1 月 9 日对该幅林地提出伐区设计意见。之后，韦某寿就问方某树办理林木采伐许可证需要多少费用，方某树回答称借给其的 3000 元钱已经够缴交办理某村村委会壮岭的林木采伐许可证的费用，由其帮缴交。2017 年 2 月 4 日，某林业站对韦某寿采伐林地进行公示，2017 年 2 月 11 日公示期满后，得到某村村民委员会、某林业站、某人民政府审查同意，并报经某林业局林政股审核。某林业局于 2017 年 2 月 23 日同意批准核发林木采伐许可证。砍伐林木前，上诉人韦某寿多次去询问某林业站站长方某树砍伐林木的许可证是否办好。方某树称林木采伐许可证已办好，放在林业站由其保管，并叫韦某寿放心采伐。韦某寿得到确信后，在没有取得采伐许可证的情况下便雇请人员对该幅林木进行砍伐出售。事发后，韦某寿才得知方某树将申请费用私吞，且没有为其缴纳办证的有关费用，导致其没有领取到采伐许可证就砍伐林木。经鉴定，被砍伐的速生桉林木蓄积量为 310 立方米，该幅林地被砍伐后已清山种植上柑橘果树。另查明，2018 年 9 月 7 日，韦某寿经公安机关电话通知到案接受调查，并如实供述砍伐林木的事实。

【案件焦点】

1. 如何认定被告人韦某寿主观故意而定罪处罚；2. 林业主管部门工作人员的欺骗行为能否免除被告人韦某寿的刑事责任。

【法院裁判要旨】

广西壮族自治区钦州市浦北县人民法院经审理认为：被告人韦某寿违反森林法的规定，未经有关部门批准核发采伐许可证，砍伐林木，数量巨大，其行为构成滥伐林木罪。依照《中华人民共和国刑法》第三百四十五条第二款、第六十一条、第六十七条第一款的规定，判决如下：

被告人韦某寿犯滥伐林木罪，免予刑事处罚。

被告人韦某寿提出上诉。广西壮族自治区钦州市中级人民法院经审理认为：采伐人实施采伐作业的前提是合法取得林木采伐许可证，上诉人韦某寿明知开展采伐作业必须取得林木采伐许可证并按照许可证的规定进行采伐，但其因轻信林业站站长的口头表态，在没有取得林业行政主管部门核发的林木采伐许可证的情况下，便雇请工人砍伐速生桉林木蓄积量达 310 立方米，数量巨大，其行为确已构成滥伐林木罪。原判决认定事实清楚，证据确实充分，适用法律正确，定罪准确，量刑适当。审判程序合法。

广西壮族自治区钦州市中级人民法院依照《中华人民共和国刑事诉讼法》第二百三十六条第一款第一项之规定，裁定如下：

驳回上诉，维持原判。

【法官后语】

针对本案产生了两种意见：

第一种意见认为，被告人韦某寿主观上有滥伐林木的间接故意，客观上实施了滥伐林木的行为，且滥伐林木的数量已达到法律规定的巨大标准，其行为构成滥伐林木罪。

第二种意见认为，被告人韦某寿已履行办证法律注意义务，没有滥伐林木的主观故意，且林业主管部门已批准同意核发林木采伐许可证。虽然韦某寿没有领取林木采伐许可证砍伐，但是韦某寿无证采伐的原因是林业站站长欺骗行为造成的，不能由被告人来承担责任。故韦某寿的行为不构成滥伐林木罪。

综合本案证据，笔者认为，本案中被告人韦某寿构成滥伐林木罪，林业主管部门工作人员的欺骗行为不能免除韦某寿的刑事责任。主要原因在于：

首先，被告人韦某寿主观上有滥伐林木的故意。所谓犯罪的故意是指故意犯罪的主观心理态度。分析犯罪故意的内涵，其包含两个要素：一是犯罪故意的认识因素，二是犯罪故意的意志因素。所谓犯罪故意的认识因素是指，行为人明知自己的行为会发生危害社会的结果。其包括三个方面的内容：即对客观事实的认识，对故意内容违法性的认识，对行为“会发生”危害结果的认识。所谓对客观事实的认识，就是对行为内容及其性质的认识，对行为结果的认识，对因果关系的认识；对故意内容违法性的认识，是指行为人认识到自己的行为有一定的违法性；对行为“会发生”危害结果的认识，是指明知自己的行为必然发生和可能要发生危害社会的结果。结合本案，韦某寿明知开展采伐作业必须取得林木采伐许可证并按照许可证的规定进行采伐，并向林业站提交了申请材料。此时，基层林业站工作人员却表态说林木采伐许可证已办好可以采伐，结果韦某寿因轻信表态导致无证采伐的情形，韦某寿对自己的行为具有一定的违法性也是明知的，属于间接故意。为此，韦某寿主观上完全符合犯罪故意的认识因素。

其次，林业主管部门工作人员的欺骗行为，不能免除被告人韦某寿的刑事责任。采伐人实施采伐作业的前提是合法取得林木采伐许可证。虽然基层林业站站长亲口表态“手续已经办好，可以采伐”，但韦某寿有注意义务向上级主管部门核实办证情况。韦某寿没有拿到林木采伐许可证便雇人砍伐林木，显然也是一种过错行为。为此，私权利也必须在法律规定的范围内行使。借不当的行政行为之名，而实施违法行为的人，必将受到法律的追究。

综上，被告人韦某寿具有间接滥伐林木的主观故意，其需要对林业主管部门工作人员的欺骗行为造成的后果承担刑事责任。

编写人：广西壮族自治区钦州市中级人民法院　郑雪霞

17

捕捉几只野生鸟并出售，情节较轻该如何量刑

——杨某宁非法狩猎案

【案件基本信息】

1. 裁判书字号

湖南省芷江侗族自治县人民法院（2020）湘 1228 刑初 126 号刑事判决书

2. 案由：非法狩猎罪

【基本案情】

2019 年 3 月至 10 月，被告人杨某宁在没有取得狩猎许可证的情况下，以搭网捕鸟、用录音机录制的鸟鸣声诱捕野生鸟类的方法，先后三次在某村菜家冲组四方田坎、垅田坎上、脚坡组丫叉冲非法捕捉野生画眉鸟 14 只并出售，非法获利人民币 560 元。另查明，被告人杨某宁狩猎的时间为禁猎期，其狩猎的地点为禁猎区，其使用的狩猎工具及狩猎的方法均为禁止的工具及方法。

【案件焦点】

私自捕捉一定数量的野生画眉鸟并出售，情节较轻该如何量刑。

【法院裁判要旨】

湖南省芷江侗族自治县人民法院经审理认为：被告人杨某宁违反狩猎法规，在禁猎区、禁猎期使用禁用的工具、方法进行狩猎，破坏野生动物资源，情节

严重，其行为已构成非法狩猎罪。公诉机关指控的罪名成立，应当以非法狩猎罪追究其刑事责任。被告人杨某宁归案后能如实供述自己的罪行，且认罪认罚，依法可从轻处罚。被告人杨某宁犯罪情节较轻，有悔罪表现，经社区矫正评估，没有再犯罪的危险，宣告缓刑对其所居住社区没有重大不良影响，依法可对其宣告缓刑。对辩护人杨某钦提出被告人杨某宁归案后能如实供述自己的罪行，且认罪认罚，建议判处缓刑的辩护意见，法院予以采纳。公诉机关对被告人杨某宁判处拘役四个月的量刑建议适当，法院予以采纳。被告人杨某宁的违法所得人民币 560 元，依法应当予以追缴。据此，依照《中华人民共和国刑法》第三百四十一条第二款、第六十七条第三款、第六十四条、第七十二条第一款、第七十三条第一款、第三款之规定，判决如下：

一、被告人杨某宁犯非法狩猎罪，判处拘役四个月，缓刑五个月（缓刑考验期限，从判决确定之日起计算）；

二、追缴杨某宁违法所得人民币五百六十元，上缴国库。

宣判后，被告人杨某宁表示服从判决，不上诉。

【法官后语】

我国是全球野生动物种类最丰富的国家之一。野生动物是自然生态系统的重要组成部分，也是人类社会经济、科学研究、文化传统等领域不可或缺的重要资源。基层特别是偏远贫困乡镇，保护和执法力量的薄弱，长期制约着我国野生动物保护和执法监管成效，要改变这一局面，必须从立法、深化机构改革、加大资金投入、加强人员培训等多方面入手，特别是从法律层面予以强化。

随着自然环境和野生动物保护工作力度的不断加大，人们对野生动物的保护意识也日益增强。但仍有非法猎捕野生动物的情况发生，野生动物保护的任务仍很艰巨。

根据《中华人民共和国刑法》第三百四十一条的规定，非法猎捕、杀害国家重点保护的珍贵、濒危野生动物的，或者非法收购、运输、出售国家重点保护的珍贵、濒危野生动物及其制品的，处五年以下有期徒刑或者拘役，并处罚金；情节严重的，处五年以上十年以下有期徒刑，并处罚金；情节特别严重的，处十年以上有期徒刑，并处罚金或者没收财产。违反狩猎法规，在禁猎区、禁猎期或者使用禁用的工具、方法进行狩猎，破坏野生动物资源，情节严重的，处三年以下有期徒刑、拘役、管制或者罚金。

本案被告人杨某宁捕捉的虽然是野生画眉鸟，且数量只有14只，但野生画眉鸟属于国家保护动物，任何单位和个人非法捕捉野生鸟类，都是犯罪行为。当前，我国保护环境的力度前所未有，但在一些偏远山区，非法捕捉野生鸟类的现象仍然屡禁不止。为从立法上加强对野生动物的保护，2021年2月新版《国家重点保护野生动物名录》正式公布，新增517种（类）野生动物，另有65种野生动物保护等级升为“国家一级”，这更有利于野生动物保护资金和措施的倾斜，在执法时也更有威慑力。人民法院将与森林公安、林业等部门配合，依法严惩以任何形式非法捕捉野生鸟类的违法犯罪行为。同时，应做好野生动物保护法等法律法规的宣传和贯彻工作，发挥舆论宣传和监督作用，在全社会营造保护野生动物、爱护生态环境的良好风气，推动人与自然和谐发展。

编写人：湖南省芷江侗族自治县人民法院　刘健

18

非法出售、运输珍贵、濒危野生动物罪中犯罪对象的认定

——杜某城等非法出售、运输珍贵、濒危野生动物案

【案件基本信息】

1. 裁判书字号

新疆维吾尔自治区昌吉回族自治州中级人民法院（2020）新23刑终3号刑事裁定书

2. 案由：非法出售、运输珍贵、濒危野生动物罪

【基本案情】

2016 年 12 月 29 日，被告人解某东以 55000 元的价格从被告人杜某城处帮他人购买了人工繁育马鹿 9 头，解某东在未办理野生动物购买、运输相关手续的情况下，从杜某城处购买 9 头马鹿，将 9 头马鹿从杜某城家运输至村后帮他人进行临时饲养。其间，1 头马鹿死亡，3 头马鹿丢失。

经某司法鉴定中心鉴定：涉案的疑似野生动物马鹿活体 5 头、鹿皮 1 张、鹿鞭 1 副的动物物种均为国家二级重点保护野生动物马鹿，合计价值为人民币 145290 元。

本案中，经鉴定人通知到庭核实，鉴定人当庭明确表示，无法通过鉴定确定涉案的 6 头马鹿是人工繁育的还是野生的。

另查，被告人杜某城于 2002 年取得马鹿人工繁育许可证后，即开始人工繁育马鹿，繁育至 2016 年 12 月 29 日将繁育的 9 头马鹿及繁育许可证一并转让给被告人解某东，出售、收购、运输上述马鹿时二被告人均未办理相关手续。

被告人杜某城认为其有繁育许可证，对公诉机关指控的罪名有异议。被告人解某东认为其收购运输的马鹿属于人工繁育的，其行为不构成犯罪。辩护人认为，二被告人出售、收购、运输的是人工繁育的马鹿，依据相关规定，人工繁育成熟的马鹿不应作为犯罪对象处理，故应认定二被告人无罪。

【案件焦点】

非法出售、运输珍贵、濒危野生动物罪中，被告人杜某城等出售、收购、运输的马鹿是否能作为本案的犯罪对象。

【法院裁判要旨】

新疆维吾尔自治区吉木萨尔县人民法院经审理认为：被告人杜某城具备《国家重点保护野生动物驯养繁殖许可证》，取得人工驯养繁殖马鹿的资格，并人工繁育马鹿十几年。《人工繁育国家重点保护陆生野生动物名录（第一批）》明确将马鹿、虎纹蛙、梅花鹿等 9 种陆生野生动物公布纳入第一批人工繁育成熟的名录，马鹿属于人工繁育技术成熟的9种陆生野生动物之一。根据相关规定，本案涉案的人工繁育的且进行商业性经营利用的6头马鹿，不宜作为刑法第三百四十一条第一款规定的犯罪对象。因此，被告人杜某城的行为不构成非法出售珍贵、濒危野生动物罪；被告人解某东的行为不构成非法运输（收购）珍贵、濒危野生动物罪。公诉机关指控被告人杜某城犯非法出售珍贵、濒危野生动物罪及被告人解某东犯非法运输珍贵、濒危野生动物罪的指控，罪名均不能成立，本院不予支持。被告人解某东及其辩护人认为解某东运输（收购）的涉案马鹿，不属于刑法第三百四十一条第一款规定的犯罪对象的辩护、辩解意见，本院予以采纳。辩护人的其他辩护意见，与本案无关，法院不予采信。本案经合议庭评议，并经法院审判委员会讨论决定，依照《中华人民共和国刑事诉讼法》第一百九十五条第二项，《中华人民共和国刑事诉讼法》第二百条第二项，《中华人民共和国刑法》第六十四条之规定，判决如下：

一、被告人杜某城无罪；

二、被告人解某东无罪；

三、公安机关扣押的马鹿五头（活体母马鹿）、马鹿皮一张、鹿鞭一副，予以发还。

新疆维吾尔自治区吉木萨尔县人民检察院提出抗诉。新疆维吾尔自治区昌吉回族自治州中级人民法院在审理期间，新疆维吾尔自治区昌吉州人民检察院认为抗诉不当，向法院撤回抗诉。

新疆维吾尔自治区昌吉回族自治州中级人民法院认为：新疆维吾尔自治区昌吉州人民检察院撤回抗诉的要求，符合法律规定。依照《最高人民法院关于适用〈中华人民共和国刑事诉讼法〉的解释》第三百八十六条之规定，裁定如下：

准许新疆维吾尔自治区昌吉州人民检察院撤回抗诉。

新疆维吾尔自治区吉木萨尔县人民法院刑事判决自该裁定送达之日起发生法律效力。

【法官后语】

本案处理的重点在于对本案犯罪对象的认定。《人工繁育国家重点保护陆生野生动物名录（第一批）》明确将马鹿、虎纹蛙、梅花鹿等 9 种陆生野生动物公布纳入第一批人工繁育成熟的名录，马鹿属于人工繁育技术成熟的 9 种陆生野生动物之一。根据相关规定，综合认定本案涉案马鹿不是刑法意义上的犯罪对象。

具体到本案中，依据公诉机关提供的现有证据，仅能证实涉案的是 6 头马鹿，被告人杜某城从 2002 年 9 月 13 日起取得马鹿的人工繁育许可证，并即从事马鹿的人工繁育，至 2016 年 12 月 29 日被告人杜某城将马鹿全部出售给解某东为止，对于涉案 6 头马鹿中是否有野生马鹿，公诉机关不能举证证实。为此，参照相关规定，本案涉案的二被告人出售、收购、运输的人工繁育的且进行商业性经营利用的 6 头马鹿，不宜作为刑法第三百四十一条第一款规定的犯罪对象。

值得注意的是，如果本案按公诉机关指控的认定，二被告人均面临十年以上有期徒刑的刑罚处罚。法院严格按照罪刑法定原则，通过对公诉机关提供的证据进行分析，确定本案涉案的二被告人出售、收购、运输的 6 头马鹿不是刑法意义上的犯罪对象，从犯罪对象的认定上，排除了二被告人构成犯罪；为确保有罪必究，无罪不被追究，人民法院建议公诉机关对涉案的 6 头马鹿中是否有野生马鹿进行补充侦查，但公诉机关明确书面回复不能举证证实，故本院认定本案涉案的 6 头马鹿不是刑法意义上的犯罪对象。综上，本着存疑有利于被告人的原则，对二被告人作出无罪判决。

编写人：新疆维吾尔自治区吉木萨尔县人民法院　孙建

19

污染环境造成公司财产损失数额的认定

——尹某华、左某锋污染环境案

【案件基本信息】

1. 裁判书字号

广东省江门市蓬江区人民法院（2020）粤 0703 刑初 495 号刑事判决书

2. 案由：污染环境罪

【基本案情】

2020 年 1 月至 3 月，被告人尹某华、左某锋伙同廖某全、黄某来在无固体废物垃圾处理资质的情况下，为牟取垃圾处理的差价利润，共谋以堆放杂物为借口租赁厂房，将收购来的垃圾倾倒在厂房内。四人分工合作，通过物色、租赁厂房、联系垃圾货源接收垃圾的方式将大量的布碎、海绵碎、塑胶、皮革以及生活垃圾等固体废物倾倒于其租赁的三处厂房。事发后，厂房业主多次要求被告等人清理垃圾，但被告等人却以各种借口不予处理。

某环境科学研究院对上述三起厂房内非法倾倒固体废物事件作出生态环境损害鉴定评估，按照每立方米 750 元的标准，根据测绘所得的体积，得出生态环境损害费用为 4851817.5 元。

上述位于某厂房内的垃圾，在案发后已由业主组织人员清空，共计花费约人民币 87500 元。

【案件焦点】

1. 起诉书中所列举的生态环境损害费用 4851817.5 元是否客观；2. 被告人的行为是否构成污染环境罪。

【法院裁判要旨】

广东省江门市蓬江区人民法院经审理认为：被告人尹某华、左某锋无视法律，违反相关规定，伙同他人倾倒有害物质，严重污染环境，其行为已构成污染环境罪。辩护人的辩护意见中，与本案事实及法律规定相符部分，法院予以采纳。被告人左某锋曾因犯故意伤害罪被判处有期徒刑，刑罚执行完毕以后，在五年以内再犯应当判处有期徒刑以上刑罚之罪，是累犯，应当从重处罚。被告人尹某华、左某锋犯罪以后基本如实供述自己的罪行，在庭审后能够主动认罪认罚，可以酌情从轻处罚。但被告人尹某华、左某锋未对其所造成的环境污染后果采取任何弥补措施，应酌情从重处罚。

广东省江门市蓬江区人民法院依照《中华人民共和国刑法》第三百三十八条、第六十五条第一款、第六十七条第三款、第五十二条、第五十三条，《中华人民共和国刑事诉讼法》第二百零一条之规定，作出如下判决：

一、被告人尹某华犯污染环境罪，判处有期徒刑二年十个月，并处罚金人民币三十万元；

二、被告人左某锋犯污染环境罪，判处有期徒刑三年，并处罚金人民币三十五万元。

一审宣判后，被告人没有提出上诉。

【法官后语】

近年来，人民法院依法惩治污染环境犯罪，依法保障人民群众身体健康、财产安全，维护社会公共利益，促进经济社会可持续发展。本案处理的重点问题是认定生态环境损害费用的金额以及对被告人行为的定性和量刑。

一、起诉书中列举的生态环境损害费是否客观科学

公诉机关指控生态环境损害费用为 4851817.5 元，主要依据是某环境科学研究院作出的《评估报告》。该报告在计算固体废物处置费用时，系按照每立方米 750 元的标准，根据测绘所得的体积得出的结论，即 4851817.5 元。而这一单价标准的来源，是该报告附件 8 中，某环保科技有限公司对某生态环境局三水分局的一份询价回复。该报告亦说明，以上均为评估的费用，实际应以发

生费用为准。两名被告人以及部分辩护人提出异议，表示金额明显过高，且并非实际发生的费用，不能作为定案的依据。

经查，首先上述《评估报告》中的单价依据仅仅是某公司针对其他事项的一份报价，显然不能直接作为本案废物处置的价格依据，即关联性不足。其次该《评估报告》中对涉案荷塘镇厂房内固体废物的总重量估算为317.2624吨，这一点与证人余某的证言以及实际处置时产生的过磅单（318.8吨）能够互相印证，证明《评估报告》的重量估算具有科学性，可以作为定案证据。但涉案荷塘镇厂房业主处置涉案固体废物所实际发生的费用，则明显与《评估报告》的结论严重偏离。由此可见，通过委托不同的单位，采用不同的标准计算，将会对剩余涉案垃圾的处置费用产生巨大的影响。因此，《评估报告》中的损害数额结论在客观性上存疑，不予采纳。

二、被告人的行为是否构成污染环境罪

经查，根据某环境科学研究院作出的《评估报告》，本案中涉及的固体废物类型基本一致，主要涉及废塑料袋、废塑料、废泡沫、废布条、废海绵，少量废人造革等工业固体废物，以上固体废物分别堆放在上述三个厂房内并散发刺激性气味。由于涉及的厂房均设置有硬底化措施且建有房顶，不涉及渗滤液等水环境污染和土壤污染问题。结合环境局出具的《关于江门市蓬江区三个厂房内固体废物属性的说明》以及固体废物类型及其检测结果，本次事件中三起厂房内非法倾倒固体废物应属一般工业固体废物，为有害物质。

根据刑法第三百三十八条的规定，违法国家规定，排放、倾倒或者处置有放射性的废物、含传染病病原体的废物、有毒物质或者其他有害物质，严重污染环境的，构成污染环境罪，处三年以下有期徒刑或者拘役，并处或者单处罚金；后果特别严重的，处三年以上七年以下有期徒刑，并处罚金。同时《最高人民法院、最高人民检察院关于办理环境污染刑事案件适用法律若干问题的解释》对如何认定“严重污染环境”以及“后果特别严重”作出了规定。其中“违法所得或者致使公私财产损失30万元以上的”属于“严重污染环境”“致使公私财产损失100万元以上的”，应当认定为“后果特别严重”。

被告人的行为同时符合了刑法第三百三十八条、第二百七十六条的构成要件，结合本案的现有情节，按照择一重罪处断的原则，应当以刑法第三百三十八条污染环境罪定罪处罚。故公诉机关对本案定性为污染环境罪符合法律的规定，予以采纳。但是关于本案的量刑区间，公诉机关认为被告人的行为属于“后果特别严重”，应处三年以上七年以下有期徒刑，并处罚金。如上文所述，某环境科学研究院作出的《评估报告》对涉案固体废物的类型、密度测算虽具有科学性，但得出的生态环境损害费用数额并不客观。由于公诉机关未能提供其他证据证明清理尚存于涉案杜阮镇、棠下镇厂房内的固体废物所需的实际费用，故本院只能根据清理荷塘镇厂房所实际发生的费用，结合上述《评估报告》得出的涉案固体废物相对客观的总重量来进行判断。

经查，荷塘镇厂房内实际清理固体废物垃圾共计318.8吨，产生清运费用为人民币86000元，另产生消毒仓库费用为人民币1500元。而《评估报告》认为杜阮镇厂房内倾倒固体废物总重量约为1270.75吨，棠下镇厂房内倾倒固体废物总重量约为1775.9144吨。因此，清理杜阮镇和棠下镇厂房内倾倒固体废物的费用约为人民币821873.1元，另外还有两间厂房的消毒费用共计3000元。

同时《评估报告》还指出，非法倾倒固体废物若不及时清运处置，其有害物质将对区域内的环境空气等环境介质及其生态环境带来持续性污染风险。在评价时间范围内，三起厂房内非法倾倒固体废物事件暂未造成可量化的财产损害费用，亦未造成可量化的人身损害费用。

综上，公诉机关提供的证据不足以证明被告人的污染环境行为所造成的公私财产损失已达100万元，因此不应认定为“后果特别严重”。

编写人：广东省江门市蓬江区人民法院　李磊　叶晓燕

20

行政机关在行政执法中所作鉴定意见能否作为刑事证据使用

——谢某华非法采矿案

【案件基本信息】

1. 裁判书字号

湖北省宜昌市中级人民法院（2021）鄂05刑终126号刑事裁定书

2. 案由：非法采矿罪

【基本案情】

2016年9月5日，某工程公司给猇亭区委递交《关于无偿平整治理张家湾路滑坡等多处土石方的报告》，申请对某建筑公司三期工程场地进行无偿清障土石方，得到某区政府区长杨某华及相关政府部门同意。

2017年年初，被告人谢某华占用某产业园项目用地，雇用工人使用挖掘机等机械设备采挖场地内的砾石层，作为砂石混合料对外销售获利。同年7月，谢某华与马某签订合作协议，由马某出资购买分筛设备，招募工人从事砂石料加工，谢某华将采挖的砂石料交由马某进行分筛和清洗后再分别以卵石、砂出售，双方按照约定的价格和销售数量结算加工费。

2017年8月2日，某工程公司给某区政府递交《关于请求免收建筑垃圾（渣土）处置费的报告》，报告载明：我公司正着手对某工程三期等处的剩余土石方无偿开挖外运。此项工程是无偿的，我公司通过以工换料，将所挖运的砂石供给下游客户，换取少量收费来平衡施工费用，利润十分微薄。特申请政府批准免收建筑垃圾处置费用。同年8月10日，杨某华签批“同意。”

2017年5月4日，某区政府作出《某区政府关于严禁非法取土（挖砂、采石）行为的通知》，该通知规定除因工程、因公共利益建设、因居民生产生活需要外，严禁任何单位和个人实施非法取土行为。2017年6月9日，某区人民政府给某工程公司发出告知书：现通知你公司停止在原某材料公司非法占地取土行为。将临时建筑、设备予以移除。2017年8月15日，某国土局给某工程公司作出《安全生产整改通知书》。该通知书载明：经巡查，你公司在取土生产作业时存在审批手续不全等问题，现责令停产。该通知书于2017年8月16日送达给某工程公司由周某斌签收。

2017年8月17日至2019年6月1日，谢某华通过通泰达港、红华港外运砂、石头、混合料共计674623吨。2020年6月24日，某资产评估公司对该案所涉及的矿产品资产价值（即涉案销售的674623吨）作出评估，价值为32585300元。另有少量砂石料在附近销售。谢某华使用其本人和家属的银行卡账户收取的销售砂石料货款金额为9707182元。

2019年7月9日，某国土资源执法监察支队，委托某地质研究所对渣土、卵石、砂三种规格岩石成分进行鉴定。2019年7月24日，某地质研究所作出《某工贸公司某区采砂（石）矿种鉴定报告》，该报告结论载明：混合料中的卵石、砂含量达97. 59%；卵石和砂均为矿产资源，分别属于砂岩和天然石英砂。

同时查明，2011年9月22日，某磁性材料公司取得位于某区南部工业区桃子冲路北侧（案涉土地）的工业用地使用权（地号19-001-008-021、图号77. 25-2. 75）。

另查明，某工程公司于2010年5月26日成立，公司法定代表人系谢某华。公司股东于2012年10月11日变更为谢某华、周某斌。该公司于2020年6月注销工商登记。周某斌未参与案涉砂石的开采及销售，也没有分得任何利润，砂石销售款9707182元由谢某华及其家属收取。宜昌市公安局猇亭区分局以谢某华涉嫌非法采矿罪对其刑事拘留，法院以谢某华犯非法采矿罪判处其有期徒刑四年，并处罚金一百万元。对其违法所得予以没收。谢某华不服一审法院判决，上诉至湖北省宜昌市中级人民法院，法院裁定：

驳回上诉，维持原判。

【案件焦点】

经行政部门许可进场平整场地采挖砂石，未办理采矿许可证，是否构成非法采矿罪。

【法院裁判要旨】

湖北省宜昌市点军区人民法院经审理认为：被告人谢某华违反矿产资源法的规定，未取得采矿许可证擅自采矿，情节特别严重，其行为构成非法采矿罪。公诉机关的指控成立。关于犯罪金额的认定，法院认为应当从2017年8月17日，某国土资源管理局书面通知某工程公司因取土审批手续不全，通知其停产开始计算违法采矿吨数及销售金额。经审计查明，2017年8月17日至2019年6月1日，谢某华通过通泰达港、红华港外运砂、石头、混合料共计674623吨，评估价值为32585300元。谢某华使用其本人和家属的银行卡账户收取的销售砂石料货款金额为9707182元。谢某华到案后如实供述侦查机关已掌握的犯罪事实，系坦白，可以从轻处罚。现根据谢某华犯罪的事实、性质、情节和对社会的危害程度，依照《中华人民共和国刑法》第三百四十三条、第六十四条、第六十七条第三款之规定，判决如下：

一、被告人谢某华犯非法采矿罪，判处有期徒刑四年，并处罚金人民币一百万元。

（刑期自判决执行之日起计算。判决执行之前先行羁押的，羁押一日折抵刑期一日。罚金于判决生效后十日内一次性缴纳。）

二、对违法所得九百七十万七千一百八十二元，予以追缴，上缴国库。

宣判后，被告人谢某华上诉，湖北省宜昌市中级人民法院裁定：

驳回上诉，维持原判。

【法官后语】

一、非法采矿罪的构成

违反矿产资源法的规定，未取得采矿许可证擅自采矿，情节特别严重的，处三年以上七年以下有期徒刑，并处罚金。开采的矿品价值在50万元以上的，为情节特别严重。根据湖北省相关矿产管理条例的规定，开采零星分散的矿产资源和只能用作普通建筑材料的砂石、石、黏土，由县级地质矿产管理部门审批，并颁发采矿许可证。最高人民法院有判例观点，因建设需要采挖砂石，无须办理采矿许可证，如因建房挖地基，从而产生的砂石就无须办理采矿许可证。上述规定已经明确因建设需要采挖砂石无须办理采矿许可证。

被告人谢某华在主观上，是为了谋利，才提出无偿平整场地并取得政府部门同意，进场采挖砂石；被告人供述政府让其平整的场地只有210万方左右，只需要几个月即可完工。2017年8月，某国土资源局给某工程公司发出因其未办理取土证，责令停产通知后，谢某华仍在近两年时间内持续不断地采挖砂石共计674623．2吨销售给他人以谋取利益。上述行为表明其并不是为了建设需要采挖砂石，而是为了牟利需要非法采挖砂石。

综上，被告人的行为构成非法采矿罪。

二、行政机关在行政执法过程中作出的鉴定意见在刑事诉讼中能否作为证据使用

根据《最高人民法院关于适用〈中华人民共和国刑事诉讼法〉的解释》第七十五条的规定，行政机关在行政执法和查办案件过程中收集的物证、书证、视听资料、电子数据等证据材料，经法庭查证属实，且收集程序符合有关法律、行政法规规定的，可以作为定案的根据。

从文字上看该条并未包含鉴定意见，本条中的等证据材料中的“等”原则上作等内解释，即通常只限于物证、书证、视听资料、电子数据，不包含鉴定意见、勘验、检查笔录；但是根据案件具体情况，进入刑事诉讼程序后，如已经不具备重新鉴定、勘验的条件了，且有证据证明行政机关的上述行为程序合法，与其他证据能够相互印证，确有必要作“等”外解释的，可以个案处理。同样，司法实践中，对行政机关收集的言词证据，在刑事诉讼中作为证据材料使用的，必须作更为严格的限制，即仅限于确实无法重新收集，但又必须使用的，且有证据证明取证程序合法、能与其他证据相互印证的极特殊情形。本案

中，采挖的砂石已经被被告人销售给他人，不具备重新鉴定的条件，无法再做鉴定，且行政机关取证程序合法，因此，某地质研究所作出的鉴定报告可以作为刑事证据使用。

编写人：湖北省宜昌市点军区人民法院 王立立

（四）走私、贩卖、运输、制造毒品罪

21

如何认定毒品共同犯罪中的犯意联络

——许某某贩卖、运输毒品、容留他人吸毒，金某甲运输毒品，金某乙运输毒品、容留他人吸毒案

【案件基本信息】

1. 裁判书字号

吉林省长春铁路运输中级法院（2020）吉71刑终7号刑事裁定书

2. 案由：贩卖、运输毒品罪，容留他人吸毒罪

【基本案情】

2018年7月至2019年11月，金某乙在某小区×号楼×单元×××的住处容留金某甲和金某丁吸食冰毒1次；容留金某戊（另案处理）吸食冰毒3次；容留许某某、金某甲吸食冰毒3次；多次容留金某甲吸食冰毒；在其私家车内容留文某某吸食冰毒1次。

2019年7月、8月的一天，许某某在其住处，以每克1000元的价格贩卖给金某甲和金某乙各10克冰毒共20克，当天其又招来胡某某和李某某，与金某

甲、金某乙共同吸食冰毒。

2019年10月中旬，许某某以每克1000元的价格贩卖给金某甲和金某乙各5克冰毒共10克，后金某甲委托朴某某到许某某处取回冰毒。

2019年11月9日，许某某在其住处，以每克1000元的价格贩卖给金某乙10克冰毒，贩卖给金某甲一包实际重量为4.855克的冰毒，并赠送给金某甲10粒麻古（0.908克）。当天下午，许某某又指使金某甲和金某乙将一包毒品带至吉林火车站。案发后，乘警从金某甲处扣押2包疑似毒品，其中一包内有3小包白色晶体状物（共24.468克）和1包红色和绿色片状颗粒物（46粒，共4.337克），另一包内有1包白色晶体状物（4.855克）和10粒红色片状颗粒物（0.908克）。

2019年11月12日，公安机关对许某某的住处进行搜查时扣押6粒红色片状颗粒物（疑似麻古），重量为0.573克。

经鉴定，从金某甲处扣押的疑似毒品物和许某某处扣押的6粒红色片状颗粒物成分均确定为甲基苯丙胺。公安机关从金某甲处扣押的4包白色晶体状物（共29.323克）和2包红色和绿色片状颗粒物（56粒，共5.245克）中，均检出甲基苯丙胺成分。

另查明，金某乙因涉嫌犯运输毒品罪被采取强制措施后，如实供述司法机关还未掌握的其容留他人吸食毒品的犯罪事实。

【案件焦点】

许某某、金某乙、金某甲是否构成运输毒品的共犯。

【法院裁判要旨】

金某甲和金某乙均供述在许某某处购买毒品，供述相互印证，且有微信转账记录及朴某某的证言等证据予以佐证。认定许某某贩卖毒品证据确实充分，对其辩解不予采信。金某甲和金某乙均证实许某某委托运输毒品的事实，且委托运输毒品时，金某甲和金某乙均在场，供述相互印证，能够证实许某某是运输毒品的犯意提起者。金某甲和金某乙共同乘坐火车运输毒品，金某乙在公安机关第一次讯问笔录中明确供述与金某甲共同运输毒品，且对其之后供述发生变化未作出合理解释，可以证实金某乙参与运输毒品的事实，对其辩解不予采信。

延边铁路运输法院依照《中华人民共和国刑事诉讼法》第十五条，《中华人民共和国刑法》第三百四十七条第一款、第二款第一项、第三款、第七款、第三百五十四条、第二十五条第一款、第二十六条第一款、第四款、第二十七条、第三百五十六条、第六十五条第一款、第六十七条第二款、第五十二条、第五十三条第一款、第五十九条第一款、第六十二条、第六十四条、第六十九条第一款、第三款之规定，作出如下判决：

一、被告人许某某犯贩卖、运输毒品罪，判处有期徒刑十五年，并处没收财产人民币七万五千元；犯容留他人吸毒罪，判处有期徒刑一年，并处罚金人民币五千元，决定执行有期徒刑十五年六个月，没收财产人民币七万五千元，罚金人民币五千元；

二、被告人金某甲犯运输毒品罪，判处有期徒刑七年六个月，并处罚金人民币三万五千元；

三、被告人金某乙犯运输毒品罪，判处有期徒刑七年六个月，并处罚金人民币三万五千元；犯容留他人吸毒罪，判处有期徒刑一年，并处罚金人民币五千元，决定执行有期徒刑八年，罚金人民币四万元；

四、扣押在案的冰毒和麻古，依法予以没收，由扣押机关上缴国库；扣押在案的其他物品，由扣押机关依法处理。

许某某以“其未贩卖毒品，亦未指使金某甲运输毒品，与金某甲之间没有运输毒品的共同预谋，不构成贩卖、运输毒品罪”为由提起上诉。金某乙以“其未受许某某指使，未与金某甲共同运输毒品，不构成运输毒品罪”为由提起上诉。吉林省长春铁路运输中级法院同意一审法院裁判意见。

吉林省长春铁路运输中级法院依照《中华人民共和国刑事诉讼法》第二百三十六条第一款第一项的规定，作出如下裁定：

驳回上诉，维持原判。

【法官后语】

毒品共同犯罪是指二人以上共同故意实施走私、贩卖、运输、制造毒品等犯罪行为。各共同犯罪人都知道自己并不是孤立地在实施某种犯罪，而是在与其他犯罪人共同实施某种犯罪，这种意思联络能够起到相互促进、强化犯意、激励犯罪的作用。共同犯罪的犯意联络是指各行为人关于互相协同实施特定犯罪的意思沟通，这种意思沟通既可以采用明示方式进行，也可以采用默示、暗示的方式进行，对于较为隐蔽的、默示的犯意联络，应当根据案发时的具体情况来综合判断被告人的主观心态来认定是否存在犯意联络。本案中，许某某是在金某乙和金某甲均在场的情况下，委托二人将毒品带至吉林给吉林站的接货人，许某某是运输毒品犯罪的犯意提起者，金某乙和金某甲本就是同行人，二人多次在许某某处购买毒品，关系较好，二人对于接受许某某的委托是心领神会，都明知自己并不是孤立地在实施运输毒品的犯罪行为，而是共同实施了犯罪行为，该情形之下金某乙和金某甲之间对运输毒品形成默示的犯意联络，具备了共同故意的特征。同时，金某甲、金某乙均证实许某某委托运输毒品的事实，二人供述彼此印证，后金某乙与金某甲共同乘坐火车实施了运输毒品的行为，且金某乙在公安机关第一次讯问笔录中，明确供述与金某甲共同运输毒品，虽然其在之后的供述中否认参与运输毒品，但未能对供述发生变化作出合理解释。金某乙在公安机关的第一次供述与金某甲在公安机关的多次稳定供述相吻合，且金某乙的第一次供述经其本人签字确认，具有证明效力，并有执法记录仪所记录的视频资料、指认照片、辨认笔录等证据佐证，足以认定被告人许某某、金某甲、金某乙共同实施了运输毒品的犯罪行为，均构成运输毒品罪。

编写人：吉林省高级人民法院　姜薇

22

为蹭食毒品而代购毒品是否构成贩卖毒品罪

——郑某贩卖毒品案

【案件基本信息】

1. 裁判书字号

湖北省鹤峰县人民法院（2020）鄂2828刑初17号刑事判决书

2. 案由：贩卖毒品罪

【基本案情】

2019年1月至8月，被告人郑某因无经济能力长期吸食毒品，便以蹭吸为目的，以代购方式向吸毒人员张某、金某、李某、田某志等人贩卖甲基苯丙胺（冰毒）15次，共计贩卖冰毒3.7克。具体犯罪事实如下：

1. 2019年1月至2月，郑某通过他人购得毒品后，四次向张某贩卖冰毒共1.4克，通过微信收取毒资共1200元，并与张某等人分别在某1客栈、某2客栈以及郑某租住屋内将毒品共同吸食。

2. 2019年5月，郑某通过他人购得毒品后，二次向金某贩卖冰毒共0.4克，通过微信收取毒资共750元，并在金某家中将部分毒品共同吸食。

3. 2019年4月至5月，郑某通过他人购得毒品后，三次向李某贩卖冰毒共0.6克，收取毒资共700元，并与李某等人分别在李某家中、田某志家中、某1客栈等地将毒品共同吸食。

4. 2019年4月至8月，郑某通过他人购得毒品后，六次向田某志贩卖冰毒共计1.3克，收取毒资共计1300元，并与田某志等人分别在郑某家中、田某志家中、隆门客栈、郑某车中将毒品共同吸食。

【案件焦点】

1. 郑某被指控的向金某、李某、田某志贩卖毒品数量、毒资是否准确；2. 对于仅有郑某的供述，没有其他证据证实的犯罪事实，是否应当认定；3. 指控郑某贩卖的毒品种类是否为冰毒，郑某贩卖的毒品均已被吸食，除被告人及证人的陈述外，没有对毒品进行检测，亦无其他证据印证；4. 郑某被指控贩卖的毒品数量是否准确，郑某向他人贩卖的毒品均没有称重，公诉机关是按照郑某和购毒人的估计综合认定的数额；5. 郑某为蹭食毒品而为吸毒人员代购，从中没有牟利，能否认定郑某构成贩卖毒品罪。

【法院裁判要旨】

湖北省鹤峰县人民法院经审理认为：被告人郑某违反国家毒品管理法规，以获得免费吸食毒品为目的，向多人、多次贩卖毒品，情节严重，其行为已构成贩卖毒品罪。公诉机关指控的罪名成立。郑某因吸食毒品在接受询问时，主动向公安机关交代了尚未被掌握的其贩卖毒品的犯罪行为，依法构成自首，可对其从轻处罚。郑某认罪认罚且具结，可对其从宽处理。郑某曾因盗窃被判处有期徒刑，刑罚执行完毕以后，五年以内再犯本罪，系累犯，应对其从重处罚。控辩双方提出的与本院评判一致的意见，予以采纳。虽公诉机关指控郑某的部分犯罪事实，本院未予认定，但本院按照最高人民法院、湖北省高级人民法院量刑规范化的规定计算郑某应判处的刑期后认为，公诉机关量刑建议并无明显不当。

湖北省鹤峰县人民法院为保护国家对毒品的管理制度和人民的生命健康不受侵犯，打击犯罪，依照《中华人民共和国刑法》第三百四十七条第四款、第六十一条、第六十二条、第四十五条、第四十七条、第五十二条、第五十三条第一款、第六十四条、第六十五条第一款，《最高人民法院关于审理毒品犯罪案件适用法律若干问题的解释》第四条及《中华人民共和国刑事诉讼法》第十五条、第二百零一条第一款的规定，作出如下判决：

一、被告人郑某犯贩卖毒品罪，判处有期徒刑四年六个月，并处罚金人民币三千元；

二、公安机关扣押在案并随案移送的被告人郑某作案工具 iphone7P、

iPhone6S 手机两部，予以没收。

宣判后，郑某未上诉，公诉人未抗诉，本案判决已生效。

【法官后语】

本案的处理重点在于涉案的毒品在灭失的情况下，如何认定其重量、种类，以及被告人系为了蹭食毒品而为吸毒人员代购，是否构成贩卖毒品罪的问题。

具体到本案中，法院认为：

1. 被告人向他人贩卖的毒品均已经被吸食，客观上无称重及鉴定可能，如何认定毒品的种类及数量，应结合证人证言及被告人自主陈述的毒品种类、数量，按照对被告人有利的原则认定贩卖的毒品种类及数量。

即根据郑某的供述及张某的陈述，按照对被告人有利的原则，认定郑某向张某贩卖的毒品数量为 1.4 克、收取的毒资为 1200 元；根据郑某的供述及金某的陈述，按照对被告人有利的原则，认定郑某向金某贩卖的毒品数量为 0.4 克、收取的毒资为 750 元；根据李某、田某志的证言、郑某的供述及微信转账记录，认定郑某向李某贩卖毒品 3 次共 0.6 克，收取毒资 700 元；根据田某志的证言，行政处罚决定书，郑某的供述，认定郑某在 2019 年 4 月至 8 月向田某志贩卖冰毒 6 次共 1.3 克，获取毒资 1300 元；并据此纠正公诉机关指控郑某向张某、金某贩卖毒品的数量及收取金某的毒资金额。

2. 被告人因无经济能力吸食毒品，利用掌握的毒源渠道为他人购买毒品后蹭吸的行为，是属于明知他人实施的毒品犯罪而居间介绍、代购代卖而构成共同犯罪，还是构成贩卖毒品罪。

本案中，被告人郑某因无经济能力吸食毒品，多次利用掌握的毒源渠道为他人购买毒品后蹭吸，其目的是通过此方式达到自己免费吸食毒品的目的，且郑某多次实施此行为，应当认为其在此过程中牟利，构成贩卖毒品罪，而非明知他人实施的毒品犯罪而居间介绍、代购代卖的共同犯罪。

编写人：湖北省鹤峰县人民法院　吴秋缘

23

贩卖毒品罪中“代购蹭吸”之考量

——蔡某应贩卖毒品、万某非法持有毒品案

【案件基本信息】

1. 裁判书字号

湖北省武汉市东湖新技术开发区人民法院（2020）鄂0192刑初297号刑事判决书

2. 案由：贩卖毒品罪

【基本案情】

2019年9月4日下午，被告人蔡某应接到被告人万某购买毒品甲基苯丙胺片剂（俗称“麻果”）200颗的委托，从他人（身份待查，另案处理）处询价，后以转账的方式收取被告人万某人民币4600元。同日20时许，被告人蔡某应将购买的甲基苯丙胺片剂200颗私自截留20颗，后在与被告人万某约定的交易地点武汉市江夏区某小区门口其车内，向被告人万某交付甲基苯丙胺片剂180颗，并告知其截留行为。

2019年9月4日21时许，被告人万某持上述购买的毒品，乘坐鄂GT0×××出租车从武汉市江夏区经武汉东湖新技术开发区欲前往湖北省鄂州市，该车在途经武汉东湖新技术开发区武东收费站时遇公安检查，警察当场将被告人万某抓获，并从被告人万某座椅脚垫处查获用卫生纸包裹的三个透明塑料袋，内有毒品甲基苯丙胺片剂180颗。经现场尿液检测，被告人万某尿液中甲基苯丙胺呈阳性。

经称重、取样、送检及鉴定，上述查获的毒品均检出毒品甲基苯丙胺成分，共重17.18克。

2019 年 9 月 19 日，被告人万某协助公安机关在被告人蔡某应住处将被告人蔡某应抓获归案。经现场尿液检测，被告人蔡某应尿液中甲基苯丙胺呈阳性。

【案件焦点】

贩卖毒品罪中，如何区分“代购蹭吸”行为。

【法院裁判要旨】

湖北省武汉市东湖新技术开发区人民法院经审理认为：被告人蔡某应违反国家毒品管理法规，明知是毒品甲基苯丙胺而予以贩卖，贩卖毒品甲基苯丙胺 17.18 克，数量较大，其行为已构成贩卖毒品罪。被告人万某非法持有毒品甲基苯丙胺 17.18 克，数量较大，其行为已构成非法持有毒品罪。公诉机关指控的犯罪事实清楚，证据确实、充分，罪名准确，本院予以确认。被告人蔡某应、万某均曾因故意犯罪被判处有期徒刑，刑罚执行完毕后，五年内再犯应当判处有期徒刑以上刑罚之罪，系累犯，依法应从重处罚。被告人万某曾因贩卖毒品罪被判过刑，又犯非法持有毒品罪，系毒品再犯，依法应从重处罚。案发后，被告人万某协助公安机关抓获被告人蔡某应，系立功，依法可从轻处罚。被告人万某自愿认罪，可从轻处罚。对于被告人蔡某应及其辩护人均提出被告人万某委托被告人蔡某应代为购买毒品，而非向蔡某应购买毒品，被告人蔡某应截留毒品麻果 20 颗，主动征求了被告人万某的同意，并明确表示愿意支付对价，吸食该毒品麻果 20 颗，系毒瘾发作，非事前的约定或者预谋，该毒品麻果不是交易毒品所获报酬，仅相当于交通吃饭的费用没有盈利，被告人蔡某应的行为系代购蹭吸毒品构成非法持有毒品罪，不构成贩卖毒品罪的辩解及辩护意见。经查，被告人蔡某应受被告人万某之托购买毒品，向他人询价后收取毒资，与贩毒者、购毒者万某联络促成毒品交易，将毒品交付被告人万某，并从交付的毒品中截留部分毒品作为好处，被告人蔡某应的行为构成贩卖毒品罪，结合庭审中查证属实的抓获、破案经过、证人证言、毒品检验报告、被告人万某及被告人蔡某应的供述等证据，相互印证，且符合逻辑和经验及生活常识，足以证明被告人蔡某应贩卖毒品的事实。故对被告人蔡某应及其辩护人上述辩解及辩护意见，本院不予以采纳。

湖北省武汉市东湖新技术开发区人民法院依照《中华人民共和国刑法》第三百四十七条第一款、第三款、第三百四十八条、第三百五十六条、第六十五条第一款、第六十八条、第五十五条第一款、第五十六条第一款、第五十二条、第五十三条、第六十四条和《最高人民法院关于处理自首和立功具体应用法律若干问题的解释》第五条的规定，作出如下判决：

一、被告人蔡某应犯贩卖毒品罪，判处有期徒刑十年，并处罚金人民币三万元，剥夺政治权利一年；

二、被告人万某犯非法持有毒品罪，判处有期徒刑一年十个月，并处罚金人民币八千元；

三、公安机关扣押在案的违禁品甲基苯丙胺17.18克，予以没收。

蔡某应不服原审判决，认为原审认定的事实不属实，定罪不准确，其获得20颗麻果不是收取好处的截留行为，是为万某代购毒品后，再向万某所购买，其行为应构成非法持有毒品罪，并提起上诉。其辩护人的辩护意见支持其上诉理由并认为上诉人蔡某应的行为属于“代购蹭吸”，不是以贩卖为目的收取毒品，不构成贩卖毒品罪，原审认定事实错误，定性错误。

湖北省武汉市中级人民法院经审理认为：

1. 关于上诉人蔡某应诉称原审认定的事实不属实，其获得的20颗麻果不是收取好处的截留行为，是为万某代购毒品后，再向万某所购买的上诉理由。经查，上诉人蔡某应归案后在公安机关作过供述：“万某让我帮他购买的是200颗毒品麻果。我只给他了180颗毒品麻果是因为我没有钱购买毒品麻果，所以万某让我帮他购买200颗毒品麻果时，我想着自己反正也不赚万某的钱，就从万某购买的毒品麻果中拿20颗出来自己吸食，当是帮万某购买毒品麻果给我的好处。”上诉人蔡某应在公安机关的多次供述均未供述20颗麻果是向万某购买，要支付对价的，其在一审庭审中及二审翻供，却不能作出合理解释，且与原审被告人万某的供述相矛盾，故应采信上诉人蔡某应庭前的供述。另外，上诉人蔡某应与原审被告人万某的微信聊天记录“蔡某应：搞多少？我还要联系别人，水呢？怎么转账？万某：光红的。蔡某应：4600。万某：我晓得马上发你。蔡某应：那我帮你试几个”。上述聊天记录证实蔡某应在收到万某转款之前，就已经提出来要试几个毒品，并无证据证实是向万某回购其交付的毒品。故上诉人蔡某应的上述辩解与本案在案证据相悖，上诉人蔡某应的此上诉理由不能成立。

2. 关于上诉人蔡某应行为的性质。本案在案证据证实上诉人蔡某应受原审被告人万某之托购买毒品，蔡某应虽将收取的毒资全部转给了毒品卖家，但其将200颗毒品中的20颗（价值460元，利润达10%）予以截留，实属变相加价将毒品贩卖给万某。根据相关规定，应以贩卖毒品罪定罪，原审定罪准确。故上诉人蔡某应诉称其行为不构成贩卖毒品罪的上诉理由及辩护人辩称上诉人蔡某应不是以贩卖为目的收取毒品，是“代购蹭吸”，应以非法持有毒品罪定罪的辩护意见，均不能成立。

上诉人蔡某应违反国家毒品管理法规，明知是毒品甲基苯丙胺而予以贩卖，贩卖毒品甲基苯丙胺17.18克，数量较大，其行为已构成贩卖毒品罪。原审被告人万某非法持有毒品甲基苯丙胺17.18克，数量较大，其行为已构成非法持有毒品罪。上诉人蔡某应、原审被告人万某均曾因故意犯罪被判处有期徒刑，刑罚执行完毕后，五年内再犯应当判处有期徒刑以上刑罚之罪，系累犯，依法应从重处罚。原审被告人万某曾因贩卖毒品罪被判过刑，又犯非法持有毒品罪，系毒品再犯，依法应从重处罚。原审被告人万某协助公安机关抓获被告人蔡某应，系立功，依法可从轻处罚。原审被告人万某自愿认罪，可从轻处罚。原审认定的事实清楚，证据确实、充分，定罪准确，适用法律正确，审判程序合法，量刑适当。上诉人蔡某应的上诉理由及其辩护人的辩护意见，本院均不予采纳。

湖北省武汉市中级人民法院依照《中华人民共和国刑事诉讼法》第二百三十六条第一款第一项的规定，作出如下裁定：

驳回上诉，维持原判。

【法官后语】

本案的处理重点主要在于对被告人蔡某应主观故意及客观罪行的定性及量刑的考量。

2008年12月1日，最高人民法院《全国部分法院审理毒品犯罪案件工作座谈会纪要》（法〔2008〕324号）在毒品案件的罪名确定和数量的认定问题中，有证据证明行为人不以牟利为目的，为他人代购仅用于吸食的毒品，毒品数量超过刑法第三百四十八条规定的最低数量标准的，对托购者、代购者应以非法持有毒品罪定罪。代购者从中牟利，变相加价贩卖毒品的，对代购者应以贩卖毒品罪定罪。

2015年5月18日，最高人民法院《全国法院毒品犯罪审判工作座谈会纪要》（法〔2015〕129号），对罪名认定问题，行为人为他人代购仅用于吸食的毒品，在交通、食宿等必要开销之外收取“介绍费”“劳务费”，或者以贩卖为目的收取部分毒品作为酬劳的，应视为从中牟利，属于变相加价贩卖毒品，以贩卖毒品罪处罚。

具体到本案中，在案证据证实被告人蔡某应受被告人万某之托购买毒品，蔡某应虽将收取的毒资全部转给了毒品卖家，但其将200颗毒品中的20颗（价值460元，利润达10%）予以截留，实属变相加价将毒品贩卖给万某，以贩卖毒品罪处罚。

值得注意的是，在对于毒品犯罪中代购行为定罪、量刑时，需把握主客观相统一的原则，准确适用法律、司法解释及相关毒品犯罪纪要的规定。同时在定罪、量刑时，应考量以下几点：第一，区分行为人为他人代购的毒品的用途，是仅于用于吸食还是用于贩卖。有证据证明代购的毒品用于贩卖，代购人明知他人实施贩卖毒品犯罪的而为其居间介绍、代购代卖的，无论是否牟利，都应以贩卖毒品罪共犯论处；第二，行为人为他人代购仅用于吸食的毒品，查实是否以牟利为目的，其客观行为可能表现为截留或者收取部分毒品作为好处，收取必要开销之处的“介绍费”“劳务费”“好处费”，或采取其他变相加价的方式贩卖毒品。根据主客观相统一的原则，结合在案的证据判断其主观上有无以牟利为目的进行定罪量刑；第三，在行为人为他人代购仅用于吸食的毒品，应严格认定收取交通、食宿等必要开销费用。“必要开销费用”脱离实际发生情况及当地经济水平时，如加以认定，有悖于依法从严惩处毒品犯罪的审判指导思想，为犯罪分子逃避刑责、重罪变轻罪在司法实践中提供了渠道，不利于贯彻落实党中央对禁毒工作的一系列重大决策部署和全国禁毒工作会议的精神。

编写人：湖北省武汉市东湖新技术开发区人民法院　余杰

24

非法持有毒品罪中被告人主观明知的认定

——程某贩卖毒品案

【案件基本信息】

1. 裁判书字号

湖北省随州市中级人民法院（2020）鄂13刑终55号刑事裁定书

2. 案由：贩卖毒品罪

【基本案情】

被告人程某多次将毒品贩卖给王某、唐某、熊某、胡某、陈某等人。2018年10月至2019年4月，王某先后41次从程某手中购买冰毒和麻果。王某每次购买100元、200元、300元、500元不等金额的毒品，均采取支付宝转账的方式支付毒资，合计金额7230元。

程某四次将毒品卖给唐某，唐某每次以转账的方式支付毒资。2019年7月4日10时许，程某以500元的价格将5颗麻果卖给唐某；2019年7月5日17时许，程某以300元的价格将3颗麻果卖给唐某；2019年7月8日14时许，程某以500元的价格将5颗麻果卖给唐某；2019年7月11日2时许，程某以500元的价格将5颗麻果卖给唐某。

被告人程某多次向熊某贩卖毒品。2019年4月8日，熊某电话联系程某后，在某办事处西门附近，向程某转账300元，程某将一小袋冰毒和一个麻果卖给熊某；2019年4月18日，在应山办事处西门附近，熊某通过支付宝转给程某300元，程某将一小袋冰毒和一个麻果卖给熊某；

胡某帮熊某向程某购买七次毒品：2019年6月至2019年7月14日，熊某通过微信先后七次向胡某转账200元、300元不等，让其帮忙从程某处购买毒品。每次胡某收钱后就电话联系程某，程某将毒品送到西门附近，胡某三次通过微信转账给程某、四次现金支付毒资，胡某买到毒品后带回宾馆房间交给熊某吸食。

2019年7月12日0时许，陈某联系程某购买毒品。程某于该日开着一台白色吉利越野车到达庚金大酒店楼下，陈某以微信扫码转账的方式向程某转账300元，程某将一小袋冰毒和一颗麻果卖给陈某。

2019年7月15日，被告人程某在某酒店×××房间被警察抓获，抓获时程某手持一黄色烟盒，内装冰毒和麻果共计38.035克。后经湖北省襄阳市公安局毒品鉴定所鉴定，以上冰毒和麻果均含有甲基苯丙胺毒品成分。

【案件焦点】

对公诉机关指控的程某部分贩毒事实是否应予采信的问题。

【法院裁判要旨】

湖北省广水市人民法院经审理认为：对于被告人程某所提其只吸毒不贩毒，其行为不构成贩卖毒品罪的辩解及其指定辩护人所提程某贩卖毒品的事实不清，经查，在案证据能够证实2018年10月至2019年7月，被告人程某多次向王某、唐某、熊某、胡某、陈某等人贩卖毒品。2019年7月15日，被告人程某在某酒店×××房间被警察抓获，其不承认毒品为其所有，但可以认定上述毒品为其所占有。因此，其在被警察抓获时所持毒品，并不是如其所述，是警察将其打昏，将毒品放在其手中，可以排除警察故意陷害的可能性。且结合被抓获时现场部分毒品已分包且有电子秤、包装袋等贩毒工具等情况，并依据《全国法院毒品犯罪审判工作座谈会纪要》等规定综合分析，在程某对上述毒品的来源不能作出合理解释的情况下，能够认定被告人程某的行为属于贩卖毒品，故被告人程某的上述辩解及其指定辩护人的上述辩护意见，均不予采纳。被告人程某多次贩卖毒品，其行为已构成贩卖毒品罪，依法应予惩处。

湖北省广水市人民法院依照《中华人民共和国刑法》第三百四十七条第三款、第五十二条、第五十三条、第六十四条之规定，作出如下判决：

一、被告人程某犯贩卖毒品罪判处有期徒刑十三年，并处罚金人民币三万元；

（刑期从判决执行之日起计算。判决执行以前先行羁押的，羁押一日折抵刑期一日。即自2019年7月15日起至2032年7月14日止，罚金自本判决发生法律效力之日起十日内缴纳。）

二、查获的毒品予以没收，由公安机关依法予以处理。

程某持原审辩解提起上诉。湖北省随州市中级人民法院经审理认为：程某违反国家对毒品的管理制度，非法买卖毒品，其行为已构成贩卖毒品罪。经查，本案在案证据充分证实了程某贩卖毒品的事实。上诉人程某提出没有贩卖毒品、查获的毒品不是其持有及其指定辩护人提出上诉人在某酒店贩卖毒品的事实不清、证据不足，应为非法持有毒品的意见，均不能成立，本院不予采纳。二审法院同意一审法院裁判意见，故程某的上诉理由，不能成立，应予驳回。

湖北省随州市中级人民法院依照《中华人民共和国刑事诉讼法》第二百三十六条第一款第一项的规定，作出如下裁定：

驳回上诉，维持原判。

【法官后语】

本案的处理重点主要在于对被告人是否贩毒事实的认定。2008年12月1日，最高人民法院发布《全国部分法院审理毒品犯罪案件工作座谈会纪要》（以下简称《纪要》）对查获毒品作了规定。根据《纪要》的规定，毒品犯罪中，在被告人对毒品来源不能作出合理解释的情况下，该毒品应认定为其贩卖的毒品。

具体到本案中，程某违反国家对毒品的管理制度，非法销售甲基苯丙胺及甲基苯丙胺片剂，其行为已构成贩卖毒品罪。上诉人程某贩卖毒品的事实，有购买毒品的王某、唐某、熊某、胡某、陈某等人的证言以及支付毒资款记录等证据证实，足以认定。公安机关在程某住宿的房间，当场查获了毒品、自封口塑料袋、剪刀、电子秤、镊子等物品，有证人证言、搜查笔录、扣押物品清单等证据证实，程某亦供认不讳。依据相关法律的规定，贩毒人员被抓获后，对于从其住所查获的毒品，应认定为其贩卖的毒品。

值得注意的是，在贩毒犯罪之中，在取证方面很难获得直接有力的证据来证明贩毒人的罪行，因此运用间接证据以及刑事推定来审理此类案件就显得十分重要。具体到本案当中，法院认为被告人程某的行为构成贩卖毒品理由基由以下几点：一是有购买毒品的王某、唐某、熊某、胡某、陈某等人的证言以及支付毒资款记录等证据证实；二是有警察在程某住宿的房间，当场查获了毒品、自封口塑料袋、剪刀、电子秤、镊子等物品，有证人证言、搜查笔录、扣押物品清单等证据证实，程某亦供认不讳。三是依据相关法律的规定，贩毒人员被抓获后，对于从其住所查获的毒品，应认定为其贩卖的毒品。

综上，上诉人程某提出没有贩卖毒品、查获的毒品不是其持有及其指定辩护人提出上诉人在某酒店贩卖毒品的事实不清、证据不足，应为非法持有毒品的意见，均不能成立，不予采纳。被告人程某多次向多人贩卖毒品，且认罪态度恶劣，可酌情从重处罚；其本人也是吸毒者，属于以贩养吸，其被查获的毒品数量虽应认定为其犯罪的数量，但量刑时可考虑被告人吸食毒品的情节，酌情从轻处罚。故人民法院在对被告人量刑时，依照量刑指导意见在被告人罪责所对应的法定量刑幅度内对被告人处以相应的刑罚。

编写人：湖北省广水市人民法院　叶文静

25

从犯罪嫌疑人住处查获的K粉疑似物和冰毒疑似物，应认定为贩卖毒品

——黄某举贩卖毒品案

【案件基本信息】

1. 裁判书字号

河南省平顶山市郏县人民法院（2021）豫0425刑初66号刑事判决书

2. 案由：贩卖毒品罪

【基本案情】

被告人黄某举欲购买毒品，通过朋友介绍联系上湖北省黄冈市一男子。黄某举在黄冈市该男子居住的出租屋内，以5800元购买15克K粉疑似物，以3300元购买21克冰毒疑似物，又给该男子转账1000元好处费，共计10100元。经鉴定，上述K粉疑似物、冰毒疑似物均不是毒品。

被告人黄某举将购买的毒品疑似物添加食盐后，按照每包0.9克左右的重量予以分包，并以每包500元的价格进行出售。2012年12月10日12时，黄某举卖给吸毒人员李某某1包K粉疑似物。2020年12月14日19时、2020年12月15日13时、2020年12月15日19时，黄某举分三次以每次1包卖给吸毒人员李某某3包K粉疑似物。

2020年12月15日，黄某举在准备向梁某某出售K粉疑似物时被郏县公安局警察抓获，并当场从黄某举身上搜出4包K粉疑似物。

另查明，侦查人员在黄某举的家中卧室床铺下面，搜出冰毒疑似物27包、K粉疑似物12包。经称重，黄某举被抓获时身上搜出的4包K粉疑似物及在其家中

搜出的12包K粉疑似物，净重总计为14.54克，27包冰毒疑似物净重总计为21.33克。

又查明，在审理期间，黄某举退缴违法所得2000元。

【案件焦点】

贩毒人员因贩卖K粉疑似物被抓获后，对于从其住处查获的K粉疑似物和冰毒疑似物，是否应认定为贩卖毒品的数量。

【法院裁判要旨】

河南省平顶山市郏县人民法院经审理认为：被告人黄某举违反毒品管理法规，购买毒品后多次进行贩卖，情节严重，侵犯了国家对毒品的管理制度，其行为已构成贩卖毒品罪。公诉机关关于以贩卖毒品罪追究被告人黄某举的刑事责任，同时认为，黄某举因对所贩卖毒品事实的认知错误未能得逞，系犯罪未遂的意见正确，法院予以支持。对于未遂犯，可以比照既遂犯减轻处罚。故，对辩护人提出的对黄某举减轻处罚的辩护意见，法院予以采纳。根据被告人的犯罪事实、性质、情节和对社会的危害程度以及认罪态度、退赃情况，依照《中华人民共和国刑法》第三百四十七条第一款、第三款、第二十三条、第五十二条、第五十三条第一款、第六十四条以及《最高人民法院关于审理毒品案件适用法律若干问题的解释》第三条第四项之规定，判决如下：

一、被告人黄某举犯贩卖毒品罪，判处有期徒刑四年，并处罚金人民币一万元；

二、被告人黄某举的违法所得二千元，已追缴，上缴国库；

三、侦查机关扣押在案的冰毒疑似物27包（净重为21.33克）、K粉疑似物16包（净重为14.54克），由侦查机关依法处理。

一审宣判后，被告人黄某举未提起上诉，检察院未抗诉。

【法官后语】

毒品犯罪是严重的刑事犯罪，任何涉毒犯罪都将受到法律严惩。根据《全国法院毒品犯罪审判工作座谈会纪要》的规定，贩毒人员被抓获后，对于从其住所、车辆等处查获的毒品，一般均应认定为其贩卖的毒品。但是也允许被告人提出确有证据证明查获的毒品并非贩毒人员用于贩卖的反证意见，包括其为他人保管用于吸食的毒品，为犯罪分子窝藏毒品，持有祖传、捡拾、用于治病的毒品等反证理由。

本案中，公诉机关提供的证人证言证实黄某举贩卖K粉疑似物的事实；黄某举被抓获后的尿检显示呈阴性，证实黄某举没有吸食毒品的行为；黄某举在侦查阶段供述其不吸毒，购买毒品再卖给别人的目的是从中赚钱；搜查笔录、称重笔录、扣押清单及查获毒品疑似物的照片，证实在黄某举家中搜出冰毒疑似物27包、K粉疑似物12包。针对黄某举将购买的冰毒疑似物拆分成27包的事实，其不能作出合理解释，亦不能提供自己吸食的证据。综合上述证据分析，黄某举购买的21克冰毒疑似物，在主观上具有贩卖毒品的故意，应认定为贩卖毒品罪。

严厉打击是根治毒情的突破口，是一剂猛药。但是从长远来说，以经济发展和社会建设为治本之策，铲除毒品犯罪滋生的土壤，是我们打击毒品犯罪的终极目标，也是我们为建设新时代中国特色社会主义国家的奋斗目标。

编写人：河南省平顶山市郏县人民法院　宋景婵　李培森　张冰清

26

贩卖毒品罪中毒品数量的认定

——张某贩卖毒品案

【案件基本信息】

1. 裁判书字号

湖北省荆州市中级人民法院（2019）鄂10刑终193号刑事判决书

2. 案由：贩卖毒品罪

【基本案情】

被告人张某于 2019 年 1 月多次向他人贩卖毒品，具体情况分别为：（1）2019 年 1 月，分两次共计贩卖甲基苯丙胺片剂 2 颗，甲基苯丙胺 2 小袋；（2）2019 年 1 月 23 日，贩卖甲基苯丙胺片剂 2 颗，重约 0.18 克；（3）2019 年 1 月 23 日、24 日，分两次共计贩卖甲基苯丙胺片剂 14 颗，甲基苯丙胺 4 小袋；（4）2019 年 1 月 25 日，洪湖市公安局警察在其住处查获甲基苯丙胺 1 大袋，甲基苯丙胺片剂 32 颗，甲基苯丙胺 6 小袋，经鉴定净重为 8.50 克。

【案件焦点】

如何根据在案证据定罪及适用公平公正原则量刑。

【法院裁判要旨】

湖北省洪湖市人民法院经审理认为：起诉指控被告人张某贩卖毒品的数量共计 8.68 克，起诉对第一起及第三起均未明确指控毒品数量，本院按起诉指控的 8.68 克认定被告人张某贩卖毒品数量。被告人张某在明知是毒品的情况下多次向多人贩卖，情节严重，其行为已构成贩卖毒品罪。

湖北省洪湖市人民法院依照《中华人民共和国刑法》第三百四十七条第四款、第六十四条及《最高人民法院关于审理毒品犯罪案件适用法律若干问题的解释》第四条第一项、《最高人民法院关于适用〈中华人民共和国刑事诉讼法〉的解释》第二百九十五条第一款第五项之规定，作出如下判决：

一、被告人张某犯贩卖毒品罪，判处有期徒刑四年六个月，并处罚金一万元；

二、扣押于湖北省洪湖市公安局的毒品甲基苯丙胺片剂 32 颗、甲基苯丙胺 1 大袋、甲基苯丙胺 6 小袋予以没收，依法进行处理。

宣判后，湖北省洪湖市人民检察院提出抗诉，湖北省荆州市人民检察院支持抗诉，其支持抗诉意见为：一审判决对第一起、第三起犯罪事实认定了毒品粒数，但未参考本地区查获的同类毒品的平均重量折算为毒品数量，导致量刑畸轻。

湖北省荆州市中级人民法院经审理认为：根据相关司法文件的规定，对于未查获实物的甲基苯丙胺片剂（俗称麻古等）、MDMA 片剂（俗称摇头丸）等混合型毒品，可以根据在案证据证明的毒品粒数，参考本案或者本地区查获的同类毒品的平均重量计算出毒品数量。故一审判决对第一起、第三起犯罪事实认定了毒品粒数，应当计算为毒品重量，而一审未予计算不当，应予纠正，检察机关的抗诉意见成立。原审被告人张某贩卖毒品的数量为 10.216 克及 6 小袋甲基苯丙胺，依法应处“七年以上有期徒刑，并处罚金。”依照《中华人民共和国刑法》第三百四十七条第三款、第六十四条及《中华人民共和国刑事诉讼法》第二百三十六条第一款第二项之规定，判决如下：

一、维持湖北省洪湖市人民法院（2019）鄂 1083 刑初 117 号刑事判决第二项，即：扣押于洪湖市公安局的毒品甲基苯丙胺片剂 32 颗、甲基苯丙胺 1 大袋、甲基苯丙胺 6 小袋予以没收，依法进行处理；

二、撤销湖北省洪湖市人民法院（2019）鄂 1083 刑初 117 号刑事判决第一项，即：被告人张某犯贩卖毒品罪，判处有期徒刑四年六个月，并处罚金一万元；

三、被告人张某犯贩卖毒品罪，判处有期徒刑七年，并处罚金一万元。

【法官后语】

本案处理的重点在于公诉方确定毒品粒数后，是否应该将毒品粒数折算为毒品数量予以指控，以及在诉讼过程中审判方该如何保持司法公正。公正，是司法的本质属性，是司法的灵魂和生命，在诉讼价值体系中处于核心地位。而中立是司法公正的内在要求和体现，也是实现司法公正的前提。

具体到本案中，一审中公诉方未能将毒品粒数折抵成毒品数量，此时如果由法院自行折算，明显违背中立原则；二审法院认为，对于查证属实的犯罪事实，如不纳入量刑考虑，同样违背司法公正。关于检察院抗诉提出的法院应当将查获的毒品粒数折抵为毒品数量的问题，《全国部分法院审理毒品犯罪案件工作座谈会纪要》（以下简称《大连会议纪要》）中明确规定，对于未查获实物的甲基苯丙胺片剂（俗称麻古等）、MDMA 片剂（俗称摇头丸）等混合型毒品，可以根据在案证据证明的毒品粒数，参考本案或者本地区查获的同类毒品的平均重量计算出毒品数量。而对于举证责任而言，公诉方对举证负有责任，且是绝对的责任，这种举证责任是由公诉机关的特殊职责所决定的，是公诉人完成刑事证明责任的基本方式。举证是法庭控诉犯罪的基础工作，决定了公诉的质量和水平，诉讼过程中由公诉方向法院提供证明被告人有罪的证据，不能提供或者所提供的证据不足以说服审判者信服，就要承担败诉的不利后果。因此，本案应该由控诉方承担举证责任，将毒品粒数折算为毒品数量，而不应该由一审法院来计算。

刑事法官作为具体的裁判者，必须保持中立性，作为中立的裁判者，法官既不承担由控方履行的举证责任，也不代替被告人行使辩护权。针对毒品数量，《大连会议纪要》已明确规定，从程序公正的角度出发，毒品数量应包含在控方举证的证据之中，审判方不承担举证责任，这也是司法公正的集中体现，审判方在诉讼过程中必须保持中立，在本案二审判决中，由审判方核算毒品数量，明显不利于被告人，故一审法院在其罪责相对应的法定刑量刑幅度内对被告人判处较低的刑罚，也是从另一角度实现刑事司法的公平正义。

编写人：湖北省洪湖市人民法院　陈小益

27

毒品犯罪主观明知的认定

——郭某军运输毒品案

【案件基本信息】

1. 裁判书字号

北京市高级人民法院（2021）京刑终 3 号刑事裁定书

2. 案由：运输毒品罪

【基本案情】

2020 年 5 月 5 日，被告人郭某军受他人指使驾驶车牌号为冀 R×××××的比亚迪牌轿车将毒品从四川省遂宁市运往北京市。同年 5 月 7 日 1 时许，被告人郭某军在北京市房山区韩村河检查站被民警抓获，当场从其所驾驶车辆的副驾驶座椅下起获毒品可疑物五包。经称量，重量分别为 48.34 克、48.19 克、48.26 克、48.45 克、48.28 克，共计 241.52 克；经鉴定，涉案毒品为甲基苯丙胺（冰毒），含量为 60.8%。上述毒品已被收缴。

【案件焦点】

如何认定被告人主观上明知运输的是毒品。

【法院裁判要旨】

北京市第二中级人民法院经审理认为：被告人郭某军曾因犯罪被处以刑罚，仍不思悔改，受他人指使将毒品甲基苯丙胺从四川省遂宁市运至北京市，毒品数量大，其行为已构成运输毒品罪，依法应予惩处。被告人郭某军曾因犯信用卡诈骗罪被判处有期徒刑，在刑罚执行完毕五年以内再犯应当判处有期徒刑以上刑罚之运输毒品罪，系累犯，依法应从重处罚。北京市第二中级人民法院第三百四十七条第一款、第二款第一项、第五十七条第一款、第六十五条第一款、第五十九条第一款、第六十一条、第六十四条之规定，判决如下：

一、被告人郭某军犯运输毒品罪，判处无期徒刑，剥夺政治权利终身，并处没收个人全部财产；

二、在案扣押物品，依法由扣押机关发还或没收。

一审宣判后，被告人郭某军提出上诉，北京市高级人民法院二审裁定：

驳回上诉，维持原判。

【法官后语】

本案的核心问题在于如何认定郭某军在实施跨省运输毒品时主观明知其运输的是违禁品？郭某军到案后一直否认主观明知，但被告人的主观过错，是通过其客观行为表现出来的，故对被告人主观明知的判断，要以客观事实和证据为基础进行推断。具体到本案而言，完全可以通过在案证据所印证的客观事实推定被告人主观上明知所运输的是毒品。

1. 本案破获经过。公安机关出具的接报案经过、破案报告、到案经过及关于确定郭某军身份的工作说明证明：2020年4月，公安机关在侦办郭某军所涉关联案件中，发现其上家与他人有异常的资金流动，后发现其上家和郭某军联系。4月下旬，其上家转账给郭某军数千元，郭某军随即驾车由北京出发前往遂宁，经综合分析，郭某军驾车前往四川遂宁有运输毒品的可能，并将郭某军列为侦查对象，经工作，公安机关于2020年5月7日1时许，在郭某军驾车抵京时将郭某军抓获，当场起获疑似毒品的物体。

2. 称量、取样等书证及视听资料和鉴定意见等证实毒品的种类为甲基苯丙胺、数量为241.52克。

3. 行车轨迹、高速公路发票可以证明郭某军所驾车辆案发时间从北京离开前往遂宁后从遂宁返回北京。

4. 微信转账记录证明郭某军与伍某有经济往来，2020年4月，郭某军收到4笔转账共计6700元，其中，4月24日收到3笔转账共计4600元。疑似此次运毒的路费。

5. 视听资料证明抓获郭某军及起获毒品的情况。其中抓获该人时，民警进行了有策略的讯问，问郭某军“东西在哪呢”，郭某军支支吾吾答道“在副驾驶下面”，后从副驾驶下面起获了毒品，郭某军有前科，其回答可印证明知民警所问“东西”针对的就是其运输来京的藏在副驾驶下的毒品，而不是车内其他物品，可推定其主观明知。另外，该视听资料证明车上并无其他人员。

6. 现场民警的证言和视听资料可印证，民警起获毒品的地方是副驾驶座椅下面较深的位置，手臂伸进去很多才能够到，较为隐蔽，可认定符合以高度隐蔽的方式运输物品。

7. 指纹鉴定证明郭某军接触过毒品包装袋。

8. 郭某军供述明确承认是其一人驾车将“东西”从遂宁运往北京的，但否认明知是毒品。可该人供述有多处违背常理且不能作出合理解释。如价格、工期等核心问题均没有谈好为何远赴遂宁联系工作，而不是在京电话联系？到达目的地为何没有直接去工地而是四处闲逛了整整一天？工作并无太高技术含量，对方为何不在当地找人而非要他从北京前往增加成本？为何不询问对方外包装是“芝麻糊”干嘛说是营养品？为何不询问对方是何种营养品，吃的还是用的？价值几何？为什么不走快递？给别人带的东西，为何放在副驾驶座椅下面那么深的地方，而不是放在座椅上面保持整洁？在被抓获并目睹起获毒品后，为什么还虚构“李某亮”的身份而不是第一时间向公安机关说明“三姐”等，结合郭某军所采用的隐匿的手段藏匿毒品，明显违背常理，故可认定主观明知。

综上，上述证据已经形成了完整的证据链条，可证实郭某军受他人指使驾车前往四川省遂宁市后将毒品从遂宁市运回北京市的事实，郭某军明知是毒品而实施跨省运输行为，构成运输毒品罪，公诉机关指控郭某军构成运输毒品罪成立。

编写人：北京市第二中级人民法院　韩绍鹏

28

吸毒者携带数量较大毒品在运输途中被抓获不必然构成运输毒品罪

——刘某等非法持有毒品案

【案件基本信息】

1. 裁判书字号

江西省宜春市中级人民法院（2020）赣 09 刑终 310 号刑事判决书

2. 案由：非法持有毒品罪

【基本案情】

2019年11月8日9时许，被告人刘某在某市某银行取完9998.01元毒资后，与被告人周某一同驾驶赣C62×××汽车前往某县向被告人谢某军购买毒品。11月8日10时30分许，周某带刘某去谢某军位于某化工厂小区某出租房内吸食毒品。11时许，周某与谢某军驾驶赣D7B×××离开化工厂小区，11时30分许，刘某离开化工厂小区与周某在文昌路路口见面，周某上车后将毒品交给刘某，随后两人返回某市。11月8日13时许，警察在某市某路某餐厅将周某、刘某抓获，并在刘某随身携带挎包内及赣C62×××汽车上查获疑似毒品12.4克。经鉴定，被告人刘某身上查获的12.02克疑似冰毒白色晶体中检出甲基苯丙胺成分。

【案件焦点】

吸毒者为其个人吸食毒品而购买、运输数量较大的毒品，在运输毒品过程中被查获的行为能否适用《全国法院毒品犯罪审判工作座谈会纪要》的规定，以运输毒品罪定罪处罚。

【法院裁判要旨】

江西省丰城市人民法院于2020年9月16日作出判决：

一、被告人谢某军犯贩卖毒品罪，判处有期徒刑十五年，并处没收财产人民币100000元；

二、被告人周某犯运输毒品罪，判处有期徒刑七年三个月，并处罚金人民币30000元；

三、被告人刘某犯运输毒品罪，判处有期徒刑七年，并处罚金人民币30000元。

宣判后，谢某军、周某、刘某不服，提出上诉。江西省宜春市中级人民法院经审理认为：现有证据证明刘某及其代刘某2购买的毒品是用于自己吸食，刘某亦非在运输途中被抓获且两人共同购买毒品的数量为12余克。结合罪刑相适应原则，刘某的行为符合非法持有毒品罪的犯罪构成。周某受以吸食为目的的购毒者委托，为上诉人刘某居间介绍购买毒品，其行为符合非法持有毒品罪的犯罪构成。江西省宜春市中级人民法院作出如下判决：

一、维持江西省丰城市人民法院（2020）赣0981刑初286号刑事判决第一项，即被告人谢某军犯贩卖毒品罪，判处有期徒刑十五年，并处没收财产人民币100000元；

二、撤销江西省丰城市人民法院（2020）赣0981刑初286号第二项、第三项，即被告人周某犯运输毒品罪，判处有期徒刑七年三个月，并处罚金人民币30000元；被告人刘某犯运输毒品罪，判处有期徒刑七年，并处罚金人民币30000元；

三、上诉人周某犯非法持有毒品罪，判处有期徒刑三年，并处罚金人民币10000元；

四、上诉人刘某犯非法持有毒品罪，判处有期徒刑二年六个月，并处罚金人民币10000元。

【法官后语】

本案一、二审法院产生分歧意见的核心是对《全国法院毒品犯罪审判工作座谈会纪要》中“吸毒者在运输毒品过程中被查获，没有证据证明其是为了实施贩卖毒品等其他犯罪，毒品数量达到较大以上的，以运输毒品罪定罪处罚”的理解与适用。

一、以目的解释限缩文义解释阐释运输毒品罪中的运输行为

所谓“运输”，是指将物资从一个地方运送到另一个地方。综观运输毒品罪、非法持有毒品罪甚至容留他人吸毒罪的吸毒人员都或存在运输毒品的行为，显然不是所有的“运输”都是运输毒品罪意义上的运输。运输毒品罪与走私、贩卖、制造毒品罪为并列的犯罪，根据体系解释的原理，运输毒品罪行为的可罚性与走私、贩卖、制造毒品罪行为的可罚性是相当的。从目的解释来看，运输毒品罪中运输的目的是流通和扩散毒品，以此目的来运输毒品，造成的社会危害性极大。故笔者认为，应以目的解释限缩文义解释，才能更准确地理解运输毒品罪中“运输”的含义，即移动不等同于流通。

二、社会危害性是界分此罪与彼罪的基本特征

犯罪的社会危害性，是指行为对刑法保护的社会关系造成或者可能造成的各种损害的特征。[①]社会危害性作为犯罪行为的基本特征，对定罪量刑具有重要意义。非法持有毒品罪的社会危害性在于持有人对毒品的控制、支配行为会对社会造成的损害或侵害，同时也可能成为诱使行为时实施其他犯罪的源头，又对社会构成高度的危险。[②]运输毒品罪的社会危害性在于运输行为促进了毒品的流通和扩散，对不特定多数吸毒者的身体健康造成侵害。毋庸置疑，运输毒品罪的行为社会危害性高于非法持有毒品罪的社会危害性。

三、《全国法院毒品犯罪审判工作座谈会纪要》中刑事推定适用反证的司法标准

当前我国毒品犯罪形势依然严峻，人民法院要毫不动摇地坚持依法从严惩处毒品犯罪，但办理案件时也应坚持宽严相济的刑事政策，防止过度刑罚的司法思维。根据《全国法院毒品犯罪审判工作座谈会纪要》的规定，吸毒者在运输过程中被查获数量达到较大以运输毒品罪定罪处罚，其实是一种刑事推定。既然是推定必然允许提出反证排除推定，其中“没有证据证明其是为了实施贩卖毒品等其他犯罪”就是允许提出反证的规定。所谓推定，是在基础事实得到证实的情况下，根据法律规定和经验法则，被告人在不能提出有效的反证的情况下，得到推定事实的一种认定案件事实的方法。反证的适用需要同时考量行为人的主观目的、客观行为及造成的社会危害性。被告人为反驳事实推定而提供证据的责任，其证明标准是比较低的，只需要提出一定分量的反驳证据，让裁判者对控方提供的证据产生合理怀疑即可，有时甚至更低。

就本案现有的证据来看，根据刘某的供述、周某的供述、刘某2的证言、微信聊天记录和转账记录等证据能共同证实刘某从某市前往某县购买毒品返回某市不是为了进行运输或者贩卖毒品犯罪，而是以各自吸食毒品为目的的非法

---

① 高铭暄、马克昌主编：《刑法学》，北京大学出版社、高等教育出版社2017年版，第45页。

② 陈正云：《持有犯罪研究》，中国方正出版社2004年版，第76页。

持有毒品，二人购买甲基苯丙胺的数量为12余克。由此可见，刘某的运输行为不是运输毒品罪意义上的运输，其社会危害性亦区别于贩卖同等数量毒品的社会危害性，根据现有证据应当适用《全国法院毒品犯罪审判工作座谈会纪要》中关于反证的规定，故二审进行了改判。

编写人：江西省宜春市中级人民法院　刘晓慧

29

共同欺骗他人吸毒中主从犯的认定

——何某、肖某欺骗他人吸毒案

【案件基本信息】

1. 裁判书字号

北京市第三中级人民法院（2020）京03刑终148号刑事裁定书

2. 案由：欺骗他人吸毒罪

【基本案情】

2018年3月13日，被告人何某为使国家公务员考试竞争对手曲某受到行政处罚，遂找到被告人肖某合谋，由肖某前往曲某工作单位，以应聘为名接触曲某。3月17日，肖某在某农机服务专业合作社曲某办公室内，趁机将毒品放入曲某水杯中并确保其喝下。3月18日，肖某拨打110举报曲某吸毒，曲某后被抓获，民警从曲某办公室电脑键盘下起获甲基苯丙胺0.05g。经检验，曲某尿液中检出苯丙胺和甲基苯丙胺。何某共给付肖某人民币26250元。

【案件焦点】

本案能否认定被告人何某、肖某均系欺骗他人吸毒的主犯。

【法院裁判要旨】

北京市顺义区人民法院经审理认为：被告人何某、肖某无视国法，合谋欺骗他人吸食毒品，其行为已构成欺骗他人吸毒罪，且系共同犯罪，依法应予惩处。北京市顺义区人民检察院指控被告人何某、肖某犯欺骗他人吸毒罪的事实清楚，证据确实充分，指控的罪名成立。被告人何某、肖某到案后如实供述主要犯罪事实，故依法对二被告人从轻处罚，辩护人的此点辩护意见，法院予以采纳。关于被告人肖某的辩护人所提被告人肖某系从犯的辩护意见，经查，被告人肖某在犯罪过程中参与并实施了计划、购毒、投毒等行为，其虽不是犯意的提起者，但对于犯罪的实施起到了重要作用，不能认定为从犯。

北京市顺义区人民法院依照《中华人民共和国刑法》第三百五十三条第一款、第二十五条第一款、第六十七条第三款、第四十五条、第四十七条、第五十二条、第五十三条、第六十四条、第六十一条之规定，判决如下：

一、被告人何某犯欺骗他人吸毒罪，判处有期徒刑八个月，并处罚金人民币一万元；

二、被告人肖某犯欺骗他人吸毒罪，判处有期徒刑八个月，并处罚金人民币一万元；

三、追缴被告人肖某的违法所得人民币二万六千二百五十元，追缴后予以没收。

被告人何某持原审辩解提起上诉。北京市第三中级人民法院经审理认为：上诉人何某、原审被告人肖某合谋欺骗他人吸食毒品，二人的行为已构成欺骗他人吸毒罪，且系共同犯罪，依法应予惩处。上诉人何某、原审被告人肖某到案后如实供述主要犯罪事实，故依法对二人从轻处罚。原审法院根据上诉人何某、原审被告人肖某犯罪的事实、犯罪的性质、情节及对社会的危害程度等所作出的判决，定罪及适用法律正确，量刑及涉案款物处理均适当，审判程序合法，应予维持。据此，依照《中华人民共和国刑事诉讼法》第二百三十六条第一款第一项之规定，裁定如下：

驳回上诉，维持原判。

【法官后语】

本案案发自被害人曲某被匿名举报其吸食毒品，并在其办公室电脑键盘下藏匿毒品。公安机关在对其进行调查时发现，曲某生活自律，无吸毒史，在工作地点及家中均无吸毒工具，在办公室键盘下藏匿毒品等细节不符常理。曲某称其刚刚考上国家公务员，从未吸食过毒品。且举报人多次打电话询问公安机关是否已对曲某行政处罚，民警在了解上述情况后察觉存在曲某被他人陷害的可能。后经进一步调查了解，被告人何某与被害人曲某系国家公务员考试中的竞争对手，被告人何某通过不正当手段获取曲某的相关个人信息，后被告人何某、肖某均曾以应聘为由前往曲某工作单位，何某向曲某同事表明其想要了解曲某的工作表现以及违法乱纪行为的情况。后公安机关对何某、肖某进行依法传唤，查明二人为使曲某因吸毒受到行政处罚而对曲某投毒的犯罪事实。

本案中，二被告人的作案动机在于使国家公务员考试竞争对手曲某因吸毒而受到行政处罚，从而取消公务员录取资格，二被告人实施犯罪行为的主观目的在于对被害人曲某下毒，致使被害人曲某在不知情的情况下吸食毒品。庭审中，被告人何某、肖某均辩称系对方提出投毒的犯意。何某辩称投毒这一主要犯罪事实为肖某所为，其所起作用较小，应系从犯；肖某辩称其受何某指使，应系从犯。

关于二被告人在该起犯罪事实中所起作用是否应区分主从犯的问题，是控辩双方主要争议点。经审理查明，被告人何某系犯意的提出者，实施犯罪前何某以应聘为由曾前往被害人的工作单位，向被害人同事了解其工作表现等情况，后何某找到肖某，为肖某提供资金购买毒品，安排车辆前往北京，并指使肖某匿名举报曲某，后给付肖某报酬。何某虽然未直接实施投毒行为，但其上述行为表明其积极追求犯罪结果并策划、安排整起投毒事件，何某对本案的发生起到主要作用，应为主犯。被告人肖某虽系受何某的指使，但其在犯罪过程中参与并实施了计划、购毒、投毒等行为，对于犯罪的实施起到了重要作用，其所实施的投毒行为直接导致了被害人在不知情的情况下吸食毒品的犯罪结果，故其亦应为主犯。被告人何某、肖某无视国法，合谋欺骗他人吸食毒品，二被告人的行为已构成欺骗他人吸毒罪，且均系共同犯罪的主犯。

因投入饮水中的毒品往往不易被人察觉，被害人易在无意中吸食毒品，投毒并故意欺骗他人吸毒所产生的危害后果严重，甚至可能危及生命。本案一审法院对两名被告人均依法判处相应刑罚，对为陷害他人而欺骗他人吸毒的不法分子起到了教育和警示作用。

编写人：北京市顺义区人民法院　王天娇　白玉龙

30

发回重审后被补充指控为共同犯罪的事实应认定为“新的犯罪事实”

——谢某、董某根贩卖毒品案

【案件基本信息】

1. 裁判书字号

江西省萍乡市中级人民法院（2021）赣03刑终35号刑事裁定书

2. 案由：贩卖毒品罪

【基本案情】

2019年6月27日、6月30日、8月3日，被告人谢某分别以170元、280元、400元的价格向被告人董某根贩卖冰毒三次共计约1.4克。2019年8月1日，被告人谢某以150元的价格向吸毒人员金某贩卖冰毒约0.3克。

2019年8月5日、8月13日，被告人董某根分别以200元的价格向吸毒人员叶某贩卖冰毒两次共计约0.6克。2019年8月10日，被告人董某根以150元的价格向吸毒人员贩卖冰毒约0.2克。

2019 年 8 月 14 日，公安机关在董某根居所搜出并扣押了尚未贩卖的冰毒 1.96 克；在谢某居所搜查时，从谢某身上搜出并扣押了冰毒 9.18 克。

【案件焦点】

对“上诉不加刑”原则例外情形的理解。

【法院裁判要旨】

江西省上栗县人民法院经审理认为：被告人谢某、董某根违反国家毒品管理法规，多次贩卖冰毒给他人，其中被告人谢某贩卖冰毒 12.75 克，被告人董某根贩卖冰毒 2.76 克，其行为均构成贩卖毒品罪。被告人谢某有前科和吸毒劣迹，可酌情从重处罚。被告人董某根归案后如实供述自己的犯罪事实，系坦白，且认罪认罚，依法可从轻从宽处理；被告人董某根有吸毒劣迹，可酌情从重处罚。遂判决：

一、被告人谢某犯贩卖毒品罪，判处有期徒刑七年，并处罚金人民币 5000 元；

二、被告人董某根犯贩卖毒品罪，判处有期徒刑三年，并处罚金人民币 2000 元。

宣判后，被告人谢某提出上诉。江西省萍乡市中级人民法院经审理认为：原判认定上诉人谢某、原审被告人董某根犯贩卖毒品罪的部分事实不清，裁定发回重审。

江西省上栗县人民法院重审期间，江西省上栗县人民检察院将同案人董某根原指控中于 2019 年 8 月 5 日、8 月 10 日、8 月 13 日三次单独贩卖毒品犯罪补充起诉为谢某与董某根共同贩卖毒品犯罪。

江西省上栗县人民法院经重新审理认为：在被告人谢某、董某根共同贩卖毒品事实中，谢某起主要作用，系主犯，应按照其指挥参与的全案犯罪处罚；董某根帮助谢某贩卖毒品，在共同犯罪中起次要作用，系从犯，应按其参与的犯罪事实论处，并比照主犯从轻处罚。因采纳公诉机关补充起诉的 3 次共同贩卖毒品犯罪，故被告人谢某贩卖冰毒数量达到 13.64 克。被告人董某根归案后如实供述自己的犯罪事实，系坦白，且认罪认罚，依法可从轻从宽处理。被告人谢某有前科和吸毒劣迹，被告人董某根有吸毒劣迹，均可酌情从重处罚。法院判决如下：

一、被告人谢某犯贩卖毒品罪，判处有期徒刑七年六个月，并处罚金人民币5000元；

二、被告人董某根犯贩卖毒品罪，判处有期徒刑三年，并处罚金人民币2000元。

宣判后，被告人谢某提出上诉，认为发回重审后加重了刑罚，违背了上诉不加刑原则。

江西省萍乡市中级人民法院经审理认为：刑事诉讼法第二百三十七条规定，第二审人民法院发回原审人民法院重新审判的案件，当有新的犯罪事实，人民检察院补充起诉后原审人民法院可以加重被告人的刑罚。新的犯罪事实是指原审人民法院在发回重审前的判决中没有认定的事实，包括之前的漏罪和所犯的新罪。本案中，检察院补充起诉谢某与董某根共同贩卖三次毒品事实的证据，系原审中遗漏起诉而在发回重审中补充起诉的与原审犯罪密切相关的新事实。即便该证据之前已经存在于侦查卷中，但检察机关并未就该事实对谢某提起公诉，应认定为新的犯罪事实。检察机关根据新的犯罪事实补充起诉，一审法院审理后对该部分事实予以认定，并加重谢某刑罚，没有违反上诉不加刑原则。法院遂裁定：驳回上诉，维持原判。

【法官后语】

笔者认为，发回重审案件中对原审尚未起诉或遗漏起诉而在发回重审中补充起诉的与原审犯罪密切相关的新事实予以认定，不违反上诉不加刑原则。具体理由如下：

一、符合“新的犯罪事实”的含义和特征

补充起诉的“事实”是否为“新的犯罪事实”直接关系上诉不加刑原则是否适用的问题。因此，对“新的犯罪事实”作出严格而明确的解释便显得尤为重要。如果把“新的犯罪事实”解释得过于狭窄，容易违背上诉不加刑原则的立法初衷。相反，对“新的犯罪事实”含义限制地过于局限，把刑罚当罚的犯罪事实予以排除，则与我国罪刑相适应的基本原则相违背，损害司法公信力。“新的犯罪事实”从文义解释来看，首先包括新罪的事实，何为新罪比较容易理解，不仅包含补充起诉的犯罪事实触犯了相同罪名，还包含补充起诉的犯罪事实触犯新的罪名，新罪的事实都具有单独的犯罪构成。如何理解新的原先犯罪事实。新的原先犯罪事实是指原审判决中公诉机关未起诉或遗漏起诉而在发回重审后补充起诉的与原审犯罪密切相关的新事实，该新事实无须具备独立的犯罪构成要件，只要属于原先犯罪的组成部分即可。

二、符合我国刑法立法的根本目的

我国刑法规定的发回重审制度严格限定在事实不清、证据不足或违反法定诉讼程序两个方面。而上诉不加刑原则是刑事诉讼法的一项重要原则，是保障被告人充分行使上诉权的基石，也是牺牲特殊情况下的个别正义以保证法律原则与公平正义得到贯彻的必要之举。

上诉不加刑的效力不仅适用于只有被告人一方上诉后的第二审程序，还适用于此类案件发回重新审判的一审程序。这是因为此处的一审重新审判是二审派生出来的，若重新审判不能发现新的证据或事实，就不能加重原判刑罚。但是，严格遵循上诉不加刑原则，并不意味着对事实、证据确有错误的判决不加处理。上诉不加刑原则的立法本意是达到惩罚犯罪与保障上诉权的平衡，笔者赞同“不加刑为原则，加刑为例外”的规则，审判过程中应当严格以重新审判后是否出现“新的犯罪事实”及公诉机关“补充起诉”作为对被告人加重刑罚的两个前提。如果发现新的事实公诉机关补充起诉后被告人原判刑罚并不偏轻的，一律不得加重被告人的刑罚。只有在不违背上诉不加刑原则的前提条件下，在救济与纠错功能博弈中寻求平衡与协调，才能真正使得刑事审判体现出正义价值，同时也让上诉程序救济功能得以实现。

综上，公诉机关对被告人谢某补充起诉同案人三起犯罪事实的证据，原先虽已存在于案卷中，但补充起诉的与原指控犯罪密切相关的事实尚未被提起公诉，应认定为新的犯罪事实。人民检察院根据新的犯罪事实补充起诉，原审法院审理后对该部分事实予以认定，从而加重被告人刑罚，不违反上诉不加刑原则。

编写人：江西省萍乡市中级人民法院　余向阳　刘浩

31

未就犯罪事实对被告人进行讯问的应予补正

——兰某贩卖、运输毒品案

【案件基本信息】

1. 裁判书字号

北京市第二中级人民法院（2020）京02刑终122号刑事裁定书

2. 案由：贩卖、运输毒品罪

【基本案情】

2018年10月17日17时许，被告人兰某乘坐袁某立驾驶的车牌号为京Q3M×××的小汽车从北京出发到河北向他人购买毒品约30克。后袁某立驾车载兰某返回北京。次日2时许，兰某和袁某立到位于北京市某街道某小区公寓×××房间门口欲给刘某生毒品时被民警当场查获。民警从兰某身上查获白色晶体可疑物2包。经称量，被查获的白色晶体分别重17.93克、9.54克。经某司法鉴定中心鉴定，前述2包白色晶体均检出甲基苯丙胺成分。经检测，被告人兰某的尿液呈甲基安非他明类阳性。

2018年6月15日，刘某伟向胡某敌（另案处理）提出购买冰毒的需求，胡某敌遂联系被告人兰某购买冰毒。次日17时许，被告人兰某将1个装有毒品的红色烟盒放置在胡某敌所在某小区×××号院×号楼对面的垃圾桶旁边，并告知胡某敌。19时许，刘某伟等人到某小区×××号院×号楼×××房间找到胡某敌，支付给胡某敬 2800 元毒资，胡某敬将其中的 1800 元通过微信转给兰某，后将兰某事先放置好的红色烟盒拿上来交给刘某伟，红色烟盒内有 4 小包疑似毒品物。当时在×××房间的陈某峰从中拿出 1 包放在×××房间茶几上供自己和朋友吸食，刘某伟欲携带剩余的 3 包疑似毒品物离开×××房间时被警察查获。警察从刘某伟身上起获了 3 包疑似毒品物，扣押了茶几上的 1 包疑似毒品物。经称量，4 包疑似毒品物净重 2.45 克。经鉴定，该 4 包疑似毒品物中均检出甲基苯丙胺。

【案件焦点】

侦查、审查起诉机关未就犯罪事实对被告人进行讯问的，应当如何处理。

【法院裁判要旨】

北京市房山区人民法院经审理认为：被告人兰某违反国家对毒品的管理规定，贩卖、运输甲基苯丙胺 29.92 克，其行为已构成贩卖、运输毒品罪，依法应予惩处，北京市房山区人民检察院指控被告人兰某犯贩卖、运输毒品罪的基本事实清楚，证据确实、充分，罪名成立，本院予以支持。被告人兰某曾因吸毒被行政处罚，仍不思悔改，现又犯贩卖、运输毒品罪，本院对其酌予从重处罚。关于被告人兰某所提“其没有运输过毒品，其向他人卖的是假毒品，其给胡某敬的是空塑料袋，其行为不构成贩卖、运输毒品罪，其行为构成非法持有毒品罪”的辩解，以及辩护人所提“公诉机关指控被告人兰某犯贩卖、运输毒品罪的事实不清、证据不足，兰某的行为构成非法持有毒品罪”的辩护意见，经查，在公诉机关所指控的兰某运输毒品的事实当中，证人袁某立的证言、微信聊天记录、行车轨迹图、高速路通行发票等证据能够相互印证，足以证实被告人兰某从河北省携带毒品回北京市的事实；在公诉机关所指控的兰某贩卖毒品事实当中，证人胡某敬、刘某林、张某南、陈某峰等人证言，微信聊天、转账记录，监控录像等证据之间能够相互印证，证实被告人兰某向胡某敬贩卖毒品 4 包的事实，兰某关于“其给胡某敬的是空塑料袋”的辩解已被证伪；此外，从兰某的微信记录中亦提取到其收取他人钱款并告诉对方放置毒品位置的记录，且部分贩卖行为是在其从河北省拿到毒品回北京市路上所实施的，足以证实其向他人贩卖毒品的事实，兰某所提其向他人贩卖的是假毒品的辩解已被毒品检验报告等证伪，其辩解亦与常情、常理不符，故被告人兰某所提辩解及辩护人所提辩护意见均不能成立，法院均不予采纳。

北京市房山区人民法院依照《中华人民共和国刑法》第三百四十七条第三款、第五十六条第一款、第五十五条第一款、第五十二条、第五十三条、第六十一条、第六十四条之规定，经法院审判委员会决定，判决如下：

一、被告人兰某犯贩卖、运输毒品罪，判处有期徒刑十一年六个月，剥夺政治权利二年，并处罚金人民币十一万五千元；

二、向被告人兰某追缴犯罪所得人民币一千八百元，予以没收，上缴国库；

三、未随案移送的扣押物品，由扣押机关依法处理。

兰某对一审判决不服，提出上诉。北京市第二中级人民法院经审理认为：兰某实施贩卖、运输毒品犯罪的事实清楚，证据充分，依法裁定：

驳回上诉，维持原判。

【法官后语】

本案当中，在审理兰某的第一起犯罪过程中，发现其还有漏罪，公诉机关又针对第二起犯罪进行了追加起诉。但是，在案件审理过程中，发现在公诉机关追加起诉的第二起犯罪中，无论是侦查机关还是公诉机关都没有针对追加起诉的犯罪事实对被告人进行讯问。也就是说，在案证据当中，缺失被告人的口供。对此应当如何处理？

第一种观点认为，即便没有被告人的口供，证据确实充分的，也可以对被告人定罪量刑。根据刑事诉讼法第五十五条的规定，对一切案件的判处都要重证据，重调查研究，不轻信口供。只有被告人供述，没有其他证据的，不能认定被告人有罪和处以刑罚；没有被告人供述，证据确实、充分的，可以认定被告人有罪和处以刑罚。因此，无论在案证据中有无被告人的口供，均可直接作出判决，没有必要对被告人进行补充讯问。第二种观点认为，应当建议侦查机关和公诉机关对被告人进行补充讯问，因为讯问不仅是办案机关的权力，被讯问也是被告人的一项权利。

笔者认为，第二种观点更为妥当。这是因为，口供在刑事诉讼中具有非常重要的作用：首先，口供属于直接证据，对案件事实有着直接的、全面的证明作用。被告人作为犯罪的实施者，对于犯罪的事实、情节比任何人都清楚，其所作供述是经过感知、记忆、思考、判断、复述这样一个过程后形成的，对事物的起因、发展情况、结果等作出生动的描述，包含着丰富的信息，具有的关联性程度较高，对查清案情和认定案件的事实有着特定的作用。其次，被告人的口供是其进行自我防卫的重要途径之一。作为刑事被追诉的对象，被告人与案件有着极大的利害关系，但从人性的本能出发，其肯定会通过对其犯罪事实的承认、否认和辩解，以减轻或免除自身的刑事责任。而且，被告人也可以在接受讯问过程中通过积极认罪认罚来减轻自己的罪责。如果侦查机关、审查起诉机关不对被告人进行讯问，则相当于是剥夺了被告人进行辩解和防卫的权利、愿意认罪认罚的权利。最后，口供本身是一种重要法定证据类型，也是重要的定罪量刑证据，只有对其进行讯问，其才有机会提出对自己有利的无罪或者罪轻的事实和情节。例如，犯罪事实是否是其实施，其在共同犯罪中的地位和作用，被害人是否有过错，是否有检举、揭发他人犯罪的立功情节，等等。

综上所述，就犯罪事实对被告人进行讯问，是办案机关的权力，同时接受讯问也应当视为被告人的一项权利。因讯问而产生的口供，是刑事案件的一项重要证据，不能省略。在侦查机关、审查起诉机关未就犯罪事实对被告人进行讯问、未提供被告人口供的情况下，应当建议公诉机关予以补充。

编写人：北京市房山区人民法院　陈艳飞

（五）组织、强迫、引诱、容留、介绍卖淫罪

32

协助组织卖淫罪与介绍卖淫罪行为区分

——江某协助组织卖淫案

【案件基本信息】

1. 裁判书字号

浙江省金华市中级人民法院（2021）浙07刑终138号刑事裁定书

2. 案由：协助组织卖淫罪

【基本案情】

2019年7月至9月，鲁某、王某（均已判决）等人组织徐某某、谢某某、张某某在武义县桐琴镇等地卖淫，被告人江某在明知鲁某、王某组织他人卖淫的情况下还按照鲁某、王某等人制定的卖淫价格和方式在某社交平台上帮助鲁某、王某等人发布招嫖信息，招揽嫖客，并从中牟利。经查，被告人江某在此期间非法获利人民币1万余元。

2020年4月4日，被告人江某在永康市西城街道小东陈村被抓获归案。

【案件焦点】

介绍卖淫罪与协助组织卖淫罪的认定区别。

【法院裁判要旨】

浙江省武义县人民法院经审理认为：经查，被告人江某明知鲁某、王某、

徐某以纠集等手段，以制定统一的卖淫种类、卖淫价格，并收取卖淫所得。同时，通过接送卖淫人员前往指定卖淫地点的方式，管理、控制着张某某、徐某某、谢某某实施卖淫犯罪活动，通过微信等聊天平台发送招嫖信息，帮助鲁某、王某、徐某招揽嫖客，传达嫖客要求，并从中获取收益。其行为符合协助组织卖淫罪的构成要件，应以协助组织卖淫罪定罪处罚。公诉机关指控罪名不当，本院予以纠正。被告人江某明知他人实施组织卖淫犯罪活动而予以协助，其行为已构成协助组织卖淫罪。被告人江某曾因故意犯罪被判处有期徒刑，在刑罚执行完毕后五年内故意再犯应当判处有期徒刑以上刑罚之罪，系累犯，且有犯罪前科，应予以从重处罚。

浙江省武义县人民法院依照《中华人民共和国刑法》第三百五十八条第四款、第六十五条第一款、第五十二条、第五十三条、第六十四条之规定，作出如下判决：

一、被告人江某犯协助组织卖淫罪，判处有期徒刑四年三个月，并处罚金人民币一万五千元（刑期从判决执行之日起计算。判决执行以前先行羁押的，羁押一日折抵刑期一日，即自2020年4月4日起至2024年7月3日止；罚金限于本判决生效后十日内缴纳）；

二、被告人江某的违法所得人民币1万元，予以追缴，上缴国库；扣押在案的被告人江某手机1部，予以没收，上缴国库。

被告人江某认为原判对其量刑过重提起上诉。浙江省金华市中级人民法院经审理认为：被告人江某明知他人实施组织卖淫犯罪活动而予以协助，其行为已构成协助组织卖淫罪。被告人江某在有期徒刑刑罚执行完毕后，五年内再犯应当判处有期徒刑以上刑罚之罪，系累犯，依法从重处罚。原审认定事实清楚，证据确实充分，定罪准确，量刑恰当，审判程序合法。被告人江某的上诉理由及其辩护人的辩护意见均不能成立，不予采纳。

浙江省金华市中级人民法院依照《中华人民共和国刑事诉讼法》第二百三十六条第一款第一项之规定，裁定：

驳回上诉，维持原判。

【法官后语】

刑法修正案（八）第四十八条将原刑法第三百五十八条第三款“协助组织他人卖淫”修改为“为组织卖淫的人招募、运送人员或者有其他协助组织他人卖淫行为的”。实践中经常存在协助组织卖淫活动与介绍卖淫行为的定罪问题，两者该如何区分？介绍卖淫罪，是指为卖淫人员与嫖客寻找对象，并在他们中间牵线搭桥的行为，即人们通常说的“拉皮条”。而协助组织卖淫罪，是指明知他人实施组织卖淫犯罪活动而为其招募、运送人员或者充当保镖、打手、管账人等的行为，且不以组织卖淫罪的从犯论处。这里所规定的“招募”是指协助组织卖淫者招募、招聘、募集人员；“运送”是指为组织卖淫者通过提供交通工具接送、输送所招募的人员的行为。

本案中，被告人江某在明知鲁某、王某组织他人卖淫的情况下，还按照鲁某、王某等人制定的统一的卖淫种类、卖淫价格和方式在微信、陌陌平台上帮助鲁某、王某等人发布招嫖信息，招揽嫖客，并收取卖淫所得从中牟利。同时，以接送卖淫人员前往指定卖淫地点的方式，管理、控制着张某某、徐某某、谢某某实施卖淫犯罪活动，传达嫖客要求，其行为符合协助组织卖淫罪的构成要件，应以协助组织卖淫罪定罪处罚。当前通过手机短信、网络、微信等新手段协助组织卖淫已成为一种新的犯罪形式，且协助组织他人卖淫，也是组织他人卖淫活动的一个环节，但其行为的性质、所起的作用与组织卖淫者有很大不同，在实际认定中应予以区分。

编写人：浙江省武义县人民法院　任胜　郑莹

33

组织卖淫与协助组织卖淫行为的辨析

——高某等组织卖淫、协助组织卖淫案

【案件基本信息】

1. 裁判书字号

上海市高级人民法院（2019）沪刑终 92 号刑事裁定书

2. 案由：组织卖淫罪

【基本案情】

被告人高某为非法牟利，经与他人共谋后，在本市注册成立了涉案会所，并于 2016 年 7 月起正式对外营业。由高某担任总经理，何某明、汪某珍、吴某国等人担任经理，以提供洗浴服务为幌子，招募卖淫女、招揽嫖客至该会所进行卖淫嫖娼，并雇用主管、领班、服务员等各级工作人员，对卖淫活动进行管理、控制。其中，高某全面负责会所的整体运营，何某明、汪某珍等经理负责会所的日常经营管理，吴某国参与后勤事务的管理。同年 10 月，郭某彬经人介绍结识高某，两人商定，由郭某彬安排专门的团队负责为会所招揽接待嫖客、招募培训卖淫女。会所经营期间，先后有近百名卖淫女在高某、何某明、汪某珍等人的管理和控制下进行卖淫活动。

2017 年 8 月，公安机关对涉案会所进行检查，当场查获数十名卖淫女及嫖客，抓获汪某珍等数十名涉案人员，在会所财务办公室等处缴获巨额营业款、卖淫女账单、客服账单、POS 机、对讲机及大量书证、物证及电子数据。同时，公安人员还在本市抓获被告人高某。同年 8 月、9 月，公安人员分别抓获被告人何某明、吴某国。

经司法会计鉴定，2016年7月1日至2017年8月9日，涉案会所共计实现营业收入人民币2.8亿余元，营业利润人民币1亿余元，消费人数为13万余人。

被告人高某、何某明、汪某珍到案后均如实供述了主要犯罪事实。

公诉机关认为，被告人高某、何某明、汪某珍、吴某国组织他人卖淫，情节严重，其行为均已触犯《中华人民共和国刑法》第三百五十八条，应当以组织卖淫罪分别追究刑事责任。

被告人高某及其辩护人对于起诉指控的主要事实及罪名不持异议。被告人何某明、汪某珍、吴某国及其各自的辩护人认为其三人的行为应构成协助组织卖淫罪。

【案件焦点】

何某明、汪某珍、吴某国同为涉案会所经理，何某明、汪某珍负责会所的日常经营管理，吴某国参与后勤事务的管理，该三人均未直接参与卖淫女的招募、管理，该三人的行为应认定为组织卖淫罪还是协助组织卖淫罪？

【法院裁判要旨】

上海市第二中级人民法院经审理认为：被告人何某明、汪某珍虽未直接参与管理、控制卖淫女及客服，但现有证据可以证实，何某明、汪某珍作为经理，直接负责卖淫场所的日常经营管理，还将卖淫场所的经营情况向高某汇报、请示，对主管、领班等布置工作，宣布、强调工作纪律，决定部分卖淫女的排班、定牌等。因此，现有证据足以证实被告人何某明、汪某珍直接管理、控制他人卖淫，应认定为组织卖淫罪。被告人吴某国作为经理，明知高某等人组织他人卖淫，仍参与会所后勤事务的管理，但现有证据不足以证实吴某国有直接参与管理、控制他人卖淫活动的行为，应认定为协助组织卖淫罪。

根据《中华人民共和国刑法》的相关规定，对被告人高某犯组织卖淫罪，判处有期徒刑十五年，剥夺政治权利四年，罚金人民币一百万元；对被告人何某明、汪某珍犯组织卖淫罪，分别判处有期徒刑十二年，剥夺政治权利三年，罚金人民币五十万元；对被告人吴某国犯协助组织卖淫罪，判处有期徒刑九年，剥夺政治权利一年，罚金人民币五十万元；查获的违法所得、犯罪工具等予以没收。

一审宣判后，被告人何某明、汪某珍、吴某国不服，向上海市高级人民法院提出上诉。上海市高级人民法院经审理后，裁定：

驳回上诉，维持原判。

【法官后语】

本案的核心在于组织卖淫与协助组织卖淫行为的区分。根据《最高人民法院、最高人民检察院关于办理组织、强迫、引诱、容留、介绍卖淫刑事案件适用法律若干问题的解释》的规定，组织卖淫罪的行为特征系“管理或者控制他人卖淫”，这种管理和控制不仅是指对于卖淫女的招募、雇佣、管理和控制，还应包括管理卖淫场所，制订、实施、落实管理制度、提供配套服务等与卖淫有直接联系的环节。何某明、汪某珍的行为足以看出二人对于卖淫活动的掌控程度。因此，本案认定被告人何某明、汪某珍管理、控制他人卖淫，构成组织卖淫罪。被告人吴某国负责食堂、工程、与房东交涉等后勤事务，未直接或者参与管理、控制他人卖淫，系为组织卖淫提供保障，应认定为协助组织卖淫罪。

区分组织卖淫行为与协助组织卖淫行为的关键在于行为人是否实施了管理或者控制他人卖淫的行为，而不应片面地被案件中相关被告人的表面地位所局限。本案中虽然被告人何某明、汪某珍、吴某国在涉案会所中担任的职务均是经理，表面上地位相同，但实施的行为并不相同，构成的罪名也不相同。

本案是上海市迄今为止规模最大、涉案金额最高的组织卖淫案。涉案会所经营期间获得巨额利润，具有重大社会影响。案件审理过程中，通过对各被告人职务、地位和作用的分析，准确认定各自的行为特征，依法对其分别定罪量刑，有力打击了社会普遍关注的“涉黄”犯罪，维护了社会公序良俗，取得了法律效果和社会效果的统一。

编写人：上海市第二中级人民法院　夏菁

34

组织不同时间段内三名以上卖淫女实施卖淫行为的准确认定

——李某等组织卖淫、敲诈勒索案

【案件基本信息】

1. 裁判书字号

北京市第二中级人民法院（2020）京 02 刑终 201 号刑事裁定书

2. 案由：敲诈勒索罪

【基本案情】

被告人李某、武某、亚某、努某等人，在较长时间内，以威胁手段结伙实施 20 余次敲诈勒索行为，在酒店行业造成极为恶劣的社会影响，构成恶势力犯罪。被告人李某于 2017 年至 2018 年伙同武某、亚某、努某等人，在北京市东城区、朝阳区、西城区、海淀区等地，通过网络获取嫖客信息，由努某、古某（另案处理）、麦某（另案处理）向嫖客卖淫，并以举报嫖客嫖娼、假冒警察等手段勒索嫖客钱财。其中，被告人李某和武某主要负责敲诈勒索被害人钱款；亚某主要负责联络卖淫女。敲诈所得钱款由四被告人按比例分配。在一年时间内通过“仙人跳”实施了 29 次敲诈勒索行为，敲诈勒索金额为 44.69 万元。

【案件焦点】

被告人李某、武某组织不同时间段内三名以上卖淫女在一年时间内实施了 29 次卖淫嫖娼行为，可否认定为组织卖淫罪。

【法院裁判要旨】

北京市东城区人民法院经审理认为：被告人李某、武某、亚某、努某无视法律，经常纠集在一起，在较长时间内以揭发被害人有嫖娼行为等为由，使用威胁手段，在北京市多家酒店内多次实施敲诈勒索犯罪，为非作恶，造成较为恶劣的社会影响，已形成恶势力，依法应予惩处。其中被告人李某、武某敲诈勒索数额特别巨大，被告人亚某、努某敲诈勒索数额巨大。北京市东城区人民检察院指控四被告人犯敲诈勒索罪的罪名成立。关于被告人李某、武某的行为是否构成组织卖淫罪的问题。法院认为，组织卖淫罪的构成应当以具有“组织性”为前提，被组织者应为三人以上，而且组织的目的是使分散的人员形成较为固定的整体，也就是要求组织他人卖淫在人数上达到多人，在空间上具有稳定性，在时间上具有重合性，本案中被告人李某、武某的行为不具备以上犯罪构成要素。且被告人李某、武某等人的行为是以敲诈勒索为目的，卖淫只是实施敲诈过程中威胁被害人的手段和借口，是敲诈勒索犯罪的一个环节，在查明的部分事实中，亦存在并不卖淫而直接敲诈的情形，因此应以处罚较重的目的行为定罪。故公诉机关指控被告人李某、武某犯组织卖淫罪不成立，法院依法予以纠正。

依照《中华人民共和国刑法》第二百七十四条、第二十五条第一款、第二十六条、第五十二条、第五十三条、第五十四条、第五十五条第一款、第五十六条第一款、第六十七条第三款、第六十四条、第六十一条及《最高人民法院、最高人民检察院关于办理敲诈勒索刑事案件适用法律若干问题的解释》第一条、第二条、第四条之规定，判决如下：

一、被告人李某犯敲诈勒索罪，判处有期徒刑十二年六个月，剥夺政治权利三年，并处罚金人民币二十六万元；

二、被告人武某犯敲诈勒索罪，判处有期徒刑十一年，剥夺政治权利二年，并处罚金人民币二十三万元；

三、被告人亚某犯敲诈勒索罪，判处有期徒刑七年，剥夺政治权利一年，并处罚金人民币十五万元；

四、被告人努某犯敲诈勒索罪，判处有期徒刑六年，并处罚金人民币十三万元。

一审宣判后，被告人李某等提出上诉，认为量刑过重。北京市第二中级人民法院依照《中华人民共和国刑事诉讼法》第二百三十六条第一款第一项之规定，裁定：

驳回上诉，维持原判。

【法官后语】

本案在审理过程中，涉及的焦点问题是，被告人李某、武某组织不同时间段内三名以上卖淫女实施"仙人跳"行为可否构成组织卖淫罪？

笔者认为，(1) 从组织型犯罪的特征来看。组织型犯罪要求在空间上具有稳定性，在时间上具有重合性，"组织"无论是作为具体行为手段，还是作为犯罪形态，均要求具有一定的人员数量、形成一定的规模，从而通过群体性、规模性的行为集体彰显其社会危害性。具体到组织卖淫罪，三人以上必须是同一时间段内的组织性行为，组织卖淫相对于容留、介绍卖淫之所以危害更为严重、惩治更加严厉，在于其在一定时期内控制多人多次实施卖淫嫖娼行为，形成犯罪组织的稳定性、冲击性，具备一定人员规模，方使造成的危害后果更加严重、深远，对社会秩序造成的侵害也更加严重。本案中，被告人李某、武某组织的卖淫女数量总和虽在三人以上，但在同一时间段内缺乏对多名卖淫女同时进行控制或者管理的具体行为，如卖淫女麦某还从事其他合法行为，某种意义上，两者之间更符合合作的关系，且同一时间段内的卖淫女数量少于三人，如2017年12月至2018年8月，卖淫女为麦某与努某，2018年9月至2018年11月，卖淫女为努某与古某。(2) 从组织卖淫罪的犯罪本质来看。根据《最高人民法院、最高人民检察院关于办理组织、强迫、引诱、容留、介绍卖淫刑事案件适用法律若干问题的解释》的规定，组织卖淫罪是指以招募、雇佣、纠集或者引诱、容留等手段，管理或者控制多人卖淫的行为。其中，组织、引诱等行为系手段行为，管理或者控制多人卖淫系目的行为，鉴于本罪的重点在于组织他人实施具体卖淫行为，故目的行为是本罪的本质行为。刑事立法规定组织卖淫罪与强迫卖淫罪适用相同的法定刑，强迫卖淫罪要求逼迫妇女从事卖淫行为，既侵犯妇女的性自由权，还妨害了社会管理秩序、败坏社会风气，其危害性要大于强奸罪。作为与之相提并论的组织卖淫罪，根据刑法的通行理论，刑法分则确立的罪名顺序是依照社会危害性程度由重到轻进行排列的，鉴于组织卖淫罪客观行为的暴力程度弱于强迫卖淫罪的强迫行为，故组织卖淫罪在人员数量方面需加以严格限定，行为方式与人员数量的相互结合，方可彰显其危害性与强迫卖淫罪的相提并论。即组织卖淫罪既要求在客观行为方面对卖淫女进行控制或者管理，还要求人员数量为三人以上，且三人以上应理解为同一时间段内的三人，而不能是累计。组织卖淫罪的刑罚属于重刑结构，远高于协助组织卖淫罪、引诱、容留、介绍卖淫罪、引诱幼女卖淫罪，在某种程度上即在于其人数的“规模效应”“聚集效应”，在于其人员的多数性、稳定性、有组织性。

综上，被告人李某作为主犯，虽有组织卖淫女实施卖淫嫖娼、敲诈勒索的具体行为，但其控制、管理的卖淫女数量在同一时间内没有达到三人以上，且卖淫女之间不具有稳定性、多数性，达不到组织型犯罪的规模性、群体性，不符合司法解释规定的三人以上的本质要求。故法院认定被告人李某等人不构成组织卖淫罪，二审予以维持的裁判是恰当的。

编写人：北京市东城区人民法院　石魏

（六）制作、贩卖、传播淫秽物品罪

35

利用网络传播淫秽电子信息牟利犯罪的量刑

——侯某围传播淫秽物品牟利案

【案件基本信息】

1. 裁判书字号

北京市第二中级人民法院（2020）京02刑终172号刑事裁定书

2. 案由：传播淫秽物品牟利罪

【基本案情】

被告人侯某围于 2012 年 2 月至 2018 年 11 月，以牟利为目的，在某互联网公司办公地点及其住所地，利用其建立并管理的某夜论坛、某社区在互联网上传播淫秽视频、图片。经鉴定，侯某围所建立并管理的上述两个论坛中共有淫秽视频文件 3638 个、淫秽图片 8241 张、注册会员 53155 个，违法所得共计人民币 247460 元。被告人侯某围于 2018 年 11 月 20 日被警方抓获。

【案件焦点】

利用网络传播淫秽电子信息牟利犯罪在量刑时需要考虑哪些因素。

【法院裁判要旨】

北京市西城区人民法院经审理认为：被告人侯某围以牟利为目的，利用其建立并管理的网站发布淫秽视频及图片，并收取会员费的行为，破坏了社会管理秩序，已构成传播淫秽物品牟利罪，依法应予以惩处。鉴于被告人侯某围到案后能如实供述犯罪事实，依法可从轻处罚，故判决：被告人侯某围犯传播淫秽物品牟利罪，判处有期徒刑十年六个月，并处罚金人民币二万元，剥夺政治权利两年。

北京市第二中级人民法院经审理认为：上诉人侯某围建立并管理上述论坛网站所传播淫秽图片和淫秽视频文件数量远超过《最高人民法院、最高人民检察院关于办理利用互联网、移动通讯终端、声讯台制作、复制、出版、贩卖、传播淫秽电子信息刑事案件具体应用法律若干问题的解释》（以下简称《解释》）所规定的 25 倍标准，且传播时间跨度长、范围广、违法所得多，对社会危害性大，应认定为刑法第三百六十三条第一款所规定“情节特别严重的”情形，且侯某围没有减轻处罚的量刑情节，故侯某围及辩护人所提本案应对侯某围减轻处罚等上诉理由及辩护意见不能成立，法院不予采纳。原判综合考虑侯某围的犯罪性质、量刑情节，对其所判处的刑期适当，二审期间侯某围没有新的量刑情节，要求再行从轻或减轻处罚无事实及法律依据，故侯某围及辩护人所提原判对侯某围量刑过重等上诉理由及辩护意见不能成立，法院不予采纳。

上诉人（原审被告人）侯某围以牟利为目的，利用其建立并管理的网站发布淫秽视频及图片，收取会员费，破坏了社会管理秩序，情节特别严重，其行为已构成传播淫秽物品牟利罪，依法应予以惩处。鉴于侯某围到案后能如实供述犯罪事实，依法可对其从轻处罚。北京市西城区人民法院根据侯某围犯罪的事实、犯罪的性质、情节和对社会的危害程度所作出的判决，定罪及适用法律正确，审判程序合法，扣押物品处理正确，唯判处侯某围罚金刑数额过低，鉴于上诉不加刑原则，法院不加重对侯某围的罚金刑。北京市第二中级人民法院依照《中华人民共和国刑事诉讼法》第二百三十六条第一款第一项、第二百三十七条之规定，裁定：

驳回上诉，维持原判。

【法官后语】

网络传播淫秽电子信息牟利犯罪的量刑，可以从行为人实施网络传播淫秽电子信息犯罪的主观恶性和客观危害两个方面进行综合考虑。

网络传播淫秽电子信息牟利犯罪的主观恶性主要表现为以下两个方面：

第一，行为人对实施传播淫秽电子信息行为的主观认识程度。传播淫秽电子信息犯罪，行为人首先必须认识到自己实施了传播淫秽电子信息犯罪行为，认识到这种行为会导致受众接受到淫秽信息，因此有损道德风尚，应该受到否定的社会评价。行为人实施传播淫秽电子信息犯罪行为持续时间越长，预谋性越强，主观恶性则越大。具体还包括行为人选择实施传播淫秽电子信息的方式，如果只是临时起意将自己获得的某个网盘内淫秽电子信息转卖给他人，主观恶性相对较小；如果是专门租赁服务器、购买域名、搭建淫秽网站，并经过长时间经营维护，则主观恶性较大。

第二，行为人的牟利数额。根据刑法三百六十三条第一款和相关司法解释的规定，对实施淫秽电子信息犯罪的行为人，认定其构成传播淫秽物品牟利罪的情形下，行为人必须具有牟利的主观目的。所谓牟利，是指“行为人意图通过一定行为获取非法利益，可以是金钱和财物，也可以是其他的物质性利益”。

根据《解释》第一条的规定，利用淫秽电子信息收取广告费、会员注册费或者其他费用，违法所得一万元以上的，以传播淫秽物品牟利罪论处。行为人利用网络传播淫秽电子信息牟利的方式，只有少部分是直接通过贩卖淫秽电子信息换取利益，大多数是借助淫秽电子信息吸引受众，靠人气通过其他方式实现其利益。例如，在淫秽网站上加载广告，收取广告服务费，或者通过注册会员的方式收取费用。行为人通过传播淫秽电子信息行为牟利的数额，反应了其实施该行为的主观积极程度，其牟利数额越高，实施传播淫秽电子信息行为越积极，主观恶性越大。

网络传播淫秽电子信息牟利犯罪的客观危害主要表现为三个方面：

第一，传播淫秽电子信息的数量。淫秽电子信息犯罪的数量，是指具体用于网络传播的淫秽电影、表演、动画等视频等文件的个数，淫秽音频文件的个数，以及淫秽电子刊物、图片、文章、短信息等的件数。淫秽电子信息数量与特定数量下淫秽电子信息传播的次数或范围，决定了网络传播淫秽电子信息犯罪的客观危害。在传播范围确定的情况下，传播淫秽电子信息的数量越多，客观危害就越大。根据《解释》第一条的规定，以牟利为目的，利用互联网、移动通讯终端传播淫秽电影、表演、动画等视频文件 20 个以上的，或者传播淫秽音频文件 100 个以上的，或者传播淫秽电子刊物、图片、文章、短信息等 200 件以上的，以传播淫秽物品牟利罪定罪处罚。如果传播淫秽电子信息数量或者数额达到上述规定标准 5 倍以上的，应当认定为刑法第三百六十三条第一款规定的“情节严重”；达到上述规定标准 25 倍以上的，应当认定为“情节特别严重”。

第二，传播淫秽电子信息的范围。淫秽电子信息传播的范围，是指淫秽电子信息通过网络传播的时间和空间广度，具体包括淫秽电子信息的实际点击次数、下载次数、注册用户数量、传播方式等，淫秽电子信息的传播范围与淫秽电子信息的数量共同决定了传播淫秽电子信息犯罪的客观危害。单位数量下的淫秽电子信息，被发布于网络持续的时间越长，被点击或下载的人数、次数越多，传播范围越广，客观危害就越大。《解释》对淫秽电子信息的“实际被点击数”和网站“注册会员人数”均作为定罪量刑的标准。《解释》还规定利用互联网建立主要用于传播淫秽电子信息的群组，成员达30人以上的，对建立者、管理者和主要传播者，以传播淫秽物品罪处罚。以上规定，都是从传播范围的角度衡量传播淫秽电子信息的客观危害。

第三，淫秽电子信息传播的对象。出于对未成年人身心健康的特殊保护，传播淫秽电子信息犯罪对涉及未成年人情况作出特殊规定。淫秽电子信息传播的对象包括两种情形：一是淫秽电子信息传播对象涉及未成年人；二是淫秽电子信息的内容涉及未成年人。淫秽电子信息传播对象包含未成年的，客观危害比一般的传播犯罪行为要大。根据《解释》的规定，以牟利为目的，利用网络传播内容含有不满14周岁未成年人的淫秽电子信息，定罪量刑的数额标准要比不含未成年人信息的更加严格。

编写人：北京市第二中级人民法院　丛卓义

（七）妨害文物管理罪

36

盗掘古墓葬罪既遂标准的认定

——时某得等盗掘古墓葬案

【案件基本信息】

1. 裁判书字号

安徽省滁州市中级人民法院（2020）皖11刑终285号刑事判决书

2. 案由：盗掘古墓葬罪

【基本案情】

2019年3月31日20时许，被告人时某得、陈某军、熊某勇、陈某政至某村某组西偏南约500米处曹某芳家田地，使用挖掘机对两处古墓葬进行盗掘。其中，被告人陈某军负责用挖掘机挖掘古墓葬，被告人陈某政负责照明，被告人时某得、熊某勇负责在古墓葬周围查找文物，当晚四人未窃得文物。经安徽省文物鉴定站鉴定，该两座古墓为东汉至六朝时期古墓葬，具有历史、艺术、科学价值。

2019年4月被告人时某得、熊某勇、陈某军商量欲盗掘古墓葬，后被告人陈某军联系被告人陈某政、吴某中，五被告人于2019年4月18日21时许，五被告人至某县大墅镇刘兴村吴庄组西北处，使用挖掘机对该处古墓葬进行盗掘。其中，被告人时某得、陈某军负责望风，被告人吴某中负责用挖掘机挖掘古墓葬，被告人陈某政、熊某勇负责在古墓葬周围观察挖掘情况。经安徽省文物鉴定站鉴定，该古墓葬为战国至西汉时期古墓葬，具有历史、艺术、科学价值。

【案件焦点】

五被告人盗掘古墓葬的犯罪行为是否既遂。

【法院裁判要旨】

安徽省全椒县人民法院经审理认为：五被告人利用挖掘机对古墓葬进行盗掘，现有证据证实被挖掘的古墓葬存在被他人或自然等原因已造成破坏的可能性，被告人仅挖到古墓葬墓砖，公诉机关未能提供确实、充分证据证实盗掘行为已对古墓葬的历史、艺术、科学价值造成损害，各被告人盗掘古墓葬属于犯罪未遂。遂作出以下判决：

一、被告人时某得犯盗掘古墓葬罪，判处有期徒刑二年十个月，并处罚金一万四千元；

二、被告人熊某勇犯盗掘古墓葬罪，判处有期徒刑二年八个月，并处罚金一万元；

三、被告人陈某军犯盗掘古墓葬罪，判处有期徒刑二年二个月，并处罚金八千元；

四、被告人陈某政犯盗掘古墓葬罪，判处有期徒刑一年八个月，宣告缓刑二年，并处罚金六千元；

五、被告人吴某中犯盗掘古墓葬罪，判处有期徒刑一年四个月，宣告缓刑一年八个月，并处罚金四千元。

安徽省滁州市中级人民法院经审理认为：文物的价值不仅仅是物质价值，更重要的价值在于其具有的非物质价值。文物是历史、艺术、科学价值的一种物质载体，文物所具有的历史、艺术、科学价值才是文物的真正价值所在。法律是通过保护文物这一具体的物质对象来保护历史、艺术、科学等非物质价值的。根据鉴定评估报告，涉案墓葬均为古墓葬，具有历史、艺术、科学价值。本案被告人主观上有盗掘古墓葬的故意，客观上实施了使用挖掘机两次盗掘古墓葬的行为，并且已经掘及某村大吴组的古墓葬墓坑的南壁，损害古墓葬的历史、艺术、科学价值，对该古墓葬造成了不可恢复的破坏，侵犯了国家文物管理秩序，应当认定为既遂。故二审法院对被告人时某得改判为有期徒刑三年，维持其他被告人刑期不变。

【法官后语】

本案争议焦点是被告人盗掘古墓葬是否属于既遂。根据《最高人民法院、最高人民检察院关于办理妨害文物管理等刑事案件适用法律若干问题的解释》（以下简称《解释》）的规定，实施盗掘行为，已损害古文化遗址、古墓葬的历史、艺术、科学价值的，应当认定为盗掘古文化遗址、古墓葬罪既遂。在《解释》出台之前对该罪既遂标准的认定不一，有的观点认为只要实施了盗掘古墓葬的行为即属于犯罪既遂，还有的观点认为需要盗掘到文物才能构成既遂。现在《解释》虽然给出了标准，但是对标准的把握在司法实践中仍需要仔细考查。古墓葬的历史、艺术、科学价值不是一个具体的实体物，达到何种程度才能认定为损害了古墓葬的历史、艺术、科学价值？这是不易直接证明的，需要办案法官根据被告人盗掘行为对古墓葬的损害程度来综合考量。

具体到案件中，被告人利用挖掘机盗掘古墓葬时，挖出墓砖，未窃得文物，也无其他破坏行为。如果被告人将古墓葬完全挖开或者窃得文物，此时认定被告人构成盗掘古墓葬罪既遂是没有问题的。但是针对本案的被告人对古墓的破坏较轻的情况，有观点认为本案现有证据无法证实被告人的盗掘行为对古墓葬的历史、艺术、科学价值造成损害，这种理解是值得商榷的。首先，古墓葬是历史、艺术、科学价值是否遭到破坏，本身就是难以直接证明的事实，不能苛求公诉机关提供直接证据，而需要根据查明事实进行综合判断。其次，如果文物或古墓葬造成明显破坏，可能是加重情节，认定本罪是否构成既遂，不需达到严重破坏古墓葬的程度。最后，整个古墓葬都是其历史、艺术、科学价值的物质载体，对古墓葬边缘造成不可恢复的破坏，必然对其历史、艺术、科学价值造成一定的损害，应认定为对古墓葬历史、艺术、科学价值造成破坏。

盗掘古墓葬罪不是行为犯，不是被告人有盗掘古墓葬的行为即认定为既遂。但认定既遂的标准，也不应要求得太高。对整个古墓葬只要造成一定的破坏，则其历史、艺术、科学价值必然会受到一定的损害。考虑到打击盗墓类犯罪的紧迫形势，根据《解释》采用“损害”这一较轻程度的用语，办案人应结合具体案件，适当放宽对既遂标准的认定。

编写人：安徽省滁州市全椒县人民法院　刘落实

二、贪污贿赂罪

37

贪污罪中将赃款用于单位公务支出情形下犯罪数额之认定

——马某中贪污、滥用职权案

【案件基本信息】

1. 裁判书字号

河南省平顶山市中级人民法院（2021）豫04刑终93号刑事裁定书

2. 案由：贪污罪、滥用职权罪

【基本案情】

一、贪污罪

2017年1月，某县水利局水政监察大队清理某县与某县交界处澧河杂草，马某中安排任某伟负责联系工程机械，费用3000元。2017年2月6日，被告人马某中以任某伟名义开具一张21000元的机械租赁发票，支付税费611.65元，并制作某县水利局水政监察大队与任某伟的虚假租赁协议。马某中利用职务便利将上述款项在单位报销后，支付任某伟3000元，将剩余17388.35元据为己有用于个人开支。

2018年5月，马某中让“鲜果汇水果店”店主秦某磊帮忙开具一张78600元的机械租赁发票。2018年5月24日，秦某磊按马某中要求以其表弟丁某磊名义开具发票，支付税费2289.32元。马某中制作了某水利局水政监察大队与丁某磊的虚假租赁合同。马某中利用职务便利将上述款项在单位报销后，除支付税费外，归还水政监察大队在“国雨水果店”因公务购买礼品 5520 元外，将剩余 70790.68 元据为己有用于个人开支。

2018 年 11 月 26 日，马某中为解决某水利局水政监察大队日常零星机械租赁费，指使席某栋开具一张 67000 元的机械租赁发票，支付税费 1951.46 元，并制作了某水利局水政监察大队与席某栋的虚假租赁协议。马某中利用职务便利将上述款项在单位报销后，支付日常机械租赁费 12000 元，将剩余 53048.54 元据为己有用于个人开支。

2015 年 10 月，经马某中安排，某水利局水政监察大队租用单位职工郭某伟车牌号为豫 DEQ×××五菱宏光面包车，租金 100 元/天，使用时间 40 天。2016 年 1 月，马某中安排郭某伟支付税费 436.99 元开具一张 15000 元的租车发票，并制作虚假金额的租赁协议。马某中利用职务便利将上述款项在单位报销后，支付郭某伟 4000 元，将剩余 10563.01 元据为己有用于个人开支。

2015 年 7 月至 2016 年 1 月，某水利局水政监察大队对非法采砂的黄某谦、郭某峰、郑某伟、李某、卫某收、常某龙等 7 人罚款共计 81000 元，但对罚没款未出具收据也未上缴财政专户。马某中安排单位职工孙某欣将上述款项存入其个人银行账户保管，后马某中将其中 16000 元据为己有用于个人开支。

2017 年 1 月 21 日，某水利局水政监察大队 9 名工作人员在对某村李某合经营的砂场检查时，与该砂场人员发生肢体冲突。2017 年 2 月 6 日，马某中口头通知李某合缴纳罚款 100000 元。2 月 7 日，李某合委托其弟李某伟交给马某中 70000 元。马某中以李某合支付补偿款的名义将其中 55000 元予以私分（马某中、梁某辉各分 6500 元，孙某欣、郭某伟、典某贺、贾某龙、杜某涛、董某龙、康某超每人分 6000 元），剩余 15000 元被马某中据为己有。

2015 年 8 月和 12 月，马某中利用职务便利，与马某辉、梁某辉商议后，共同出资购买车牌号为豫 DJH×××五菱面包车和豫 D61×××号二手江淮皮卡车各一辆，并以杨某青、褚某仙、任某伟、万某宏的名义出租给某县水利局水政监察大队。马某中指使马某辉更改水利局党组会会议记录、伪造党组会会议纪要和水利局文件，将车辆租金定为 4500 元/月或 5000 元/月，明显高于政府规定的租车价。自 2016 年 1 月至 2020 年 1 月，马某中利用职务便利在单位报销上述两辆车的租金共计 445000 元，其中，为圆票[①]支付税费共计 13398.16 元。从中骗取租金 199351.84 元被马某中、马某辉、梁某辉平分。

另查明，在审查调查阶段，被告人马某中主动退回违法所得 300000 元。

二、滥用职权罪

2020 年 1 月 16 日，水政监察大队在办理某村非法采砂案件时，马某中未获得水利局授权委托，违反法定程序，擅自决定扣押挖掘机 1 辆和拉沙车 22 辆，且未及时对案件进行调查处置，致使上述车辆被超期扣押。2020 年 5 月 7 日，马某中又擅自决定使用上述被扣押的 5 辆拉沙车运输砂石用以垫平单位地面，其中 2 辆车超载运输，且 1 名驾驶员不具备驾驶货车资格。在运输途中，上述车辆被车主拦下并报警。后此事被各类媒体广泛报道，社会影响恶劣。

2016 年至 2019 年，某县水利局水政监察大队在未获得水利局授权的情况下，违法办理行政处罚案件 115 件，收缴罚没款 1988563.54 元。其中档案齐全的仅 23 件，档案不齐全的 34 件，剩余 58 件只有罚款票据没有档案。

被告人马某中身为国家机关工作人员，多次违法办理行政处罚案件，造成恶劣社会影响。

【案件焦点】

贪污案件中，将赃款用于公务支出是否应当从贪污数额中扣除。

【法院裁判要旨】

河南省叶县人民法院经审理认为：被告人马某中身为国家机关工作人员，利用职务便利，单独或伙同他人贪污公款 437142.42 元，其中个人占有 255741.19 元，数额巨大，其行为已构成贪污罪；被告人马某中身为国家机关工作人员，多次违法办理行政案件且未经授权查扣车辆，超期未作处理并擅自

① 圆票，是指企事业单位为完善财务手续将发生的无法取得正式发票的零星支出，通过“圆票”点（处）成正式发票入账的一种会计活动。

使用扣押车辆，引发媒体负面报道，造成恶劣社会影响，其行为已构成滥用职权罪。被告人马某中认罪，主动退回违法所得，可对其从轻处罚。违法所得予以追缴。经审判委员会研究决定，依照《中华人民共和国刑法》第三百八十二条第一款、第三百八十三条第一款第二项、第二款、第二十五条、第三百九十七条、第九十三条、第五十二条、第五十三条、第六十四条、第六十九条，《最高人民法院、最高人民检察院关于办理贪污贿赂刑事案件适用法律若干问题的解释》第二条第一款、第十九条之规定，判决如下：

一、被告人马某中犯贪污罪，判处有期徒刑三年，并处罚金人民币200000元；犯滥用职权罪，判处有期徒刑一年六个月；数罪并罚，决定执行有期徒刑三年十个月，并处罚金人民币200000元；

二、违法所得255741.19元，予以追缴，上缴国库。

一审宣判后，被告人马某中提出上诉。

河南省平顶山市中级人民法院经审理认为：马某中身为国家机关工作人员，利用职务便利，单独或伙同他人贪污公款437142.42元，其中个人占有255741.19元，数额巨大，其行为已构成贪污罪；马某中身为国家机关工作人员，多次违法办理行政案件且未经授权查扣车辆，超期未作处理并擅自使用扣押车辆，引发媒体负面报道，造成恶劣社会影响，其行为已构成滥用职权罪。原审判决认定事实清楚，证据确实、充分，适用法律正确，审判程序合法，量刑适当，上诉人的上诉理由及辩护人的辩护意见不能成立。

【法官后语】

本案中，马某中及其辩护人提出，马某中将套取后的公款用于单位公务性支出的部分不应计入贪污数额，这也是本案争议的焦点。

根据《最高人民法院、最高人民检察院关于办理贪污贿赂刑事案件适用法律若干问题的解释》第十六条第一款的规定，国家工作人员出于贪污、受贿的故意，非法占有公共财物、收受他人财物之后，将赃款赃物用于单位公务支出或者社会捐赠的，不影响贪污罪、受贿罪的认定，但量刑时可以酌情考虑。首先，从我国刑法所保护的法益来看，贪污罪侵犯的客体是职务行为的廉洁性和公共财物的所有权，行为人一旦利用职务之便实施了侵吞、窃取、骗取等手段非法占有公共财物的贪污侵吞行为，职务行为廉洁性和公共财产所有权被侵害的结果就不可逆转。实质上，贪污罪的立法本意主要是为了打击侵害公务廉洁性的行为，而并非针对廉洁性被侵害后赃款去向的问题。其次，通过犯罪构成理论的角度，贪污罪以非法占有一定数额财物为构成要件，属结果犯，行为人利用职务上的便利将公共财物通过侵吞、窃取等手段非法占有后，犯罪形态即已完成，构成既遂，这里的"占有"应是客观上使公共财物脱离了国家、单位控制并置于行为人控制之下，至于行为人后续将赃款用于个人消费或是公务支出，均属犯罪行为完成后的赃款去向，相关款项不应从贪污数额中扣除。最后，结合贪污罪的立法目的来分析，确立本罪的直接目的，就是禁止人们通过罪状中所描述的非法手段来获取财物，而不论获取财物后用于何处，若将用于公务开支的款项从贪污数额中扣除，将会造成放纵犯罪甚至鼓励犯罪的负面效应，便于行为人通过对赃款用途进行虚构、掩盖等手段逃避刑事处罚，大大降低了犯罪成本，一定程度上削弱了刑法对职务犯罪的惩治力度，与贪污罪的立法精神明显相悖。

综上，透过法律规定和法理分析两个视角，笔者认为行为人利用职务之便非法占有公共财物构成贪污罪后，无论如何处置赃款赃物，都不能改变犯罪行为已经完成、法定危害结果已然形成、相关法益已被侵害的事实。后续将赃款赃物用于公务开支，与用于个人消费一样，均属犯罪既遂后的赃款去向，不影响案件定性，不应从犯罪数额中扣除。但依据相关法律规定，可在量刑时酌情予以考虑。

具体到本案中，根据在案的被告人供述、证人证言、相关书证等证据，能够证实马某中利用其职务上的便利，虚构事实，套取公共财物，其行为已构成贪污罪，而其在套取公共财物后，用于单位公务支出的部分不应当从贪污数额中予以扣除。

编写人：河南省平顶山市中级人民法院　朱至元

38

利用影响力受贿罪中被告人利用职务便利以及为请托人谋取不正当利益的认定

——祁某某贪污、利用影响力受贿案

【案件基本信息】

1. 裁判书字号

新疆维吾尔自治区昌吉回族自治州中级人民法院（2020）新23刑终167号刑事判决书

2. 案由：贪污罪

【基本案情】

祁某某利用影响力受贿罪事实：2005年，被告人祁某某在某医院庆祝建院50周年文艺演出活动中与程某相识。2013年10月，杨某某在亲戚介绍下，找到祁某某请托其帮忙促成自己与某医院的手足显微外科、神经外科技术合作。祁某某同意后，多次带领杨某某找到时任某医院党委副书记、院长程某，并宴请某医院领导，同时邀请某艺术剧院部分女演员陪同唱歌助兴。程某暗示杨某某院方不与个人合作，于是杨某某为促成该项目的合作而成立某航公司。后程某安排下属前往杨某某指定的医院考察，在未对该技术进行充分可研性论证的情况下，违反《某医院医疗技术临床应用管理制度》《某医院新技术、新项目准入制度》，于2014年6月27日代表某医院与某航公司签订手足显微外科、神经外科技术合作协议，并合作至今。为此，祁某某先后索取或收受杨某某财物共计折合人民币582949元。赃款已被其挥霍。

祁某某犯贪污罪的事实：2015年9月初，经杨某某联系，某艺术剧院承接到某集团的商业演出活动。后因特殊原因演出取消。为弥补某艺术剧院损失，祁某某要求负责联系商业演出的杨某某承担该场演出的违约金50000元。2015年9月29日，被告人祁某某在收到杨某某支付的50000元后，未按规定将该笔资金上交单位，全部用于个人家庭开销。

【案件焦点】

利用影响力受贿罪中被告人利用职务便利以及被告人为请托人谋取不正当利益的认定。

【法院裁判要旨】

新疆维吾尔自治区玛纳斯县人民法院经审理认为：祁某某利用其与国家工作人员之间的密切关系，通过该国家工作人员职务上的行为，为请托人谋取不正当利益，收受请托人财物136149元，多次索取请托人财物446800元，数额巨大，其行为已构成利用影响力受贿罪。祁某某作为国家工作人员，利用职务之便，侵吞某艺术剧院财物50000元，其行为已构成贪污罪。遂判决如下：

一、被告人祁某某犯利用影响力受贿罪，判处有期徒刑三年三个月，并处罚金人民币200000元；犯贪污罪，判处有期徒刑十个月，并处罚金人民币100000元，数罪并罚决定合并执行有期徒刑三年七个月，并处罚金人民币300000元；

二、被告人祁某某退缴赃款人民币632949元，依法予以没收，由扣押机关上缴国库。

祁某某不服一审判决，提出上诉称，其仅起到了居间介绍的作用，不具有利用其个人职权或者地位对某医院产生决定性影响力的条件和能力；某医院和某航公司分局合同所获得的收益并非不正当利益；其行为仅违反了《中国共产党纪律处分条例》的相关规定，应按照相关规定给予处分。请求改判其不构成利用影响力受贿罪。

新疆维吾尔自治区昌吉回族自治州中级人民法院经审理认为：原判认定祁某某构成贪污罪正确。但祁某某收受杨某某582949元的行为不符合利用影响力受贿罪的构成要件，原判认定祁某某构成利用影响力受贿罪不当，予以纠正。根据《中华人民共和国刑法》第三百八十二条第一款、第三百八十三条第一款第一项、第三款、第六十七条第二款、第五十三条、第六十四条，《最高人民法院、最高人民检察院关于办理贪污贿赂刑事案件适用法律若干问题的解释》第一条第一款、第十九条第一款，《中华人民共和国刑事诉讼法》第二百三十六条第一款第二项之规定，判决如下：

一、维持玛纳斯县人民法院（2020）新 2324 刑初 73 号刑事判决第一项中对被告人祁某某犯贪污罪的定罪和量刑部分；

二、撤销玛纳斯县人民法院（2020）新 2324 刑初 73 号刑事判决第一项中对被告人祁某某犯利用影响力受贿罪的定罪和量刑部分、数罪并罚部分以及第三项；

三、上诉人祁某某犯贪污罪，判处有期徒刑十个月，并处罚金人民币 100000 元；

四、上诉人祁某某退缴赃款人民币 50000 元，由扣押机关依法予以没收，上缴国库。

【法官后语】

本案焦点在于对祁某某利用职务便利，以及祁某某为请托人谋取不正当利益的认定。本案中，依在案的证据，虽然能够证实祁某某利用了其与国家工作人员之间的密切关系，积极促成某医院与杨某某的某航公司的技术合作。但是，某医院与某航公司签订的合作协议属于某医院内部业务管理工作，程某利用其管理业务的职务便利为杨某某谋利，不符合法律及司法解释关于“利用职务上的便利”的规定，即不是直接利用其本人职务上主管、负责、承办某项公共事务的职权。故不能认定程某利用其职务上的便利。

根据《最高人民法院、最高人民检察院关于办理行贿刑事案件具体应用法律若干问题的解释》第十二条之规定，行贿犯罪中的“谋取不正当利益”，是指行贿人谋取的利益违反法律、法规、规章、政策规定，或者要求国家工作人员违反法律、法规、规章、政策、行业规范的规定，为自己提供帮助或者方便条件。违背公平、公正原则，在经济、组织人事管理等活动中，谋取竞争优势的，亦应认定为“谋取不正当利益”。本案中，依在案的证据能够证实，某医院与某航公司的技术合作是国家政策允许的行为，某医院在与某航公司签订和履行技术合作过程中，程某仅违反了某医院的相关制度规定为杨某某提供帮助，现有证据不能证实某航公司在取得合作过程中是否违反公平原则谋取了竞争优势，故该情形不能认定为谋取了“不正当利益”。综上，祁某某收受杨某某582949元的行为不符合利用影响力受贿罪的构成要件，原判认定祁某某构成利用影响力受贿罪不当，予以纠正。

编写人：新疆维吾尔自治区昌吉回族自治州中级人民法院　李平

39

国有企业改制过程中以低估资产、隐瞒债权等方式隐匿公司、企业财产的行为应定性为贪污

——杨某龙贪污案

【案件基本信息】

1. 裁判书字号

广西壮族自治区柳州市中级人民法院（2020）桂02刑终316号刑事裁定书

2. 案由：贪污罪

【基本案情】

1995年10月4日，杨某龙被某社会福利生产管理处任命为总经理，截至案发一直担任该企业法定代表人。2007年7月，某企业服务中心、某殡葬管理协会、某福利企业协会共同出资成立民某公司，杨某龙出任民某公司董事长。2014年7月，民某公司股东变更为某福利企业服务中心和某殡葬管理协会。

2016年8月，杨某龙利用国家工作人员的职务便利，伙同被告人刘某、熊某、黄某术，在未报有关部门批准，未经资产清算或改制程序，通过伪造股权转让材料，退还某福利企业服务中心注册资金16万元、退还某殡葬管理协会注册资金18万元的方式，将民某公司股东变更为杨某龙、黄某术、熊某、刘某四人，将民某公司价值人民币4781672.71元的净资产以股份的形式固定下来，其中杨某龙占有该公司29.41%的股份。

另查明，经某司法鉴定中心鉴定，2016年8月11日民某公司进行公司股东变更由法人股东变更为自然人股东，变更时民某公司的净资产（所有者权益）为4781672.71元，其中主要资产为货币资金1946884.53元，固定资产净值1667077.31元，其余为应收账款等。

综上，被告人杨某龙伙同黄某术、熊某、刘某（三人均另案处理）共同贪污数额共计人民币4781672.71元。

2018年5月2日，该市监察委员会在发现杨某龙涉嫌行贿的线索后，将杨某龙从家中带回办案机关，杨某龙主动供述了尚未被监察委掌握的其长期向民政局领导张某、李某明等人行贿的事实。2018年5月3日，市监察委员会对杨某龙采取留置措施。2018年5月16日解除留置。在留置期间，杨某龙主动供述了其与黄某术、刘某、熊某四人私自变更民某公司股权的事实。

【案件焦点】

1. 国有企业改制过程中的低估资产、隐瞒债权、虚设债务、虚构产权交易等方式隐匿公司、企业财产的行为是否属于贪污行为；2. 国有控股企业的混合资产是否属于国有资产；3. 委派到国有控股企业后经自行选举产生的法人代表是否属于国家工作人员。

【法院裁判要旨】

广西壮族自治区柳州市鱼峰区人民法院经审理认为：被告单位民某公司为谋取不正当利益，向国家工作人员行贿人民币76万元，根据《中华人民共和国刑法》第三百九十三条的规定，其行为构成单位行贿罪。被告人杨某龙作为对被告单位民某公司实施单位行贿直接负责的主管人员，其行为亦构成单位行贿罪。公诉机关指控被告单位民某公司、被告人杨某龙犯单位行贿罪成立。被告人杨某龙受国家机关委派管理公共财物，利用职务上的便利，侵吞公共财物，数额特别巨大，根据《中华人民共和国刑法》第三百八十二条、第三百八十三条第一款第三项的规定，其行为构成贪污罪。公诉机关指控被告人杨某龙犯贪污罪成立。被告人杨某龙一人犯数罪，依法应当数罪并罚。在贪污的共同犯罪中，杨某龙是主犯，依法应当按其参与的全部罪行来处罚。被告单位民大公司、被告人杨某龙在监察机关调查期间主动交代其单位行贿的犯罪事实以及杨某龙主动交代变更民某公司股权的事实，是自首，依法可以从轻或减轻处罚。据此，依照《中华人民共和国刑法》第三百八十二条、第三百八十三条、第三百九十三条、第二十五条第一款、第二十六条第一款和第四款、第五十二条、第五十三条、第六十一条、第六十四条、第六十七条第三款、第六十九条以及《最高人民法院、最高人民检察院关于办理贪污贿赂刑事案件适用法律若干问题的解释》第二条、第十八条、第十九条的规定，判决如下：

一、被告人杨某龙犯单位行贿罪，判处有期徒刑一年，并处罚金人民币十二万元；犯贪污罪，判处有期徒刑十年，并处罚金人民币五十万元，数罪并罚，决定执行有期徒刑十年三个月，并处罚金人民币六十二万元；

二、被告单位民某公司犯单位行贿罪，判处罚金人民币六十万元；

三、杨某龙侵占民某公司的 29.41%股权依法予以追缴并发还给原民某公司股东某殡葬管理协会及某福利企业服务中心（按照原始出资 18 万：16 万的比例分配）。

上诉人杨某龙对一审判决不服，上诉称：（1）某福利中心的前身某福利生产物资供应站的注册资金来源于生产管理处借款 12 万元，该借款已经归还，该企业不属于国有企业。某福利中心在未经清产核资前，其投资入股到民某公司的资产不能全部认定为国有资产。市财政局出具的《关于对协助调查的复函》，不能作为本案的定案依据；（2）其不是生产管理处委派到民某公司工作，故其不构成贪污罪；（3）请求依法改判或发回重审。

辩护人覃某、田某提出以下辩护意见：（1）某福利生产物资供应站的注册资金是企业自行筹借12万元，并非生产管理处拨款，该单位为集体企业；（2）更名为某福利中心时生产管理处拨给30万元，不能因此认定该单位资产为国有资产；市财政局出具的《关于对协助调查的复函》，不具有合法性，不应当采信。民某公司不是国家出资企业，一审法院适用《最高人民法院、最高人民检察院关于办理国家出资企业中职务犯罪案件具体应用法律若干问题的意见》错误；（3）杨某龙不属于国家工作人员，没有侵吞公共财产的主观故意和客观行为，且一审认定的贪污数额事实不清，证据不足。故杨某龙不构成贪污罪；（4）单位行贿部分只有被告人的供述，没有民某公司套现支出的证据，行贿事实不清。请求依法改判或者发回重审。

广西壮族自治区柳州市中级人民法院经审理认为：原审被告单位民某公司为谋取不正当利益，向国家工作人员行贿人民币76万元，其行为构成单位行贿罪。上诉人（原审被告人）杨某龙作为对民某公司实施单位行贿直接负责的主管人员，其行为亦构成单位行贿罪。杨某龙受国家机关委派管理公共财物，利用职务上的便利，侵吞公共财物，其行为已构成贪污罪，且数额特别巨大。杨某龙一人犯数罪，依法应当数罪并罚。原判认定的事实清楚，证据确实、充分，定罪准确。原判根据民某公司、杨某龙的犯罪事实、性质、数额，结合民某公司、杨某龙具有自首情节、杨某龙在贪污共同犯罪中是主犯等具体情节，在法定的量刑幅度内分别予以从轻处罚，量刑适当。杨某龙的上诉理由及辩护人的辩护意见均不能成立，不予采纳。依照《中华人民共和国刑事诉讼法》第二百三十六条第一款第一项，作出如下裁定：

驳回上诉，维持原判。

【法官后语】

本案争议焦点在于杨某龙的主体身份和侵犯的客体性质，亦是本案确定罪与非罪以及何种罪的关键。

一、民某公司的资产是否属于公共财产

经查，民某公司最初的股东是：某福利企业服务中心、某社会福利企业协会和某殡葬管理协会。其中，某福利企业服务中心的建立情况为：某福利企业服务中心工商注册登记材料显示该企业为市民政局下属事业单位某社会福利生产管理处全额出资17万元成立的集体福利企业，隶属社会福利生产管理处，所有员工人事关系由市社会福利生产管理处统一管理；办公、经营场地也由柳州市社会福利生产管理处提供。某福利生产物资供应站于2002年3月变更为某福利企业服务中心，根据工商登记材料银行转账凭证显示，该企业注册资金由17万元增加到30万元，由投资单位某社会福利生产管理处投入货币资金30万元，比例为100%。根据相关规定，市财政局认为某福利企业服务中心的资产为国有资产，其投资入股形成的资产同样视为国有资产，即该中心持有的民某公司的股份为国有资产。故某福利企业服务中心是国有企业，该中心所持有的民某公司的股份是公共财产。在本案中，民某公司股东变更为杨某龙等四自然人前，股东是某福利中心和殡葬管理处，其中福利中心占股48%，殡葬管理处占股52%。因此，民某公司估价的人民币4781672.71元的净资产属于公共财物。

二、杨某龙是否属于国家工作人员

根据刑法第九十三条第二款的规定，国有公司、企业、事业单位、人民团体中从事公务的人员和国家机关、国有公司、企业、事业单位委派到非国有公司、企业、事业单位、社会团体从事公务的人员，以及其他依照法律从事公务的人员，以国家工作人员论。1995年，生产管理处（国有事业单位）任命杨某龙为供应站总经理（后改名为某福利中心）。生产管理处是事业单位，其任命杨某龙作为集体企业福利中心的经理，从事管理福利中心的公务，因此根据以上条法律的规定，杨某龙的身份是国家工作人员。同时，2014年福利协会退出时的工商变更登记材料中曾有福利中心委派杨某龙成为民某公司董事的委派文书，因此足以认定杨某龙是国有企业（福利中心）委派到非国有企业（民某公司）中从事管理公共财物的人。综上，杨某龙属于国家工作人员。

三、杨某龙是否构成贪污罪

根据《最高人民法院、最高人民检察院关于办理国家出资企业中职务犯罪案件具体应用法律若干问题的意见》第一条的规定，国家工作人员或者受国家机关、国有公司、企业、事业单位、人民团体委托管理、经营国有财产的人员利用职务上的便利，在国家出资企业改制过程中故意通过低估资产、隐瞒债权、虚设债务、虚构产权交易等方式隐匿公司、企业财产，转为本人持有股份的改制后公司、企业所有，应当依法追究刑事责任的，依照刑法第三百八十二条、第三百八十三条的规定，以贪污罪定罪处罚。贪污数额一般应当以所隐匿财产全额计算；改制后公司、企业仍有国有股份的，按股份比例扣除归于国有的部分。所隐匿财产在改制过程中已为行为人实际控制，或者国家出资企业改制已经完成的，以犯罪既遂处理。本案中，杨某龙受国家机关委托管理、经营公共财物，具有国家工作人员身份，其通过低估资产、虚构文件进行产权过户，进而达到个人持有公共财产的股份，构成贪污罪。

编写人：广西壮族自治区柳州市鱼峰区人民法院　谢剑峰

40

村支书非法占有扶贫资金获重刑

——吴某贪污案

【案件基本信息】

1. 裁判书字号

湖南省张家界市中级人民法院（2019）湘 08 刑终 134 号刑事裁定书

2. 案由：贪污罪

【基本案情】

2014 年 12 月至 2015 年 1 月，被告人吴某利用担任某村村书记、协助乡政府从事行政管理工作的职务便利，虚构工程量、伪造各种单据，骗取扶贫资金和社会捐赠资金共计 17.927 万元。案发后，被告人吴某已向某县监察委退交了全部赃款。

具体事实如下：

1. 2013 年至 2014 年，某村是某发展和改革委员会（以下简称某发改委）的建设扶贫联系村。2014 年，市发改委组织资金为该村实施组道硬化、路灯安装等项目建设。组道硬化项目完工后，2014 年 12 月，吴某持虚假施工合同，以及伪造的项目竣工验收单等资料，分两次从乡财政所报出合计 94.627 万元工程款，在支付了 82.7 万元工程款后，吴某将剩余的 11.927 万元扶贫资金据为己有，全部用于家庭开支。

2. 2014 年 12 月 24 日，被告人吴某以村委会名义打报告向某县公路局申请解决 8 万元公路整修资金，该局领导同意解决 6 万元资金。2015 年 1 月 28 日，县公路局的 6 万元资金拨付到位。之后，吴某伪造一份《某村新修整修公路承包合同》，并持伪造的合同、村乡项目资金报账单、项目竣工验收表以及虚开的建筑业统一发票等资料，在乡政府办理了相关手续，并于 2015 年 2 月 3 日从某乡财政所套出某公路局为该村支持的 6 万元修路资金为个人使用。

【案件焦点】

国家单位向扶贫村拨付的资金是否都属于扶贫资金。

【法院裁判要旨】

湖南省桑植县人民法院经审理认为：被告人吴某担任村支部书记，在协助乡人民政府从事对扶贫、社会捐助资金行政管理工作期间，利用职务上的便利，采取虚增工程量和虚构工程的骗取手段，非法占有对口帮扶资金 11.927 万元，非法占有社会捐赠公益事业资金 6 万元，其行为已构成贪污罪。犯罪事实清楚，证据确定、充分，公诉机关指控的罪名成立。被告人吴某贪污数额为 17.927 万元，该资金属于扶贫和社会捐助资金，应当认定为《中华人民共和国刑法》第三百八十三条第一款规定的“其他严重情节”；被告人吴某归案后能如实供述自己的犯罪事实，可以从轻处罚；被告人吴某积极退赃，认罪认罚，真诚悔罪，可以从轻处罚。被告人的辩护人认为被告人吴某贪污的款项不是国家扶贫资金的辩护意见，因该资金系村扶贫单位筹集的资金，用于村里的扶贫项目（组道硬化），应当认定为扶贫资金，故该辩护意见本院不予支持。根据被告人吴某的犯罪事实、情节及悔罪表现，依照《中华人民共和国刑法》第九十三条第二款、第三百八十二条第一款、第三百八十三条第一款第二项、第二款、第三款、第六十七条第三款、第六十四条、第五十二条、第五十三条，《最高人民法院、最高人民检察院关于办理贪污贿赂刑事案件适用法律若干问题的解释》第一条第二款、第二条、第十九条之规定，判决如下：

一、被告人吴某犯贪污罪，判处有期徒刑三年，并处罚金人民币二十万元；

二、已扣押在案的被告人吴某的赃款人民币179270元，予以没收，上缴国库。

被告人吴某不服一审判决提出上诉。湖南省张家界市中级人民法院经审理认为：上诉人吴某作为某村村书记，在协助履行扶贫、公共基础建设等行政管理工作过程中，将从扶贫责任单位某发改委出资实施的项目中套取的资金119270元及某公路局拨付的公路整修资金60000元占为己有，其行为符合贪污罪的构成要件。上诉人吴某及其辩护人对资金性质及数额提出异议。经查，上诉人吴某报账后，将上述资金存入个人账户用于私人开支的事实有在卷证据予以证明，足以认定。陈家坪村作为某发改委建设扶贫联系村，某发改委为该村的基础设施建设出资，其资金的支出目的是履行扶贫主体责任，资金的用途也是扶贫建设的范围，通过该扶贫项目套取的资金应当认定为扶贫资金。关于公路整修资金，其拨付单位是某公路局，该资金的用途与拨付单位的职责联系紧密，将该资金认定为社会捐助性质在本案中证据并不充分，不认定为特定款物为宜。上诉人吴某贪污金额共计179270元，其中11万余元系扶贫资金性质，依照司法解释的规定属于具有严重情节，依法应当在三年以上十年以下有期徒刑量刑，还需并处二十万元以上犯罪数额二倍以下的罚金或者没收财产，原审法院根据查明的犯罪事实，结合上诉人吴某具体量刑情节，判处吴某有期徒刑三年，并处罚金二十万元，虽在部分资金性质上的认定与本院的观点不符，但考虑到非法占有了扶贫资金及贪污总额接近20万元数额巨大的标准，上述量刑作为起点刑并无不当。故上诉人吴某及其辩护人提出的量刑方面意见不能成立，本院不予采纳。

综上，原判决认定犯罪事实清楚，适用法律正确，量刑适当，审判程序合法。依照《中华人民共和国刑事诉讼法》第二百三十六条第一款第一项之规定，裁定如下：

驳回上诉，维持原判。

【法官后语】

党政机关定点扶贫是新阶段扶贫开发的一项重大举措，对推动贫困地区经济社会的发展有着积极意义。本案中，某发改委作为该村的扶贫责任单位，其出资对该村的基础设施建设出资，履行扶贫主体责任，进行扶贫建设被告人吴某作为协助履行扶贫、公共基础建设等行政管理工作过程中，通过虚构工程量、伪造各种单据，骗取扶贫资金套取某发改委资金，应当认定套取的资金系扶贫资金；某公路局作为公路部门的主管单位，拨付公路整修资金，该资金的用途与拨付单位的职责联系紧密，将该资金认定为社会捐助性质的特定款物确实不妥，不能将普通行政机关的行政职责范围内的行为再赋予其特殊含义。本案中，虽然被告人吴某贪污数额未超过20万元，但因贪污扶贫资金，故根据法律规定，贪污数额在十万元以上不满二十万元，具有贪污救灾、抢险、防汛、优抚、扶贫、移民、救济、防疫、社会捐助等特定款物的情形之一的，依法判处三年以上十年以下有期徒刑，并处罚金或者没收财产。公诉机关在审查量刑时未将该资金的特殊用途纳入考虑范畴，故出现公诉机关的量刑建议与法院的实际判决出现偏差。另外，根据司法解释的规定属于具有严重情节，依法应当在三年以上十年以下有期徒刑量刑，还需并处二十万元以上犯罪数额二倍以下的罚金或者没收财产，故对被告人吴某并处了罚金二十万元。

编写人：湖南省桑植县人民法院　吴杨慧

41

未实际占有型贪污、受贿的认定

——李某烈贪污、受贿案

【案件基本信息】

1. 裁判书字号

山东省滨州市中级人民法院（2020）鲁 16 刑终 73 号刑事裁定书

2. 案由：贪污罪、受贿罪

【基本案情】

一、贪污事实

2011 年 8 月至 2018 年，被告人李某烈在担任某粮食局党组书记、局长、某交通运输局党组书记、局长期间，利用职务便利，多次贪污公款共计人民币 340.310332 万元。具体犯罪事实如下：

1. 2011 年 8 月，被告人李某烈在担任某粮食局党组书记、局长期间，利用职务便利，采用虚假发票入账、报销的手段，非法占有公款 9 万元，其中 5 万元用于支付妻子吕某华在某小区集资购房，4 万元用于家庭日常开支。

2. 2016 年至 2018 年，被告人李某烈在担任某交通运输局党组书记、局长期间，利用职务便利，安排徐某华等人采用虚增工程量的手段，骗取某财政拨付工程资金共计 274.194255 万元，用于其本人或者他人支付个人餐费、购买礼品等费用。

3. 2017 年，被告人李某烈在担任某交通运输局党组书记、局长期间，利用职务便利，通过安排表弟劳某亮施工某路东西段绿化工程，多结算工程款 57.116077 万元，被告人李某烈非法占有，用于个人购房、装修及日常花费。

二、受贿事实

2014 年 9 月至 2018 年 9 月，被告人李某烈在担任某交通运输局党组书记、局长期间，利用职务便利，多次索取或者非法收受他人财物共计人民币 477.5387 万元，为他人谋取利益。具体犯罪事实如下：

1. 2014 年 9 月，被告人李某烈在担任某交通运输局党组书记、局长期间，利用职务便利，为徐某华、姜某军在工程承揽、工程款拨付等方面谋取利益，提出借用徐某华桑塔纳轿车一辆，供儿子李某超无偿使用，使用期限自 2014 年 9 月至 2017 年 3 月。经某价格认证中心认定：2015 年 1 月 1 日至 2016 年 12 月 31 日，涉案车辆租赁使用费为 5.76 万元。

2. 2015 年，被告人李某烈在担任某交通运输局党组书记、局长期间，利用职务便利，为徐某华、姜某军承揽某大道绿化工程提供帮助，2016 年，被告人李某烈向徐某华索要现金 40 万元，用于个人购房、装修、日常花费等。

3. 2016 年，被告人李某烈在担任某交通运输局党组书记、局长期间，利用职务便利，为徐某华、姜某军承揽某物流大道的绿化工程提供帮助，2016 年，被告人李某烈向徐某华索要现金 40 万元，用于个人购房、装修、日常花费等。

4. 2017 年，被告人李某烈在担任某交通运输局党组书记、局长期间，利用职务便利，在工程承揽、工程款拨付等方面为徐某华、姜某军谋取利益，借儿子李某超结婚之机，收受徐某华现金 2 万元、姜某军现金 1 万元。

5. 2018 年 4 月、5 月，被告人李某烈在担任某交通运输局党组书记、局长期间，利用职务便利，在工程承揽、工程款拨付等方面为徐某华、姜某军谋取利益，借儿子李某超生子之机，收受徐某华、姜某军现金 4 万元。

6. 2018 年 8 月 5 日，被告人李某烈在担任某交通运输局党组书记、局长期间，利用职务便利，在工程承揽、工程款拨付等方面为徐某华、姜某军谋取利益，向徐某华、姜某军索要价值 326.5287 万元的某小区××号楼××室房产一处。涉案房产已由徐某华全额交付房款、签订购房合同，目前尚未完工交付使用。

7. 2017 年 4 月 20 日至 4 月 30 日，被告人李某烈在担任某交通运输局党组书记、局长期间，利用职务便利，在承揽工程等方面为杨某银谋取利益，杨某银安排李某烈之子李某超以杨某银经营的某属公司员工名义出国旅游，旅游费用2.25万元由杨某银支付。

8. 2017年9月20日，被告人李某烈在担任某交通运输局党组书记、局长期间，利用职务便利，在工程承揽、工程款拨付等方面为杨某银谋取利益，借儿子李某超结婚之机，收受杨某银现金5万元。

9. 2018年2月，被告人李某烈在担任某交通运输局党组书记、局长期间，利用职务便利，在某大街修路工程款拨付等方面为杨某银谋取利益，收受杨某银现金50万元。

10. 2018年9月10日，被告人李某烈在担任某交通运输局党组书记、局长期间，利用职务便利，在工程承揽、工程款拨付等方面为杨某银谋取利益，借儿子李某超生子之机，收受杨某银现金1万元。

【案件焦点】

1. 未实际占有型贪污、受贿的认定；2. 受贿罪中财产性利益的认定。

【法院裁判要旨】

山东省邹平市人民法院经审理认为：被告人李某烈犯贪污罪，并判处：有期徒刑十一年，并处罚金五十万元；犯受贿罪，判处有期徒刑六年六个月，并处罚金八十万元；决定执行有期徒刑十四年，并处罚金一百三十万元。宣判后，山东省邹平市人民检察院提起抗诉，李某烈提出上诉。

山东省滨州市中级人民法院经审理认为：上诉人李某烈身为国家工作人员，利用职务上的便利，采用虚报手段非法占有公款340.310332万元，其行为构成贪污罪；利用职务上的便利，多次收受或索取他人财物477.5387万元，为他人谋取利益，其行为构成受贿罪。

关于上诉人李某烈及其辩护人提出“贪污第一笔，发生于‘八项规定’之前，是其个人垫付走访所用礼品款后，用假发票报销的款项，申请调取相关发票”的上诉理由和辩护意见，法院认为，李某烈在侦查阶段的供述与张某、毛某华证言以及银行交易明细、凭证、发票等书证相互印证，能够证实李某烈安排张某从财务毛某华处借款 9 万元，由张某分别以 5 万元、4 万元转给李某烈，李某烈将其中 5 万元用于购房、4 万元用于家庭开支，并安排张某用虚假发票入账报销、抽回借条；其间，李某烈使用其妻子信用卡刷卡消费 9 万元购买购物卡，并已开具发票从财务报销。综上，李某烈利用职务之便，使用虚假发票入账报销的手段非法占有公款 9 万元，其行为构成贪污罪；其所称走访费用已从财务报销，与其贪污的 9 万元无关。对该上诉理由和辩护意见不予采纳。

关于上诉人李某烈及其辩护人提出“贪污第二笔，是其与单位其他领导商量后虚增工程用于单位公务支出，不是个人行为；贪污数额应为 160.4 万元，因其对实际虚报数额不知情，虚报后徐某华留存 38 万元、程某春消费 23 万元、田某升消费 25.6 万元以及因虚报工程交纳的税款 27 万余元，应从其个人犯罪数额中扣除，因走访等非个人用途而使用款项时应在量刑时体现从轻”的上诉理由和辩护意见，法院认为，徐某华、姜某军、程某春等证言与李某烈供述、审核报告等相互印证，能够证实李某烈在担任某交通运输局局长期间，指使程某春和在该局承揽工程的徐某华虚增工程量，套取工程款 274 余万元，并直接占有部分款项或安排程某春、田某升为其支付个人餐费、购买礼品等费用。关于贪污数额，李某烈虽未安排套取工程款具体数额，但其直接安排程某春、徐某华套取工程款并利用职务之便审批拨付，其应对套取款项总额承担责任；套取款项拨付后，贪污行为已既遂；其通过徐某华、程某春等人控制使用套取的款项，故其个人未实际使用的款项亦不能从贪污数额中扣除，相关税款亦是贪污行为的犯罪成本，不应从贪污数额中扣除。关于款项去向，其用于支付大额餐费、礼品等均不属于正常的公务开支，且贪污后对款项的处置不影响贪污罪的认定。对该上诉理由和辩护意见不予采纳。

关于上诉人李某烈提出“贪污第三笔，他没有安排虚增工程量，不是非法占有，是审计部门的过失”的上诉理由，法院认为，在案证据能够证实李某烈安排亲戚劳某亮承揽绿化工程、通过徐某华公司走账，并通过虚报工程量，多结算工程款57万余元，归个人所有，其行为构成贪污罪。对该上诉理由不予采纳。

关于上诉人李某烈及其辩护人提出“受贿第一笔，其与徐某华是朋友关系，并非租赁徐某华车辆，涉案车辆并非营运车辆，按租赁费认定受贿数额错误，应不作为犯罪处理”的上诉理由和辩护意见，法院认为，在案证据能够证实吕某华、李某烈、徐某华、姜某军在一起时，吕某华说儿子李某超上班没车开，徐某华提出将其桑塔纳轿车供李某超无偿使用，李某烈亦同意。李某烈时任某交通运输局局长，非法收受并无偿使用工程承揽商徐某华提供的车辆，其行为符合受贿罪的构成要件，根据其使用期间的市场租赁价格认定其受贿数额并无不当。但根据在案证据，李某烈未直接索要，双方之间是行受贿的合意，不能认定该笔系索贿。对该上诉理由和辩护意见不予采纳。

关于上诉人李某烈及其辩护人提出“受贿第二笔、第三笔，80万元是绿化工程的利润，是其哥李全某的合法收入，他因装修临时占用”的上诉理由和辩护意见，经审理认为，在案证据能够证实李某烈利用职务之便为徐某华、姜某军两次承揽绿化工程提供帮助，后联系徐某华在承揽的绿化工程中使用其哥李全某树苗，工程结束，徐某华支付李全某全部树苗款后，李某烈又以两次绿化工程利润名义分别向徐某华索要40万元、40万元。综上，其两次行为均系索贿。对该上诉理由和辩护意见不予采纳。

关于检察机关提出“李某烈索贿326.5287万元房产，因房产由李某烈选定，行贿人徐某华支付全款，双方合意明确，故应认定受贿既遂”的抗诉意见，关于上诉人李某烈提出“受贿第六笔，他不知道房产情况，徐某华没有赠送的意思”的上诉理由及其辩护人提出“受贿第六笔不成立。李某烈同徐某华、姜某军看房的行为，因徐某华未交纳购房款、未签订购房合同，对房屋没有所有权、支配权，行贿人不具备行贿条件、李某烈不具备受贿条件，只能认定为犯意表示，徐某华、姜某军交纳购房款和签订买卖合同是为行贿而做准备的单方行为，后两人没有向李某烈实施行贿行为、李某烈也没有索贿，受贿事实没有发生，更不是受贿既遂”的辩护意见，法院认为，李某烈供述与徐某华、姜某军证言相互印证，证实李某烈提出让徐某华在威海买房时给其买套房子，后李某烈、徐某华、姜某军一起去威海选房，李某烈选中一套期房并确定价格，徐某华当场支付定金，几天后徐某华将剩余房款交齐并按李某烈要求以其名义签订购房合同。李某烈利用职务之便向工程承揽商徐某华索要房屋，并选定房屋，后由徐某华支付房款，故李某烈存在索贿的故意和实行行为；但因该房尚未交付使用，属于犯罪未遂。对抗诉理由、上诉理由和辩护意见不予采纳。

关于检察机关提出“李某烈多次索贿，除索贿价值326.5287万元房产外，还索贿三笔、受贿六笔共计151.01万元，依法应处十年以上有期徒刑，且其案发后拒不退赃、认罪态度差，原审对其受贿罪量刑明显不当、对数罪并罚后决定执行的刑罚亦畸轻”的抗诉意见，关于上诉人李某烈提出“受贿罪中原审量刑及罚金刑均偏重”的上诉理由及其辩护人提出“受贿第一笔、第二笔、第三笔不是受贿，也不是索贿。贪污款项均用于接待走访，受贿均为普通受贿，且未挥霍，不属于情节恶劣；已查封李某烈两套房产，李某烈同意退赔，且二审期间又退赔部分赃款；李某烈到案后如实供述全部犯罪事实，自愿认罪认罚，并在一审中签署认罪认罚具结书，并非认罪态度差、拒不退赃，建议对其从轻处罚”的辩护意见，法院认为，贪污犯罪中，李某烈多次贪污公款共计340余万元。受贿犯罪中，李某烈受贿数额为477余万元（含未遂326余万元），其中索贿三次，依法应处十年以上有期徒刑，并处罚金；有索贿情节，依法从重处罚，但鉴于其中326余万元为犯罪未遂，依法减轻处罚。李某烈归案后如实供述贪污、受贿主要犯罪事实，一审中签署认罪认罚具结书，依法从轻处罚。二审中，李某烈亲属代其退缴违法所得150万元，酌情从轻处罚。综合其基本贪污、受贿犯罪事实和以上情节，原审量刑并无不当。

山东省滨州市中级人民法院依照《中华人民共和国刑事诉讼法》第二百三十六条第一款第一项之规定，裁定如下：

驳回抗诉、上诉，维持原判。

【法官后语】

被告人虚报款项后交由他人管理并为其支付“走访”等费用，是否属于贪污。本案中，李某烈在担任县交通运输局局长期间，指使在该局承揽工程的徐某华虚增工程量，套取工程款274万余元，李某烈从徐某华处直接取走部分款项占有使用，或安排徐某华交给程某春、田某升，由二人为其支付个人餐费、购买礼品等费用。关于贪污数额，李某烈虽未安排套取工程款具体数额，但其直接安排程某春、徐某华套取工程款并利用职务之便审批拨付，对套取款项具有概括的故意和具体的行为，其应对套取款项总额承担责任；套取款项拨付后，贪污行为已既遂，款项虽由徐某华、程某春等人管理，但其具有决定权和支配权，徐某华等人按其安排进行支出使用，可以认定李某烈实际控制套取的款项，尚未实际使用的款项亦不能从贪污数额中扣除。关于款项去向，其用于支付大额餐费、礼品等均不属于正常的公务开支，且贪污后对款项的处置不影响贪污罪的认定。

无偿使用他人车辆时能否将未支付车辆租金认定为受贿。《最高人民法院、最高人民检察院关于办理贪污贿赂刑事案件适用法律若干问题的解释》第十二条规定，贿赂犯罪中的财物包括货币、物品和财产性利益。财产性利益包括可以折算为货币的物质利益，如房屋装修、债务免除等，以及需要支付货币的其他利益，如会员服务、旅游等。贿赂犯罪数额以实际支付或者应当支付的数额计算。本案中，李某烈时任某交通运输局局长，非法收受并无偿使用工程承揽商徐某华提供的车辆，其行为符合受贿罪的构成要件，其所收贿赂为财产性利益，可以根据其使用期间的市场租赁价格认定其受贿数额。

受贿案件中受贿人索取财物尚未实际占有是否构成既遂。本案中，李某烈供述与徐某华、姜某军证言相互印证，证实李某烈提出让徐某华在威海买房时给其买套房子，后李某烈、徐某华、姜某军一起去威海选房，李某烈选中一套期房并确定价格，徐某华当场支付定金，几天后徐某华将剩余房款交齐并按李某烈要求以其名义签订购房合同。李某烈利用职务之便向工程承揽商徐某华索要房屋，并选定房屋，后由徐某华支付房款，李某烈存在索贿的故意和实行行为，构成受贿罪，但因该房尚未交付使用，属于犯罪未遂。

编写人：山东省滨州市中级人民法院　张耀伟

42

国有持股公司法定代表人国家工作人员身份的认定

——和某耀等贪污、挪用公款、行贿案

【案件基本信息】

1. 裁判书字号

云南省丽江市中级人民法院（2019）云07刑终184号刑事裁定书

2. 案由：贪污罪、挪用公款罪、行贿罪

【基本案情】

2004年，被告人和某耀任某物资公司的法定代表人、董事长，其在公司股份为35%，高某河持股25%，另外40%为国有股份，某财政局委托和某耀管理某物资公司国有股份。2006年2月24日，和某耀将高某河所持股份收购后，公司股东为某财政局（占股40%）、和某耀（占股60%）。2010年，某物资公司受委托建设、经营、管理某机动车驾驶人科目二考试中心（以下简称“科目二考试中心”）。其间，被告人和某耀、李某珺利用职务便利，以收入不入账、虚列支出等方式，非法占有公共财物。

2010年6月、2011年12月，经和某耀许可，李某珺安排王某祥以零星工程、绿化工程的名义虚开金额为690859元、946000元的发票两张，并伪造工程结算表，由和某耀、王某祥等人签字后，将市物资公司公款共计人民币1636859元非法占为己有。

【案件焦点】

1. 被告人和某耀是否具有国家工作人员身份；2. 不具有国家工作人员身份的人与国家工作人员勾结共同犯罪中如何定罪。

【法院裁判要旨】

云南省丽江市玉龙纳西族自治县人民法院经审理认为：被告人和某耀利用其担任某物资公司董事长的职务之便，贪污公共财物人民币 393000 元，伙同李某珺共同贪污公共财物人民币 7952600 元，伙同李某珺、王某祥共同贪污公共财物人民币 1636859 元，被告人和某耀、李某珺贪污数额特别巨大，被告人王某祥贪污数额巨大；被告人和某耀、李某珺、王某祥的行为已构成贪污罪。被告人和某耀利用职务上的便利挪用公款人民币 1060511.42 元，伙同李某珺挪用公款人民币 22000000.02 元，情节严重，被告人和某耀、李某珺的行为已构成挪用公款罪。被告人和某耀为谋取不正当利益，伙同李某珺给予国家工作人员财物人民币 1984500 元，情节严重，被告人和某耀、李某珺的行为已构成行贿罪。公诉机关指控被告人和某耀、李某珺犯贪污罪、挪用公款罪、行贿罪，被告人王某祥犯贪污罪事实清楚、证据确实充分，法院予以确认。本案是共同犯罪，在共同犯罪中，被告人和某耀起主要作用，是主犯，应当按照其所参与的全部犯罪进行处罚；被告人李某珺、王某祥起次要作用，是从犯，应当减轻处罚。被告人和某耀、李某珺一人犯数罪，对二人应当数罪并罚。被告人和某耀、李某珺主动交代了监察机关尚未掌握的行贿人民币 1984500 元的犯罪事实，应认定为自首，可以减轻处罚。三被告人到案后如实供述自己罪行，可以从轻处罚。案发后，被告人和某耀、李某珺已全部退还犯罪所得款物，可以酌情从轻处罚。

云南省丽江市玉龙纳西族自治县人民法院依照《中华人民共和国刑法》第三百八十二条、第三百八十三条、第三百八十四条、第三百八十九条、第三百九十条、第二十五条第一款、第二十六条第一、四款、第二十七条、第六十七条第一、三款、第六十九条、第四十七条、第五十二条、第五十三条、第七十二条第一、三款、第七十三条第二、三款、第六十四条之规定，判决如下：

一、被告人和某耀犯贪污罪，判处有期徒刑十年，并处罚金人民币一百万元；犯挪用公款罪，判处有期徒刑五年六个月，并处罚金人民币二十五万元；犯行贿罪，判处有期徒刑四年，并处罚金人民币二十五万元；数罪并罚，决定执行有期徒刑十六年，并处罚金人民币一百五十万元；

二、被告人李某珺犯贪污罪，判处有期徒刑五年，并处罚金人民币三十万元；犯挪用公款罪，判处有期徒刑二年，并处罚金人民币十万元；犯行贿罪，判处有期徒刑二年，并处罚金人民币十万元；数罪并罚，决定执行有期徒刑六年，并处罚金人民币五十万元；

三、被告人王某祥犯贪污罪，判处有期徒刑二年，宣告缓刑，缓刑考验期为三年，并处罚金人民币十万元；

四、涉案扣押赃款 9406111.42 元予以没收。

一审宣判后，三被告人均提起上诉，云南省丽江市中级人民法院经审理认为：上诉人和某耀利用其担任某物资公司董事长的职务之便，贪污公共财物人民币 393000 元，伙同上诉人李某珺共同贪污公共财物人民币 7952600 元，伙同上诉人李某珺、王某祥共同贪污公共财物人民币 1636859 元，上诉人和某耀、李某珺贪污数额特别巨大，上诉人王某祥贪污数额巨大，上诉人和某耀、李某珺、王某祥的行为均构成贪污罪。上诉人和某耀、李某珺主动交代了监察机关尚未掌握的二人共同贪污某物资公司位于某土地及土地被拆迁的补偿款物共计价值 7205000 元的犯罪事实，依法认定为具有坦白情节，可以从轻处罚。上诉人王某祥在办案机关询问期间主动交代两次帮助和某耀、李某珺开具虚假发票贪污 163 万元的犯罪事实，依法认定为具有坦白情节，可以从轻处罚。在共同犯罪中，上诉人和某耀起主要作用，是主犯，应当按照其所参与的全部犯罪进行处罚，上诉人李某珺起次要作用，是从犯，应当从轻或减轻处罚，上诉人王某祥起辅助或帮助作用，且未分得赃款，是从犯，应当从轻或减轻处罚。上诉人和某耀利用职务上的便利挪用公款人民币 1060511.42 元，伙同上诉人李某珺挪用公款人民币 22000000.02 元，情节严重，上诉人和某耀、李某珺的行为均构成挪用公款罪。在共同犯罪中，上诉人和某耀起主要作用，系主犯，应当按照其所参与的全部犯罪进行处罚，上诉人李某珺起次要作用，系从犯，应当从轻或减轻处罚。上诉人和某耀为谋取不正当利益，伙同上诉人李某珺给予国家工作人员财物人民币 1984500 元，情节严重，上诉人和某耀、李某珺的行为均构成行贿罪。在共同犯罪中，上诉人和某耀起主要作用，系主犯，应当按照其所参与的全部犯罪进行处罚，上诉人李某珺起次要作用，系从犯，应当从轻或减轻处罚。上诉人和某耀、李某珺一人犯数罪，对二人应当数罪并罚。上诉人和某耀、李某珺主动交代了监察机关尚未掌握的行贿犯罪事实，应当认定为自首，可以从轻或减轻处罚。三上诉人到案后如实供述自己罪行，可以从轻处罚。案发后，上诉人和某耀、李某珺已退还贪污、挪用的款物，可以酌情从轻处罚。

云南省丽江市中级人民依照《中华人民共和国刑事诉讼法》第二百三十六条第一款一项、第二百四十条之规定，裁定：

驳回上诉，维持原判。

【法官后语】

本案中，被告人和某耀是否具有国家工作人员身份是一个核心问题，影响到本案的定性及量刑。根据《最高人民法院、最高人民检察院关于办理国家出资企业中职务犯罪案件具体应用法律若干问题的意见》关于国家出资企业中国家工作人员的认定，经国家机关、国有公司、企业、事业单位提名、推荐、任命、批准等，在国有控股、参股公司及其分支机构中从事公务的人员，应当认定为国家工作人员，具体的任命机构和程序，不影响国家工作人员的认定。被告人及其辩护人辩称没有和某耀的任命手续，授权委托经营管理的批复和通知不符合相关规定而没有效力。经查，2004 年 6 月，某物资公司改制，被告人和某耀任法定代表人、董事长，其在公司股份为 35%（股本为 1109185 元），高某河持股 25%（股本为 792275 元），另外 40%为国有股份（股本 1267640 元），总注册资本为 3169100 元，公司改制后某财政局授权委托和某耀管理某物资公司国有股份，并担任国有股权代表行使职权。2006 年 2 月 24 日，和某耀将高某河所持股份收购后，公司股东为某财政局（占股 40%）、和某耀（占股 60%）。2010 年 11 月 18 日，某交警支队法定代表人李某林与某物资有限公司法定代表人和某耀签订《机动车驾驶员考试中心建设合作协议书》，委托某物资公司建设科目二考试中心，并协议约定在项目建成后，某物资公司在某交警支队领导下负责科目二考试中心的经营、管理和维护。科目二考试中心是政府项目，建设主体单位是某交警支队，李某林代表某交警支队将该项目委托给某物资公司

（法定代表人和某耀）建设和管理，有授权委托和某耀经营管理某物资公司的相关文件，且和某耀实际进行经营管理，故本案被告人和某耀的身份应依法认定为国家工作人员。

本案中，上诉人和某耀利用其担任某物资公司董事长的职务之便，个人单独贪污公共财物人民币393000元，上诉人和某耀伙同李某珺共同贪污公共财物人民币7952600元，上诉人和某耀伙同李某珺、王某祥共同贪污公共财物人民币1636859元，根据《最高人民法院关于审理贪污、职务侵占案件如何认定共同犯罪几个问题的解释》第一条的规定，行为人与国家工作人员勾结，利用国家工作人员的职务便利，共同侵吞、窃取、骗取或者以其他手段非法占有公共财物的，以贪污罪共犯论处。根据第三条的规定，公司、企业或者其他单位中，不具有国家工作人员身份的人与国家工作人员勾结，分别利用各自职务便利，共同将本单位财物非法占为己有的，按照主犯的犯罪性质定罪。本案中，李某珺、王某祥与和某耀利用和某耀管理、经营公共财产的职务便利或分别利用各自的职务便利，共同侵吞公共财物，在共同犯罪中，和某耀起主要作用，系主犯，故对李某珺、王某祥应以贪污罪的共犯论处。

编写人：云南省丽江市中级人民法院　李永

43

职务犯罪中留置时间的认定以及追缴退赔的适用

——赵某奎受贿案

【案件基本信息】

1. 裁判书字号

天津市第三中级人民法院（2019）津03刑初2号刑事判决书

2. 案由：受贿罪

【基本案情】

2003年至2018年，赵某奎利用担任某埠总经理、某集团党委委员、副总裁、某港区管委会副主任等职务上的便利，为他人在承揽工程、业务开展、款项结算、延期清空等事项提供帮助，或基于上下级等关系，非法收受宋某某等十三人财物，共计折合人民币5590631.99元。2018年10月15日，监察机关对赵某奎立案调查，2018年10月16日将赵某奎带至天津市水上惩防教育基地，2018年10月18日向赵某奎宣布立案及留置决定。赵某奎如实供述了办案机关已掌握的受贿事实，主动交代了办案机关尚未掌握的受贿事实，赵某奎家属退回款项及办案机关查获款物均被依法查封、扣押。

【案件焦点】

1. 职务犯罪中的留置时间应当如何认定；2. 职务犯罪中的追缴退赔应当如何适用。

【法院裁判要旨】

天津市第三中级人民法院经审理认为：被告人赵某奎身为国家工作人员，利用职务上的便利，非法收受他人财物，为他人谋取利益，依照法律规定，其行为已构成受贿罪，且数额特别巨大，应依法予以处罚。公诉机关指控赵某奎犯罪的事实清楚，证据确实充分，罪名成立，予以确认；对于本案的涉案数额、留置时间等情节，依照查明的情况予以调整。鉴于赵某奎到案后如实供述自己的罪行，真诚悔罪、积极退赃，且自愿认罪认罚，予以从轻处罚。公诉机关对本案量刑情节均予充分考虑，所提量刑建议适当，赵某奎亦书面认可，予以采纳。辩护人所提辩护意见，合理部分予以采纳，不合理部分不予支持。依照《中华人民共和国刑法》第一百六十三条第三款、第三百八十五条第一款、第三百八十三条第一款第三项、第二款、第三款、第三百八十六条、第四十七条、第六十四条、第九十三条，《中华人民共和国监察法》第四十四条第三款，《中华人民共和国刑事诉讼法》第十五条、第二百四十五条第三款，《最高人民法院、最高人民检察院关于办理贪污贿赂刑事案件适用法律若干问题的解释》第三条第一款、

第十三条、第十八条、第十九条第一款，《最高人民法院关于刑事裁判涉财产部分执行的若干规定》第十条第一款、第十一条之规定，作出如下判决：

一、被告人赵某奎犯受贿罪，判处有期徒刑十年，并处罚金人民币六十万元；

二、查封、扣押财物及其孳息均依法处理。

宣判后，被告人赵某奎未提出上诉，天津市人民检察院亦未提出抗诉，判决已经发生法律效力。

【法官后语】

一、职务犯罪中的留置时间应当如何认定

根据《中华人民共和国监察法》第四十四条第三款的规定，被留置人员涉嫌犯罪移送司法机关后，被依法判处管制、拘役和有期徒刑的，留置一日折抵管制二日，折抵拘役、有期徒刑一日。据此，留置时间的认定涉及刑期折抵，对于维护被告人的合法权益影响重大。一般来说，留置决定书上的宣布时间虽然可以作为认定留置时间的重要依据，考虑到司法实践中的复杂性，不宜将宣布时间作为认定留置时间的唯一依据，对于确有相反证据证明，被告人在留置决定书宣布前已经处于留置状态的，可以根据在案证据据实认定留置时间。

本案中，案件来源、立案决定书及到案经过能够证明，2018 年 9 月，监察机关对巡视发现和信访反映的赵某奎涉嫌违纪违法问题线索进行初步核实。其间，发现赵某奎与宋某某关系密切，存在不正当经济往来。2018 年 10 月 12 日，宋某某在询问谈话中向市纪委监委交代，在与赵某奎交往过程中，为感谢赵某奎在承揽工程等方面提供的帮助送给赵某奎钱款，涉嫌职务犯罪。2018 年 10 月 15 日，监察机关决定对赵某奎立案并采取留置措施。10 月 16 日上午，监察机关相关处室赴某集团将赵某奎带至天津市水上惩防教育基地，就宋某某送给其钱款的问题线索进行谈话核实。按规定，留置基地未接到有关函件前，赵某奎无法进入留置区域，因此由监察机关干部自行看护并与其谈话核实相关问题。10 月 17 日 21 时，待有关函件到基地后，监察机关于当晚 21 时 17 分将赵某奎送至某惩防教育基地执行留置措施，并于 10 月 18 日（24 小时内）向赵某奎宣布立案及留置决定。其后，监察机关出具的起诉意见书认定采取留置措施的时间为 10 月 16 日。

对于本案的留置时间，起诉书按照留置决定书显示的时间认定为10月18日，生效判决则综合考虑了全案证据以后，据实认定为10月16日，理由如下：

一是将留置时间认定为10月18日，不符合存疑有利于被告人的认证原则。本案中，留置决定书显示的时间为10月18日，起诉意见书认定10月16日采取留置措施，两份同为监察委员会出具的公文书证出现矛盾，根据起诉意见书的意见认定留置日期，在刑期折抵方面体现了有利于被告人的认证原则。

二是10月16日对赵某奎采取留置措施系监察机关在慎重考虑后作出的。起诉意见书的出具时间晚于留置决定、到案经过，系监察机关在调查终结后作出的认定意见，结合监察委员会出具的到案经过等材料，本案在宣布留置决定方面存在程序瑕疵之虞。同时，公诉人亦介绍，经其向监察机关了解，监察机关在出具起诉意见书时，考虑到如将留置时间认定为10月18日，此前两天对赵某奎实际控制缺乏法律依据，故认定10月16日采取留置措施。经建议补查，监察机关的相关处室虽对留置情况作了进一步说明，但均未以监察机关的名义对起诉意见书载明的10月16日作出更正，故不宜仅以相关处室的说明改变起诉意见书的认定意见。

三是将留置时间认定为10月16日有利于判后移送执行。研究本案时，对赵某奎从10月16日折抵刑期意见一致，但对是否依据起诉意见书调整留置时间存在不同意见，有意见认为，可以按起诉书认定留置时间为10月18日，折抵刑期时按10月16日折抵刑期。经通过看守所征求监狱部门的意见，监狱方面表示，如判决认定的留置时间与折抵刑期时间不一致，移送执行时将不予接收。

综上，生效判决对于留置时间认定是合乎客观实际的，能够接受时间的检验。

二、职务犯罪中的追缴退赔应当怎样适用

根据《最高人民法院、最高人民检察院关于办理贪污贿赂刑事案件适用法律若干问题的解释》第十八条的规定，贪污贿赂犯罪分子违法所得的一切财物，应当依照刑法第六十四条的规定予以追缴或者责令退赔，对被害人的合法财产应当及时返还。对尚未追缴到案或者尚未足额退赔的违法所得，应当继续追缴或者责令退赔。对于追缴、退赔的理解，根据《全国法院维护农村稳定刑事审判工作座谈会纪要》的规定，如赃款赃物尚在的，应一律追缴；已被用掉、毁坏或挥霍的，应责令退赔，在职务犯罪案件的审理中，上述规定仍应适用，即对于发现的赃款赃物，应当依法追缴到案进行处理。

本案中，起诉书指控，赵某奎利用职务便利，收受甲公司董事谭某某为其制作红木家具，后为逃避查处，赵某奎将上述涉案家具退还谭某某。但是，涉案红木家具并未在案，卷内也没有追查涉案家具的证据。考虑到案件审判需要，人民法院建议公诉机关联系监察机关就涉案家具的下落补充调查或者自行补充侦查。其后，公诉机关补充调取了涉案家具已查封在案的证据，人民法院依法判决涉案家具予以没收，上缴国库。

编写人：天津市第三中级人民法院　田虎

44

受贿罪中事先约定“随要随取”行为构成受贿

——吴某权受贿案

【案件基本信息】

1. 裁判书字号

安徽省利辛县人民法院（2019）皖1623刑初137号刑事判决书[①]

2. 案由：受贿罪

【基本案情】

2002年至2018年，被告人吴某权在担任某外贸局副局长、市委组织部副部长、市人事局局长、某区政府区长及某市政府秘书长等职务期间，利用职务

---

① 《利辛县人民法院、吴某权罚金执行实施类执行裁定书》，载裁判文书网，https://wenshu.court.gov.cn/website/wenshu/181107ANFZ0BXSK4/index.html? docId=1b1673f09e4548e3bdd8ad4c003d019e，2022年1月14日访问。

上的便利，在项目招标、土地招拍挂、优惠政策落实、工程款拨付、人事安排等事项上为他人谋取利益；利用其职权或地位形成的便利条件，通过其他国家工作人员职务上的行为，为他人谋取不正当利益。具体有：

1. 被告人吴某权分别于 2011 年 9 月，2012 年 6 月、7 月，利用其担任某区区长的便利，接受章某的请托，为建筑商吴某工程中标、工程款拨付提供帮助使吴某及时收到某工程款。吴某按事前约定，将送给吴某权的人民币 50 万元、人民币 400 万元转账至章某银行账户，吴某权得知后，委托章某代其保管至案发。

2. 2010 年至 2012 年，被告人吴某权利用其担任某区区长的便利，为甲公司“甲环球医药城”项目落户某区工业园以及土地出让金返还等方面提供帮助。在项目推进过程中，吴某权向甲公司股东周某提议预留好处费。后甲公司决定拿出 700 万元作为吴某权的好处费。2013 年下半年，周某告知吴某权，700 万好处费已经到位。吴某权表示，钱暂存周某处，随用随取。

3. 2010 年至 2015 年，被告人吴某权利用其担任某区区长的便利，为张某注册的某置公司、某地公司和某莎公司在协调财政资金代缴土地出让金、从某建投公司借款、协调小商品市场整体搬迁等方面提供帮助。2014 年下半年，某小商品市场搬迁到某商贸城后，张某为表示感谢和希望继续得到吴某权的帮助，向吴某权许诺送其 1000 万元好处费，随要随取。吴某权默许。2016 年下半年，张某在吴某权办公室向其表示，欲在北京为其购买商品房一套，吴某权表示过段时间再说。2017 年上半年的一天，张某在某市政府南门再次向吴某权表示欲在北京为其购买商品房。吴某权表示，因举报他的材料不断，等退休以后再予以收受。直至 2018 年案发。

【案件焦点】

受贿罪中，受贿方未直接收受贿款，事先约定将受贿款暂存行贿人处或者第三人处，随用随取的行为如何认定。

【法院裁判要旨】

安徽省利辛县人民法院经审理认为：吴某权受章某请托，为吴某中标工程、结算工程款等提供帮助后，吴某按照事先约定，将450万元转入章某账户，由章某暂时为吴某权保管。该450万元钱款已脱离行贿人吴某控制，置于第三人章某控制之下，鉴于章某依然有求于吴某权，章某无将该款据为己有的可能，吴某权对该钱款系随时支取的状态，虽然吴某权没有实际支取该钱款，但对受贿罪保护的法益已造成实际侵害。在甲公司项目推进过程中，吴某权向甲公司股东提议预留好处费，后甲公司为其预留了700万元好处费，且该700万元已经独立于甲公司账户存于周某账下，在案书证足以证实周某具备兑现700万元的能力，吴某权对该700万元处于随用随取的状态，后吴某权安排吴某从周某处索要200万元，吴某权虽然没有实际收取余下的500万元，亦应将该500万元计算入受贿数额。吴某权利用职务便利为甲公司及张某谋取了利益，双方约定的贿赂价值370.536万元房产一套及现金1000万元均较为明确，且具备兑现的可能。事后甲公司和张某亦多次向吴某权表示兑现贿赂，双方不仅达成了行受贿的犯罪合意，且吴某权已为请托人谋取了利益，吴某权的行为已经对受贿罪保护的法益造成了紧迫的危险，因吴某权意志以外的原因而没有完成收受贿赂。故该两起指控不属于犯意流露，应认定为犯罪未遂。

安徽省利辛县人民法院依照《中华人民共和国刑法》第三百八十五条第一款、第三百八十六条、第三百八十八条、第三百八十三条第一款、第二款、第三款、第六十七条第三款、第六十四条及《最高人民法院、最高人民检察院关于办理贪污贿赂刑事案件适用法律若干问题的解释》第三条第一款、第十三条、第十五条、第十八条、第十九条第一款，《中华人民共和国刑事诉讼法》第十五条、第二百零一条之规定，作出如下判决：

一、被告人吴某权犯受贿罪，判处有期徒刑十二年，并处罚金人民币二百二十万元；

二、涉案的赃款予以追缴，上缴国库。

【法官后语】

本案焦点在于受贿方未直接收取受贿财物，事先约定将受贿财物暂存行贿人或者第三人处，随用随取的行为能否以受贿罪认定。

一种观点认为，涉案钱款已脱离行贿人控制，置于第三人控制之下，由于行贿人以及第三人依然有求于吴某权，章某、周某无意将其据为己有，吴某权对该钱款有完全的支配力，处于随时支取的状态。虽然吴某权没有实际支取该钱款，但对受贿罪保护的法益已造成实际侵害。

另一种观点认为，财物并未被受贿人吴某权直接支配，没有现实的紧迫性，该行为属于“约定受贿”，仅系犯意流露，不应认定为受贿。

首先，约定受贿是指国家工作人员利用职务上的便利为请托人谋取利益，约定收受或索取财物，但至案发并未实际占有相关财物的情形。约定受贿不是一种法定的受贿类型，但实践中却大量存在。根据《最高人民法院、最高人民检察院关于办理受贿刑事案件适用法律若干问题的意见》的规定，国家工作人员利用职务上的便利为请托人谋取利益之前或者之后，约定在其离职后收受请托人财物，并在离职后收受的，以受贿论处。可见，国家工作人员在职时约定受贿财物暂存于行贿人或第三人处，随用随取的也应当被认定为受贿行为。

其次，约定受贿人对行贿人保管的财物具有足够控制力的，成立受贿罪。在约定受贿中，受贿人为规避法律制裁，与行贿人商定不直接交付财物，而是由行贿人或者第三人进行保管，待受贿人需要时再获取财物。此时，可以从行受贿双方的关系以及财物所处的状态两个方面来分析。本案中，第一，行贿人吴某、周某对吴某权有事相求，约定将受贿财物暂存于行贿人周某以及第三人章某处，故周某、章某没有将受贿款据为己有的可能。虽然吴某权未直接保管、掌握受贿财物，但在事实上其已经对受贿财物达到了随用随取的支配状态，对行贿人和第三人保管的财物具有实际的控制力，对受贿罪保护的法益已造成实际侵害。第二，本案受贿财物虽然由第三人单独保管，吴某权取得财物需要借助行贿人以及第三人的帮助才能实现。但结合整个案件，被告人吴某权与行贿人和第三人约定受贿财物随用随取，吴某权取得财物的程度容易，实际上财物已经处于吴某权的实际控制之下。因此，吴某权成立受贿罪。至于吴某权利用职务便利为甲公司及张某谋取了利益，双方约定的贿赂价值370.536万元房产一套及现金1000万元的事实，双方不仅达成了行受贿的犯罪合意，且吴某权已为请托人谋取了利益，吴某权的行为已经对受贿罪保护的法益造成了紧迫的危险。因吴某权意志以外的原因而没有完成收受贿赂，并不属于犯意流露，应认定为犯罪未遂。

最后，受贿罪的构成要件主要包含“为他人谋取利益”和“收受财物”两个方面，且通常以是否收受了财物作为判断受贿罪成立的标准。本案中，吴某权利用其担任某区区长的便利，为行贿人谋取不正当利益，并在之后与行贿人和第三人约定受贿财物由行贿人周某、张某以及第三人章某代为保管，吴某权需要时随用随取。吴某权明知其收受的财物为请托人给予，在主观上也意识到这是其在某区任职期间为请托人谋取利益后以明示或者默示方式约定的不当回报，其收受财物行为与职务行为具有必然联系。

作为国家工作人员的吴某权，利用职务上的便利非法收受他人财物，并为他人谋取利益，侵害了国家机关正常管理秩序和公职人员职务行为廉洁性的法益，应以受贿罪追究其刑事责任。

编写人：最高人民法院司法案例研究院和湖南大学
法治人才培养项目实习生　张礼娜

45

房产交易型受贿中“明显低于市场价格”的认定及犯罪收益追缴原则

——王某受贿案

【案件基本信息】

1. 裁判书字号

北京市高级人民法院（2020）京刑终85号刑事裁定书

2. 案由：受贿罪

【基本案情】

某技术公司系国有独资公司。实业中心为事业单位。某技术公司与实业中心系两块牌子、一套班子。

2002 年至 2013 年，被告人王某利用担任实业中心党组书记、主任，某技术公司主任的职务便利，在实业中心、某技术公司与某强公司合作开发某项目过程中，为某强公司在项目合作上谋取利益，并于 2010 年 9 月为其亲属以明显低于市场价格从某强公司购买商品房一套，其所购房屋支付的价格与交易时的市场价格差额为人民币 368.8496 万元。

2019 年 8 月 15 日，王某家属退缴人民币 450.2696 万元。

【案件焦点】

王某购买涉案房产的价格是否属于明显低于市场价格，以及犯罪收益是否追缴、如何追缴。

【法院裁判要旨】

北京市第三中级人民法院经审理认为：王某家人从某强公司所购涉案房产的价格属于明显低于市场价格，某强公司为维护合作关系、推进项目发展而给予项目合作方负责人王某以优惠，王某对此应当明知，可以认定王某在项目合作中为某强公司谋取利益。被告人王某作为国家工作人员，利用职务上的便利，为某强公司谋取利益，以明显低于市场的价格从某强公司购买房屋，其行为已构成受贿罪，且数额特别巨大，依法应予惩处。故判决如下：

一、被告人王某犯受贿罪，判处有期徒刑十年六个月，并处罚金人民币六十万元；

二、扣押在案的人民币四百五十万二千六百九十六元中的三百六十八万八千四百九十六元作为被告人王某受贿犯罪所得予以没收，上缴国库；

三、查封在案的刘某名下房产予以变卖，变价款按被告人王某受贿犯罪所得人民币三百六十八万八千四百九十六元所占购房款比例，作为犯罪收益予以没收，上缴国库（含扣押在案的人民币四百五十万二千六百九十六元中剩余的人民币八十一万四千二百元）；变价款中的人民币六十万元用于执行罚金，剩余款项发还被告人王某家属。

被告人王某提出上诉，上诉理由为涉案房屋系其父母购买；涉案房屋并不明显低于市场价格；房屋优惠针对其妹妹王某，并非针对其本人；某强公司并未向其请托，其并未为某强公司谋取利益；一审判决将涉案房产变卖，严重损害了房屋所有权人的利益。请求法院依法改判。王某的辩护人的辩护意见是：在案证据无法排除张某确定低价卖房不是针对王某的合理怀疑；涉案房产并不明显低于市场价格，价格优惠并非针对特定人，价格认定结论书明显不合理，犯罪金额的认定违反法律规定；王某并未利用职务便利收受贿赂，其主观上没有受贿故意，开发票并非请托事项；一审判决将查封在案的刘某名下房产予以变卖，严重损害房屋所有权人的利益。故请求撤销一审判决，改判王某无罪。

北京市高级人民法院同意一审法院裁判意见，故裁定：

驳回上诉，维持原判。

【法官后语】

在房屋买卖过程中，开发商存在以优惠、打折等促销手段销售房产的情况，国家工作人员作为消费者时同样可以“砍价”，以折扣价格购买房产。但是，如果国家工作人员以手中的公权力换取优惠，以明显低于市场的价格向请托人购买房屋，即以民事交易行为掩盖权钱交易之实，则应根据《最高人民法院、最高人民检察院关于办理受贿刑事案件适用法律若干问题的意见》（以下简称《受贿意见》）的规定，以受贿罪论处。本文将该情形概称为房产交易型受贿。

本案的核心争议焦点在于被告人王某购买涉案房产的价格是否属于明显低于市场价格，以及犯罪收益是否追缴、如何追缴。

一、涉案房产是否属于明显低于市场价格

交易的核心在于价格，区分国家工作人员以优惠价格购房与以交易形式收受贿赂，需回归对交易价格的认定和判断。本案涉案房产的前一任业主未按照约定支付房款，涉案公司通过民事诉讼追回涉案房产，但未对外公开销售，而是以低价出售给被告人王某。对此，主要存在以下两种观点：

第一种观点认为，涉案房产系一手房尾房，具有瑕疵，属于开发商合理让利销售，且被告人王某亲属在涉案公司任职，能够以员工身份获得折扣，王某在价格确定中不起关键作用，故被告人购买涉案房产价格不属于明显低于市场价格。

第二种观点认为，涉案房产价格远低于市场价格，且该价格专门针对被告人设定，并非普遍市场规则，不符合员工内部购房流程及对应折扣，不属于正常优惠。

笔者同意第二种观点。房产价格是否明显低于市场价格，应从房产价格及优惠幅度是否事先设定、是否不针对特定人、是否与市场价格差价悬殊等方面进行综合考量。

第一，涉案房产价格及优惠幅度并非事先设定。所谓事先设定，即房产价格、优惠幅度由经营者预先设定，并按照事先设定的程序进行销售、结算。本案中，涉案公司以诉讼途径追回房产后未重新设定销售价格，而是请示公司领导张某后临时确定销售给王某的价格，其价格的制定并未遵循普遍的市场规则。

第二，涉案房产价格及优惠幅度系针对特定人作出。其一，正常的优惠价格应不针对特定人，即能够以优惠条件购买房产的人系不特定多数人，所有愿意支付对价的人均可参与优惠购买房产。本案中，涉案房屋未向市场公开发售，不特定人无法知晓房源情况，亦没有以极低折扣购买涉案房产的可能性。其二，涉案房产的价格并非针对内部员工作出。涉案公司内部员工购房有明确的审批流程和规则，公司根据员工不同的职级、服务年资、工作表现等因素计算对应的折扣，签订合同时亦要求业主名单中包括员工本人。而涉案房产购买时，并未经过员工内部购房流程，不符合员工折扣标准，不满足员工联名购买要求，显非针对内部员工的合理折扣。其三，在案证人证言证实，被告人王某主动提出购房需求时双方处于项目合作尾期，被告人所在单位迟迟未给涉案公司开具发票，涉案公司以维护关系、推进开具发票进展的目的，针对王某制定了涉案房屋的价格，价格具有明显的特定性、针对性。

第三，作为比照标准的市场价格客观合理。市场价格的认定是判断行为是否构成房产交易型受贿犯罪的基础。由于房产市场具有波动性，房产价值受多重因素影响，市场价格存在开盘价、开发商报价、市场评估价等多种不同的计算方法。本案中，辩护人认为涉案公司以高于开盘价15%的价格对外销售即合理，并未低于公司底价，且涉案房产涉及诉讼，存在瑕疵。笔者认为，涉案房产所在楼盘在2005年至2006年已完成销售工作，被告人在2010年购房，距离开盘已有相当长的一段时间，开盘价仅具有一定参考价值，而不具有决定性影响。如果以开盘价为基准，不能准确反映交易时点的市场价格，势必与真实的市场价格存在较大偏差。而办案机关委托北京市价格认证中心采用市场法，在求取一宗房地产的价格时，根据替代原则，将待认定房地产与较近时期内已经发生交易的类似房地产实例加以比较对照，并根据后者已知的价格，参照该房地产的交易情况、交易日期、房地产状况（包括区位状况、实物状况、权益状况）等差别，修正得出价格认定标的于基准日时点的市场价值。可见，价格认定机构在市场规律自然调节所形成的合理价格区间内，结合交易时间点的相关情况作出认定结论，可以作为判断涉案房产实际价值的证据。鉴于房产市场没有完全一致的参考对象，公诉机关以价格认定结论书为基础，结合与涉案房产处于同栋楼、同小区房产的交易价格，同时考虑到王某亲属在涉案公司任职的客观事实，以有利于被告人的原则，将员工内部优惠折扣从价格认定结论确定的涉案房产市场价值中扣减，所得出的修正价格可以采信。此外，对于辩护人所提房屋质量、房屋涉及诉讼等影响房屋价值的辩护意见，经查，价格认定中心经实地勘验未载明涉案房屋有质量缺陷；证人亦证实系被告人从公司提供的五六套房产中主动选择涉案房产；涉案房产虽系诉讼途径追回，但并无产权纠纷或其他民事诉讼，故辩护人所提辩护意见无证据支持。综上，本案市场价格的认定以价格认定机构的认定结论为基础，综合考虑影响涉案房产价格认定的因素进行修正，具有合理性。

第四，涉案房产价格与市场价格差距悬殊。根据《受贿意见》的规定，房产交易型受贿中，受贿人支付交易价格应“明显”低于市场价格，而无明确的比例、数额要求，为司法实践留下判断的空间。笔者认为，在房产交易型受贿中，请托人提供房产的对价包括受贿人支付的部分房款和受贿人手中的公权力，对是否明显低价的判断即判断房产价值与支付价格是否存在价值上的不对等性。本案中，被告人王某支付价格为257.7304万元，与价格认定结论书认定的价格相比相当于三六折，与公诉机关修正后的价格相比相当于四折，显然支付价格与房屋本身价值不对等，二者差距悬殊，可以认定为明显低于市场价格。

二、房产交易型受贿的犯罪收益追缴

房产交易型受贿区别于传统受贿的特征在于受贿人可能以合法财产支付部分对价。对于房产交易型受贿所产生的收益是否追缴、如何追缴问题，在实践操作中存在一定难度。

第一种观点认为，交易型受贿的犯罪行为直接指向实际支付价格与市场价格之间的差额，对房产增值收益仅具有模糊预期，难以证明受贿人存在犯罪故意，且受贿人购买涉案房产支付了合法财产，房产增值收益不属于犯罪收益。

第二种观点认为，交易型受贿所指向的价格差额与房产增值收益之间具有因果关系，价格差额所占购房款比例所对应的增值收益属于犯罪收益的范围，应当予以追缴。

笔者同意第二种观点，即追缴对应比例的房产增值收益，作为犯罪收益予以没收。

第一，追缴违法犯罪所得不局限于犯罪行为所指向的价格差额，而包括与价格差额具有因果关系的增值利益。根据任何人不能因犯罪行为获益的刑法理论。刑法第六十四条及《最高人民法院、最高人民检察院关于办理贪污贿赂刑事案件适用法律若干问题的解释》第十八条亦规定，对于犯罪分子违法所得的一切财物，应当予以追缴或者责令退赔。房产价值具有跟随市场波动的特点，犯罪所得（价格差额）作为房产价值的一部分，亦会产生对应的增值收益，该部分增值收益与犯罪所得具有因果关系，系犯罪所得产生的孳息，被告人对该部分收益具有概括的故意，应当予以追缴。

第二，追缴犯罪收益应以差额房款所占比例为限。房产交易型受贿中，受贿人以合法财产实际支付的价格亦属于房产的部分对价，亦会跟随市场变化产生增值收益，对该部分增值收益则不能评价为犯罪所得的衍生品，即在执行处置阶段，对于合法财产份额对应的增值收益和违法所得对应的增值收益应予以区分，追缴违法所得收益数额应为房屋增值数额乘以受贿数额在交易时市场价格中所占比例。

基于上述考虑，法院认为被告人王某利用职务便利，为请托公司谋取利益，以明显低于市场的价格向请托公司购买涉案房产，已构成房产交易型受贿，故作出上述判决。

编写人：北京市第三中级人民法院 刘泽 孙森森

46

受贿案中没收违法所得程序中证据裁判标准确定

——王某鹤受贿案

【案件基本信息】

1. 裁判书字号

江苏省高级人民法院（2019）苏刑终 329 号刑事裁定书

2. 案由：受贿罪

【基本案情】

1. 受贿犯罪事实

被告人王某鹤利用担任某国土资源局局长的职务便利，于 2003 年至 2005 年，为某山公司、某镇政府、钱某、王某明等单位或个人谋取利益，先后收受上述单位或个人贿赂的钱款共计 103.811 万元，某小区联排别墅一套，价值

113.4287万元，某商城商铺四套，价值83.774万元，共计301.0137万元。

2. 申请没收财产情况

被告人王某鹤犯受贿罪，并于2017年7月4日因病死亡，其收受现金、房产等财物价值共计301.0137万元（其中现金15.811万元已于案发前退交相关部门）的事实清楚，证据确实充分。案发后，检察机关依法扣押了被告人王某鹤次女婿王某3代为退缴的现金60万元，查封王某鹤收受的某商城商铺四套（购房人分别为王某鹤女儿王某1、王某2）、某小区1号房产（登记在长女婿李某名下）。应当依法予以没收现金60万元、某商城商铺四套、某小区别墅的购房款238.48万元及房屋增值部分所对应的收益。

利害关系人钱某等五人提出：（1）关于没收违法所得申请书中涉及的收受某商城商铺、某小区别墅受贿事实，现有证据无法证实被告人王某鹤的行为构成受贿罪，故上述房产均不属于王某鹤的违法所得。（2）利害关系人王某3于2014年8月13日代王某鹤向检察机关退缴的60万元，系王某3个人合法财产，不应予以没收。

【案件焦点】

1. 在没收违法所得程序中，被告人家属代为退赃的钱款，能否作为违法所得予以没收；2. 在刑事普通程序中，指控的犯罪事实因证据不足不认定犯罪，在没收违法所得程序中，该部分涉案财产能否作为违法所得予以没收。

【法院裁判要旨】

江苏省无锡市中级人民法院经审理认为：

1. 申请没收的财产中，有位于某小区房产一套，被告人王某鹤的长女婿李某支付购房款313.568万元，其中238.48万元系王某鹤出售某小区别墅的售房款，而某小区系王某鹤收受贾某清（已判刑）的贿赂，占某小区房产购房款比例的76.05%。故该238.48万元购房款及增值部分系王某鹤的违法所得，应予没收。

2. 申请没收的财产中，有位于某商城商铺四套，系被告人王某鹤收受某商城公司法定代表人黄某贿赂所得，应予没收。

3. 申请没收的王某 3 在案发后代被告人王某鹤退缴的 60 万元。系王某鹤的次女婿王某 3 于案发后代王某鹤退缴。检察机关未能提供上述 60 万元与王某鹤的家庭财产发生混同的证据，该笔钱款具有高度可能系王某 3 的合法财产，而非王某鹤的违法所得。故检察机关所提上述申请，本院不予采纳。

本案有证据证明被告人王某鹤实施了受贿犯罪，检察机关申请没收的财产中，某小区房产中的 238.48 万元购房款及增值部分，某商城商铺四套属于王某鹤实施受贿犯罪所得，依法应当没收。

据此，法院作出如下裁定：没收被告人王某鹤实施受贿犯罪所得某小区房产中的 238.48 万元购房款及增值部分、某商城商铺四套，上缴国库。

一审宣判后，利害关系人钱某等五人均提出上诉。江苏省高级人民法院裁定：

驳回上诉，维持原判。

【法官后语】

本案是没收违法所得的案件，适用刑事诉讼法规定的特别程序。此类案件在犯罪事实认定、申请没收财产与犯罪事实关联性的证明标准等问题，不能机械套用普通刑事案件的证据审查、认定标准，而是更多运用“谁主张、谁举证”“优势证据”等民事法律思维。

关于本案中被告人家属代为退赃的钱款，能否作为违法所得予以没收的问题。

法院认为，被告人王某鹤的次女婿王某 3 在案发后通过个人银行卡转账 60 万元至侦查机关账户，如果按照刑事案件普通程序中的等价没收原则，该 60 万元应作为王某鹤受贿的退赃款依法上缴国库。但是在违法所得没收程序中，法律明确规定仅没收被告人违法所得及其他涉案财产，未规定责令退赔。故根据“谁主张、谁举证”的原则，侦查机关未能提供该 60 万元直接来源于王某鹤的受贿所得，或王某鹤非法收受的钱款与其家庭财产发生混同的证据，该 60 万元具有高度盖然性是王某 3 的个人合法财产，故该笔退赃款应当视为王某 3 的合法财产予以发还。当然，如果有证据证明王某鹤受贿的涉案财产与王某鹤的家庭财产发生混同，则可以依法予以没收；或王某鹤将受贿所得存放在王某3处或出借给王某3进行投资理财，则王某3代为退赃的钱款可以作为违法所得予以没收。

关于刑事普通程序中，指控的部分犯罪事实因证据不足无法认定为犯罪，而在没收违法所得程序中，该部分涉案财产能否作为违法所得予以没收问题。

法院认为，本案在普通刑事程序审理过程中，因为侦查机关未搜集到王某鹤购买四套商铺的最低价格，故无法证实王某鹤收受的是4间商铺还是4间商铺的交易差价，不能达到刑事案件“无法排除合理怀疑”的证据标准，该笔受贿事实无法认定。

但没收违法所得程序中定案证据采用的“高度盖然性”标准。在该特别程序中，法院审理查明的基本事实和证据没有变化，但是认定依法对上述4间商铺予以没收。主要是因为检察机关提交的证据，相较于利害关系人一方的，具有更高的合理性。首先，检察机关当庭出示的被告人王某鹤的供述笔录、利害关系人王某1、王某2、李某、王某3在侦查阶段的证言笔录、证人孙某东的证言笔录，能够证实2005年至2006年，王某鹤让女儿王某1、王某2与某商城签订了4间商铺的购房合同，但是并未支付购房款。其次，四名利害关系人虽辩称支付了房款，但购房作为家庭大额财产支出，却均不能提供购买4间商铺共计83万余元的取款记录、银行流水及付款凭据，在十五年前家庭购房支出近百万元而无任何交易痕迹或凭据，实属反常，有违交易常理及交易习惯。再次，根据王某3在侦查阶段的证言，2001年至2015年，其家庭累计购买过7次房产，其对于购房的名称、位置、价格、付款方式均有较为详细的说明，但唯独对某商城商铺的购买没有印象，也能印证上述四套商铺具有高度可能系王某鹤的违法所得，依法应予没收。最后，如果利害关系人能够提供当时的交易凭据，仍然可以启动再审程序进行纠正，予以返还。因为司法对财物所有权的回转相对容易，也是立法者在没收违法所得程序中遵循民事案件“高度盖然性”及“优势证据”原则的重要原因。

编写人：江苏省无锡市中级人民法院　范凯　刘芸

江苏省无锡市人民检察院　梁果

47

认罪认罚量刑建议的合法性审查

——王某受贿案

【案件基本信息】

1. 裁判书字号

湖北省恩施土家族苗族自治州中级人民法院（2020）鄂28刑终233号刑事判决书

2. 案由：受贿罪

【基本案情】

被告人王某在担任某镇副镇长、某镇党委副书记、某镇党委书记及利川市政协副主席等职务期间，违反法律规定，利用职务上的便利或职权、地位形成的便利条件，为他人谋取利益，单独或通过特定关系人收受他人财物折合人民币200.6795万元。其中，收受现金123.3万元、价值65万元越野车一辆、价值7万元丰田凯美瑞轿车一辆、价值4.2223万元欧米伽手表两块、价值1.1572万元手提包一个。具体事实如下：

1. 2011年至2016年，王某利用某镇党委书记、市政协党组成员的职务之便，为某工程公司在承接某道路工程和某安置小区建设项目工程、为该公司与他人合伙开发的某花谷和某房地产开发项目立项和用地办理相关手续等方面提供帮助，收受某工程公司法人蔡某现金8万元、价值65万元的越野车一辆；与特定关系人牟某共同收受蔡某所送价值7万元丰田凯美瑞轿车一辆和现金14万元；两次收受该公司原总经理晏某所送现金共计2.5万元。其中，蔡某在2012年至2015年以提供打麻将本金方式四次给王某共计送现金8万元；王某以借为名自2014年下半年开始长期使用蔡某购买的价值65万元的大众途锐越野车一辆，直至2018年10月蔡某因害怕事情暴露方收回该车；2014年下半年，蔡某给王某的特定关系人牟某送丰田凯美瑞轿车一辆并过户登记在牟某名下，牟某于2017年11月将该车以7万元出售；2016年下半年，王某安排蔡某给特定关系人牟某送现金14万元。

2. 2012年至2015年，王某利用某镇党委书记的职务之便，为某投资公司投资开发的观云台和某房地产项目的相关手续办理和项目推进等方面提供帮助，收受该公司法人明某四次所送现金共计32万元、价值3. 2896万元的欧米伽男士手表一块、价值0. 9327万元的欧米伽女士手表一块和价值1. 1572万元的手提包一个。

3. 2012年至2014年，王某利用某镇党委书记的职务之便，为某镇工程老板梁某在承接某大道建设工程、某1村、某2村农村公路通畅工程以及工程拨付款等方面提供帮助，收受梁某三次所送现金共计30万元。

4. 2013年上半年，王某利用某镇党委书记的职务之便，为彭某承接某通道工程上提供帮助，收受彭某所送现金10万元。

5. 2004年至2010年，王某利用某镇副镇长、党委副书记的职务之便，为朱某在承包某镇、某镇村级公路畅通工程及工程款拨付等方面提供帮助，收受朱某以拜年、人情名义十次所送现金共计9. 3万元。

6. 2013年至2015年，王某利用某镇党委书记的职务之便，为某发公司投资开发的某房地产项目的手续办理和项目推进等方面提供帮助，收受该公司股东赖某所送现金5万元。

7. 2012年至2015年，王某利用某镇党委书记的职务之便，为某华公司投资的某项目和某房地产项目的推进、征地拆迁、手续办理等方面提供帮助，收受该公司原总经理陈某以拜年名义三次所送现金共计5万元。

8. 2012年至2015年，王某利用某镇党委书记的职务之便，为某坤公司在某投资开发的某旅游度假中心和某房地产项目的立项、征地拆迁、手续办理等方面提供帮助，收受该公司法定代表人熊某三次所送现金共计2. 5万元。

9. 2012 年至 2013 年，王某利用某镇党委书记的职务之便，为某富公司在某投资开发的某房地产项目的立项、征地折迁、手续办理等过程中提供帮助，收受该公司法定代表人刘某以拜年名义两次所送现金共计 2 万元。

10. 2012 年至 2015 年，王某利用某镇党委书记的职务之便，为某公司投资开发的某房地产项目的立项、手续办理等方面提供帮助，收受该公司项目负责人刘某以拜年名义两次所送现金共计 2 万元。

11. 2012 年至 2014 年，王某利用某镇党委书记的职务之便，为某鑫公司投资开发的某房地产项目的立项、土地出让、手续办理等方面提供帮助，收受该公司法定代表人傅某所送现金 1 万元。

案发后，王某向监察机关退缴受贿所得赃款 134. 7468 万元，涉案越野车及欧米伽女士手表一块已被扣押。

【案件焦点】

一审法院不采纳量刑建议，是否属违反法定诉讼程序，适用法律错误。

【法院裁判要旨】

湖北省恩施土家族苗族自治州利川市人民法院经审理认为：被告人王某身为国家工作人员，利用职务上的便利，非法收受他人财物，数额巨大，并为他人谋取利益，其行为已构成受贿罪。公诉机关指控的罪名成立，予以确认，被告人王某应当承担刑事责任。关于王某辩称使用蔡某的大众途锐车辆系借用的辩护意见，经查，王某找蔡某“借”用该车长达四年时间，不仅用于上、下班，而且用于外出游玩，其间王某配备有公务车，亦有能力购买私家车。而蔡某将车给王某长期使用更多也是基于王某的职务和自身承建的工程存在关联。故王某长期使用该车不还符合以借为名收受他人财物，应认定为受贿。王某的该辩护意见，不予采纳。王某到案后如实供述，系坦白，且退缴了全部赃款赃物，决定对其从轻处罚。依据《中华人民共和国刑法》第三百八十五条第一款、第三百八十六条、第三百八十三条、第六十七条第三款、第四十七条、第五十二条和《最高人民法院、最高人民检察院关于办理贪污贿赂刑事案件适用法律若干问题的解释》第二条第一款、第十九条第一款之规定，作出如下判决：

一、被告人王某犯受贿罪，判处有期徒刑四年，并处罚金人民币30万元（已缴纳）；

二、追缴被告人王某受贿所得134.7468万元、涉案大众途锐车辆一辆、欧米伽手表一块，由扣押机关依法予以处理。

针对抗诉机关的抗诉意见、上诉人及其辩护人提出的上诉理由和辩护意见，二审综合评判如下：

关于抗诉机关提出一审法院无正当理由不采纳量刑建议，属违反法定诉讼程序，适用法律错误的抗诉意见。经审查，原公诉机关根据王某犯受贿罪的具体案情综合考虑其坦白、全部退赃、认罪认罚等从宽情节，确定三年六个月的建议量刑适当。王某自愿认罪认罚，接受原公诉机关的量刑建议，在辩护律师的见证下签署具结书，认罪认罚从宽制度适用程序合法。本案中，一审判决未阐述不采纳原公诉机关量刑建议的理由，原公诉机关亦不认可一审法院调整量刑前进行过沟通，向检察机关提出过调整量刑建议的意见。故一审判决无正当理由不采纳检察机关的量刑建议，作出的判决结果不当，应予以纠正。抗诉机关的抗诉意见成立，予以采纳。同时，上诉人王某提出一审未采纳原检察机关的量刑建议，应予改判的上诉理由，亦予以采纳。

湖北省恩施土家族苗族自治州中级人民法院经审理认为：上诉人王某身为国家工作人员，利用职务上的便利，非法收受他人财物，数额巨大，并为他人谋取利益，其行为已构成受贿罪。王某到案后如实供述，系坦白，且退缴了全部赃款赃物，一审法院已决定对其从轻处罚。原判认定事实清楚，但是未采纳检察机关的建议量刑，处理结果不当。检察机关的抗诉理由及上诉人王某的部分上诉理由成立，予以支持。依照《中华人民共和国刑事诉讼法》第二百三十六条第一款第二项之规定，作出如下判决：

一、维持恩施市人民法院（2020）鄂2801刑初134号刑事判决的第二项，即追缴被告人王某受贿所得134.7468万元、涉案大众途锐车辆一辆、欧米伽手

表一块的判决部分；

二、撤销恩施市人民法院（2020）鄂2801刑初134号刑事判决的第一项，即对上诉人王某的刑事判决部分；

三、上诉人（原审被告人）王某犯受贿罪，判处有期徒刑三年六个月，并处罚金人民币30万元（已缴纳）。

【法官后语】

一、认罪认罚量刑建议具有法定效力

刑法修正案（八）从实体法角度，将坦白从宽刑事政策法律化，标志着坦白从宽由“酌定”走向“法定”。2018年10月，《中华人民共和国刑事诉讼法》的修改，将行之有效、可复制、可推广的司法实践经验总结上升为法律，首次以“实验性立法”方式从程序法层面对坦白从宽政策制度化。系统构建刑事诉讼中的认罪认罚从宽制度，对准确及时惩罚犯罪，强化权利司法保障，推动刑事案件繁简分流，节约司法资源，化解社会矛盾，推进社会治理体系和治理能力现代化，都具有极其重要的现实意义。

为全面贯彻落实修改后的刑事诉讼法，确保认罪认罚从宽制度正确有效实施，2019年10月24日，最高人民法院、最高人民检察院、公安部、国家安全部、司法部联合发布的《关于适用认罪认罚从宽制度的指导意见》（以下简称指导意见）进一步明确、完善、细化了适用该制度的相关具体规范。但执行中，仍存在一些模糊认识和误区，产生较大争议和分歧，以致上抗诉案件多发，不同程度地影响认罪认罚从宽制度作用的发挥和正确适用。准确把握制度适用的难点和关键，必须正确认识认罪认罚量刑建议的法律属性和效力，严格审查其实体的正当性和程序的合法性，做到采纳有据，否决有理，切勿任性改变，草率裁判。

认罪认罚量刑建议不同于其他案件的量刑建议。其是以被告人认罪认罚为前提和基础，检察机关在与被告人及其律师就量刑问题充分沟通、全面协商达成共识后，附条件提出的一种量刑请求意见。从诉讼价值和目的来看，其量刑建议并非检察机关的单方意志，而是控辩双方协商一致的结果，体现了双方对刑罚裁量的合意，有的甚至还吸纳参考了被害一方的请求和意见。从诚信体系的构建来看，认罪认罚量刑建议，也是法律监督机关代表国家对被告人认罪认罚给予从宽处罚并带有司法公信力的现实允诺，能否采纳直接关系认罪认罚从宽制度多元价值的实现。因此，审判实践中，必须正确把握其法律属性，充分尊重其法定效力。

认罪认罚量刑建议有别于国外的辩诉交易制度。从立法精神和制度定位上来看，我国认罪认罚从宽仅限于量刑问题，而不包括事实认定和定罪问题。其根本目的是被告人通过认罪认罚来争取从宽，而非就定罪量刑进行讨价还价。即使是控辩双方对量刑的协商，也要依法依规进行，绝不能突破法律的规定和法定的幅度，对是否从宽、怎样从宽，特别是减轻和免除处罚，必须于法有据，严格掌握。而国外的辩诉交易，是当事人主义诉讼模式的产物，犯罪嫌疑人、被告人与检察官可以就诉讼结果进行协商处分、交易还价，以避免诉讼风险。[①] 对此，指导意见规定，人民检察院提出量刑建议前，应当充分听取犯罪嫌疑人、辩护人或者值班律师的意见，尽量协商一致。这既是对“量刑协商”的制度确认，也进一步突出了被告人的诉讼主体地位，以更加尊重被告人的程序选择权，增强其对诉讼程序的法律认同。

二、认罪认罚量刑建议应当全面审查

认罪认罚量刑建议实质上是一种法律意见，也称“求刑建议”，即公诉机关以量刑建议的形式行使量刑请求权，请求法院依建议判处被告人刑罚。[②] 从其内容来看，既具实体性又具程序性，对案件正确裁判至关重要，必须全面审查把握。

一是规范性审查。从审判实践来看，认罪认罚量刑建议仍然存在诸多不规范现象。主要表现为：条件把握不严格、协商不充分、量刑建议不适当、权利保障不到位、形式要件不齐备、调整改变不严肃等。认罪认罚从宽制度是刑事诉讼法修订后确立的一项全新法律制度，必须严格、规范、准确、全面执行，

---

① 胡云腾：《认罪认罚从宽制度的理解与适用》，人民法院出版社 2018 年版，第 5 页。

② 陈瑞华：《论量刑建议》，载《政法论坛》2011 年第 2 期。

否则，有损公信，有损权威。为精准适用认罪认罚从宽制度，指导意见对坚持的基本原则、适用范围和条件、从宽把握的幅度、被告人权益保障及相关程序事项等进行了规范，为司法实践提供了明确遵循和具体指引，务必规范适用，严格执行。如检察机关对认罪认罚案件所提量刑建议有违规范性标准、条件和要求，明显与指导意见相悖，必须沟通修正，补强完善，严禁违规操作，变相执行。

二是自愿性审查。认罪认罚量刑建议是控辩双方量刑协商的合意，应当充分体现被告人的真实意愿。人民法院在审查量刑建议自愿性时，主要围绕量刑协商是否真正自愿平等来进行。第一，要审查有无因受到暴力、威胁、引诱而违背意愿认罪认罚的情形。重点审查控辩双方，尤其是与被告人量刑协商的全过程是否存在不平等、不自愿、不适当的行为，以此确认是否真正自愿、真心参与、真实协商，真诚认罪悔罪，自愿接受处罚；第二，要审查检察机关是否履行了告知义务，被告人是否理解认罪认罚的法律性质和可能导致的法律后果，同时，必须考察被告人当时的认知能力和精神状况，审查告知内容的全面性、完整性，尤其是认罪是否彻底，达到何种程度，认罚既包括主刑，也包括附加刑，还包括退赃退赔以及赔偿经济损失等内容，均应听取被告人的意见；第三，要审查程序义务是否完全履职到位。重点看辩护人、值班律师是否与检察机关进行过沟通，是否见证了认罪认罚具结书的签署过程，被告人是否获得有效法律帮助等，如果这些方面工作不到位、内容不全面、材料不完整，应视为程序不当，可能影响公正裁判。

三是合法性审查。重点表现在三个方面，第一，前提审查。对量刑建议的司法审查，首先应对指控的事实证据和定性定罪进行审查，主要围绕被告人供认的事实和检察机关指控事实进行，查明现有证据是否足以认定有罪供述和指控事实，包括量刑事实的真实性，能否排除一切合理怀疑，是否达到证据确实充分的证明标准，如主要事实不清，证据不足，应当不得适用认罪认罚从宽制度。关于定性和定罪审查，通常应当审查指控的罪名定性是否准确，对指控的罪名与审理查明的罪名不一致的，一般不宜采纳检察机关量刑建议。但值得注意的是，类似情形，如通过征求控辩双方的意见，均无异议的，则可采纳适用。第二，原则审查。根据指导意见的规定，检察机关量刑建议必须遵循罪责刑相适应和宽严相济等原则，认罪认罚案件中，无论区间量刑还是确定刑，关键要看建议量刑与拟判刑期的吻合度，是否存在畸轻畸重情形，如差距较小，则应采纳，差距较大的，不宜直接调整否决，硬性改变，更不得勉强适用。对共同犯罪案件、关联案件被告人的量刑建议，也要注意把握尺度，体现量刑平衡。第三，依据审查。实践中，认罪认罚量刑建议依据缺失的现象较为普遍，有的缺法律依据，有的缺类案检索，有的缺司法认知说明等，其建议的正当性很难判断。因此，审查时要严格把握量刑建议的依据和理由是否充分、准确、合理，看有无类案检索参考，是否违反一般司法认知，如有缺失遗漏，导致量刑建议明显不当的，则不应适用认罪认罚从宽制度。

三、认罪认罚量刑建议的采纳

根据刑事诉讼法第二百零一条第一款和指导意见的规定，对于认罪认罚案件，人民法院依法作出判决时，一般应当采纳人民检察院提出的量刑建议。但有下列五种情形的除外：(1) 被告人的行为不构成犯罪或者不应当追究其刑事责任的；(2) 被告人违背意愿认罪认罚的；(3) 被告人否认指控的犯罪事实的；(4) 起诉指控的罪名与审理认定的罪名不一致的；(5) 其他可能影响公正审判的情形。

可见，对检察机关的量刑建议，是“一般应当”采纳而不是“应当”采纳，绝不能不加甄别照单全收。这种“一般应当+除外性规定”，具有双向约束机能，既反向规定了不采纳量刑建议的条件，也体现了对控辩双方量刑合意的尊重，赋予了认罪认罚从宽制度丰富的价值内涵。

认罪认罚量刑建议也可以调整。根据刑事诉讼法第二百零一条第二款及其指导意见的规定，人民法院经审理认为量刑建议明显不当，或者被告人、辩护人对量刑建议有异议且有理有据的，人民法院应当告知人民检察院，人民检察院可以调整量刑建议。人民法院认为调整后的量刑建议适当的，应当予以采纳；人民检察院不调整量刑建议或者调整后仍然明显不当的，人民法院应当依法作出判决。

认罪认罚从宽制度从试点磨合，到立法确认，再到规范完善，程序要求越来越高，实践运用越来越严，尤其是对量刑建议的调整、改变、否决，限制与除外规定更严谨、更具体、更详尽。根据指导意见及地方相关规定，人民法院不采纳人民检察院量刑建议的，应当说明理由和依据。可以看出，审理认罪认罚案件，如发现检察机关的量刑建议明显不当或者调整后仍然可能不被采纳，人民法院在庭前、庭中、庭后可以建议调整修正或者告知不被采纳的理由，同时，应当在判决书中对量刑建议明显不当，不被采纳的事实及法律依据进行详细评析和必要说明。

就本案而言，一审判决不仅没有载明起诉指控的事实和证据，而且完全回避审查起诉阶段被告人自愿认罪认罚，并签署具结书，检察机关提出明确具体量刑建议的情形，单从判决来看，形成不理睬、不审查、不确认、不评判、不说理、不采纳的情形，导致被告人对判决不服，提出上诉，原公诉机关同时提起抗诉，上级检察机关支持抗诉，均认为一审无正当理由不采纳认罪认罚量刑建议，属审判程序违法，适用法律错误，应依法纠正。经二审沟通并审理查明，原公诉机关根据王某所犯受贿罪的具体事实，综合考虑其具有坦白、全部退赃、认罪认罚等从宽情节，确定三年六个月的建议量刑适当。王某自愿认罪认罚，接受原公诉机关的量刑建议，在辩护律师的见证下签署具结书，认罪认罚从宽制度适用程序合法。一审判决未阐述不采纳原公诉机关量刑建议的理由，原公诉机关亦不认可一审法院调整量刑前进行过沟通，向检察机关提出过调整量刑建议的意见。故认为一审判决无正当理由不采纳检察机关的量刑建议，以被告人王某犯受贿罪，判处有期徒刑四年，并处罚金人民币 30 万元，作出的判决结果不当，应予以纠正。检察机关的抗诉意见和上诉人王某提出的部分上诉理由，予以采纳。据此，改判王某有期徒刑三年六个月，并处罚金人民币 30 万元。

该案的正确判决，是对认罪认罚案件的裁判指引，充分体现了对控辩双方协商量刑合意的尊重，保障了认罪认罚从宽制度的正确实施。

编写人：湖北省恩施土家族苗族自治州中级人民法院　向北海

48

收受干股型受贿罪中受贿数额的认定

——卢某滥用职权、受贿案

【案件基本信息】

1. 裁判书字号

湖北省咸宁市中级人民法院（2021）鄂12刑终50号刑事裁定书

3. 案由：滥用职权罪、受贿罪

【基本案情】

2016年至2019年，被告人卢某利用自己对城区渣土运输管理、工程项目招标、违法建设查处、户外广告设置审批等职务之便，索取或共同收受企业负责人、商品房开发商、单位下属等财物，为其谋取利益，索取或收受财物价值共计105.180703万元（受贿未遂20%干股利润31.391903万元），其中索取财物价值为59.391903万元（31.391903万元未遂），与他人共同收受财物价值为45.7888万元，卢某实际获取财物价值69.7888万元，卢某将该款用于偿还贷款及生活开支等。分述如下：

1. 2016年10月，某成公司负责人杜某（另案处理）为达到垄断某县渣土运输市场的目的，多次找到被告人卢某要求办理《城市建筑垃圾运输企业资质证书》，在卢某办公室内送给其现金4000元及香烟等财物。同年12月，卢某明知县城管执法局无发放该证职能，仍安排时任该局管理股股长李某（另案处理）为杜某办理了某成公司、方某公司等三家渣土运输公司的《城市建筑垃圾运输企业三级资质证书》。2017年4月，为促成政府出台相关文件使上述资质证书合法化，进而启动招投标遴选建筑垃圾渣土运输企业，杜某多次找到卢某要求县城管执法局拟定《通城县城市建筑垃圾管理细则》，卢某随后安排李某具体负责起草。杜某得知卢某拟规定以公开招投标的方式遴选4家公司从事城区内建筑垃圾运输行业，遂向卢某提出只遴选3家公司，意图让自己已办理资质证书的三家公司全部入选，卢某借机向杜某索要某成公司股份，杜某答应送给卢某某成公司部分干股。2017年端午节前的一天，杜某又在卢某办公室内送给其现金4000元。

2. 2017年6月，某县政府根据县城管执法局的报送方案印发试行《某县城市建筑垃圾管理细则》。同月，卢某指定某工公司代理某县城区建筑垃圾渣土运输企业遴选采购项目。其间，卢某以借为名向杜某索要10万元，并同意杜某提出的将《城市建筑垃圾运输企业三级资质证书》作为招投标报名条件。6月底，杜某主持召开某成公司股东大会，将某成公司20%的公司股以干股的形式送给卢某。同年7月，招标公告发布后，因报名条件被质疑存在限制性和排他性，卢某、杜某等人又相互串通修改了招标公告和评分标准，使某成公司、方某公司最终顺利中标。为感谢卢某的关照，杜某先后多次在卢某家中送给卢某现金共7000元及烟、酒等财物。2019年2月，卢某与杜某订立了入股某成公司20%股份的书面协议约定只按公司20%利润分红，合作终止无本金退还。经审计认定，20%股份的股本价值为147406.8元、2017年7月至2019年7月卢某所持公司20%干股应分利润为31.391903万元。

【案件焦点】

收受干股型受贿罪中，受贿方与行贿方达成贿赂协议，经过较长时间，双方签订股权转让协议，如何认定受贿数额。

【法院裁判要旨】

湖北省咸宁市通城县人民法院经审理认为：被告人卢某身为国家机关工作人员，在履行对城市建设和规划等管理职责过程中，违法处理公务，并为他人谋取利益，给国家造成重大损失，严重损害国家机关声誉，造成特别恶劣社会影响，情节特别严重；单独或伙同他人共同收受财物，数额巨大，其行为分别构成滥用职权罪、受贿罪，应当数罪并罚。公诉机关的指控成立。被告人卢某到案后能如实供述自己的罪行，愿意接受处罚，对其可以从轻处罚。被告人卢某在受贿犯罪中，具有索贿情节，应当从重处罚；被告人犯罪以后自动投案，如实供述自己的罪行，是自首，对其可以从轻或减轻处罚；被告人卢某能检举揭发他人违法犯罪线索，经查证属实，具有立功表现，对其可以从轻或减轻处罚；被告人在案发后积极退回赃款，对其可酌情从轻处罚。

对于辩护人提出被告人卢某不构成滥用职权“情节特别严重”情形的辩护意见。据查，在某大厦违法事件处罚中，同案人熊某星、王某良供述，其送钱给卢某的目的是尽快办理某大厦的规划手续，并请卢某关照，不要对某大厦违法建设进行强制停工及在对超建部分进行处罚时予以关照。由此，卢某放松对某大厦的管控，尽管要求对某大厦进行了多次巡查，对其断水断电等措施，但都是表面化的，并没有作出实质性的执法。在某违建违法事件处理时未按违建面积造价的 10%标准处罚，据查，某县人民政府办公室隽政办发（2017）48 号文件是由县城管执法局等职能部门会商，当时卢某作为部门负责人参加制定文件的讨论，违建处理“按违建面积造价的 10%标准处罚”的标准并不与相关法律相悖，且具有行政约束力。被告人卢某为部门利益或徇私徇利行为，擅自降低处罚标准，致使“公共财产、国家和人民利益遭受重大损失”的危害后果发生，应认定为被告人没有正确履行职责或因监管不力的失职行为。其渎职行为与危害结果之间具有刑法意义上的因果关系，是具有“原因力”的滥用职权行为，且其损失达到了“情节特别严重”标准，对辩护人的辩护意见本院不予支持。

对于被告人及辩护人提出借杜某 10 万元及找何某增承诺过给的 18 万元不为索贿行为的辩解、辩护意见。据查，被告人卢某与同案人杜某系管理与被管理关系，卢某找杜某借 10 万元，因利用其职权且带有一定的目的性，据卢某供述，在借 10 万元之后本来没有打算还，杜某也没有打算要的意思，被告人占有意思明显；对于何某增为取得招标项目，承诺给予 20 万元卢某好处，但该承诺是建立在不正当利益关系的基础上，被告人提出讨要是兑现何某增事前承诺行为不具有合法性，故被告人行为符合索贿的行为特征要件，对其辩解、辩护意见不予采纳。

对辩护人提出被告人收受杜某公司20%的干股，因案发前一直未分红获得利润，不能认定为犯罪既遂的辩护意见。据查，杜某赠送卢某公司20%的干股，至案发前卢某未实际分红获取利益，且事前与杜某约定公司所送干股在公司解散后不分得该干股本金，根据《最高人民法院、最高人民检察院关于办理受贿刑事案件适用法律若干问题的意见》关于收受干股以“实际获利数额应当认定受贿数额”的规定，本案中被告人未获取分红利益，亦未实际控制干股分红利润31.391903万元，属受贿未遂，公诉机关以审计认定20%股份的股本价值147406.8元作为被告人受贿的实际数额，没有事实和法律依据，对其辩护意见本院予以支持，但应被告人实际未获取的20%利润31.391903万元，应以受贿未遂认定，比照既遂从轻或者减轻处罚。

对于辩护人提出卢某与郑某伟共同受贿田某5万元的事实，其证据并不充分的辩护意见。据查，本案中被告人卢某及同案人郑某伟共同收受田某5万元，尽管没有行贿人田某的供述相印证，但有同案人郑某伟的供述及田某与郑某伟的银行转账记录证实，其共同受贿5万元应予认定，对辩护人的辩护意见本院不予支持。依照《中华人民共和国刑法》第三百九十七条、第三百八十五条、第三百八十六条、第六十九条、第六十七条第一款、第六十八条、第二十三条、第五十二条、第五十三条、第六十四条，《中华人民共和国刑事诉讼法》第二百零一条之规定，判决如下：

一、被告人卢某犯滥用职权罪，判处有期徒刑三年六个月；犯受贿罪，判处有期徒刑三年六个月，并处罚金人民币三十万元。决定执行有期徒刑五年六个月，并处罚金三十万元；（刑期从判决执行之日起计算。判决执行以前先行羁押的，羁押一日折抵刑期一日。即自2019年8月1日起至2025年1月31日止。罚金在本判决生效后三十日内上缴国库）。

二、涉案的违法所得105.180703万元依法予以收缴，上缴国库。

二审法院同意一审法院的裁判意见。

【法官后语】

本案的焦点在于收受干股型受贿罪中受贿数额的认定。根据《最高人民法院、最高人民检察院关于办理受贿刑事案件适用法律若干问题的意见》（以下简称《意见》）的规定，干股是指未出资而获得的股份。国家工作人员利用职务上的便利为请托人谋取利益，收受请托人提供的干股的，以受贿论处。进行了股权转让登记或者相关证据证明股份发生了实际转让的，受贿数额按转让行为时股份价值计算，所分红利按受贿孳息处理。股份未实际转让，以股份分红名义获取利益的，实际获利数额应当认定为受贿数额。

具体到本案中，公诉方指控卢某收受杜某公司 20% 的干股，一年半后，双方签订了卢某入股杜某公司 20% 股份的书面协议，认为卢某的受贿数额为双方达成贿赂合意时 20% 干股所对应的股本价值。经庭审质证，查明书面协议约定“终止合作时，该 20% 的干股不退还本金”，根据《意见》的规定，应当认为卢某收受杜某公司 20% 的干股未实际转让，其所获得的利益应当是 20% 干股的分红，而不是 20% 股份的股本价值，故卢某受贿数额应当为其实际分红数额。

值得注意的是，直至案发，杜某公司未分配红利，卢某并没有实际获得干股分红利润，但在后签订的入股书面协议对双方先前的贿赂合意予以固定，卢某形式上有请求分配利润的权利基础，故应当对 20% 干股所对应的红利认定为受贿数额，系未遂。

编写人：湖北省咸宁市通城县人民法院　黄铃格

49

公诉机关量刑建议的采纳

——唐某祥受贿案

【案件基本信息】

1. 裁判书字号

广西壮族自治区桂林市中级人民法院（2021）桂03刑终71号刑事裁定书

2. 案由：受贿罪

【基本案情】

2008年至2019年，被告人唐某祥利用其担任某医院院长的职务便利，在医院设备、医用耗材、药品采购及结算过程中，为医疗器械供应商海某、陈某南、许某保、周某、邹某提供帮助，先后多次收受上述五人给予的现金共计1883万元。具体事实如下：

1. 2008年至2011年，其为某山公司和某博公司在某医院医疗设备采购商提供帮助，先后两次收受海某给予的现金共计43万元。其中15万元给予其同事周某林，后周某林将该款退至市监察委员会。

2. 2009年至2014年，其为某国公司在某医院药品采购及货款支付上提供帮助，先后十一次收受陈某南给予的现金共计250万元。

3. 2014年至2019年，其为某医公司在某医院药品采购及货款支付上提供帮助，先后十次收受许某保给予的现金共计1160万元。

4. 2015年至2019年，其为洪某公司在某医院医疗器械设备和医用耗材采购上提供帮助，先后三次收受邹某给予的现金共计250万元。

5. 2017年至2019年，其为某迈公司在某妇幼儿童医院器械设备和医用耗材采购上提供帮助，先后三次收受周某给予的现金共计180万元。

案发后，被告人唐某祥如实供述并主动交代办案机关未掌握的大部分受贿事实，认罪态度较好，并退出个人所得全部赃款，有悔罪表现。

被告人唐某祥在市监察委员会留置期间，检举他人违法犯罪问题，经市监察委员会查证属实，相关人员得到了处理。

【案件焦点】

一审法院是否量刑过重。

【法院裁判要旨】

广西壮族自治区桂林市恭城瑶族自治县人民法院经审理认为：被告人唐某祥身为国家工作人员，利用职务上的便利，为他人谋取利益，单独或者伙同他人收受他人财物共计人民币1883万元，依照《中华人民共和国刑法》第三百八十五条之规定，构成受贿罪。对辩护人提出的被告人唐某祥主动认罪悔罪并退出个人所得全部赃款，有立功表现，可酌情对其从轻处罚的辩护意见，经查证属实，予以采纳。结合在案证据，法院依照《中华人民共和国刑法》第三百八十五条、第六十八条第一款、第六十七条第三款、第五十二条、第五十三条、第六十四条及《最高人民法院、最高人民检察院关于办理贪污贿赂刑事案件适用法律若干问题的解释》第三条、第十九条，《最高人民法院关于处理自首和立功具体应用法律若干问题的解释》第五条之规定，作出如下判决：

一、被告人唐某祥犯受贿罪，判处有期徒刑十二年，并处罚金人民币二百万元；

二、被告人唐某祥退出的赃款人民币一千八百六十八万元，予以没收，上缴国库。

被告人唐某祥提起上诉，辩称：（1）其没有索贿，也没有为行贿提供实际帮助；（2）其如实供述并主动交代了办案机关尚未掌握的大部分涉案犯罪事实，又全额退赃，认罪认罚，且有立功表现，原判量刑过重，罚金过高，请求从轻、减轻处罚。

被告人唐某祥的辩护人同意被告人的辩称并补充：一审不适用认罪认罚从宽制度，违反法定诉讼程序。

广西壮族自治区桂林市恭城瑶族自治县人民检察院提起抗诉，桂林市人民检察院支持抗诉，提出：（1）唐某祥有立功情节，原判量刑未予体现从轻或者减轻处罚；（2）一审法院以唐某祥没有缴纳罚金为由，认定唐某祥不属于认罚是错误的，且原判量刑偏重；（3）公诉机关根据案件事实，适用认罪认罚从宽制度建议判处被告人唐某祥有期徒刑十年一个月，该量刑并无不当，原判不予采纳该建议径行判决属于违反法定诉讼程序。

广西壮族自治区桂林市中级人民法院经审理认为：上诉人唐某祥身为国家工作人员，利用职务上的便利，为他人谋取利益，单独或者伙同他人收受他人财物，数额特别巨大，其行为触犯了《中华人民共和国刑法》第三百八十五条之规定，构成受贿罪，依法应予惩处。原判认定唐某祥坦白、认罪悔罪，全额退赃及具有立功等量刑情节正确，本院予以确认。原判事实清楚，证据确实、充分，适用法律正确，量刑适当，审判程序合法。抗诉机关的抗诉意见和桂林市人民检察院的支持抗诉意见，以及上诉人、辩护人的上诉意见和辩护意见均不成立，本院不予支持。依照《中华人民共和国刑事诉讼法》第二百三十六条第一款一项之规定，裁定：

驳回抗诉、上诉，维持原判。

【法官后语】

本案中，公诉机关在对被告人唐某祥适用认罪认罚从宽制度的前提下，提出判处被告人唐某祥有期徒刑十年一个月并处罚金的量刑建议，一审法院未采纳上述量刑建议，被告人上诉，公诉机关抗诉，上级检察院支持抗诉，二审法院亦未采纳检察机关的量刑建议。那么，法院能否改变控辩双方在定罪以及刑罚方面达成的协议，能否对量刑建议不予采纳？对此，在审理该案中出现了不同意见。有观点认为，认罪认罚从宽制度并未弱化法院的审判权，法院可以改变控辩双方已经达成的确定刑罚认可。笔者持该种观点。

具体到本案中，被告人唐某祥的犯罪数额属于特别巨大，根据法律及有关司法解释应当判处十年以上有期徒刑或者无期徒刑，并处五十万元以上犯罪数额二倍以下的罚金或者没收财产。公诉认为对被告人唐某祥提出了判处十年一个月并处罚金的量刑建议，且量刑建议是基于唐某祥自愿认罪认罚，并征得辩护人同意。控辩双方在定罪以及刑罚方面达成了统一的认可，应该得到法院的尊重和采纳。公诉机关与被告人签定认罪认罚具结书，只是给被告人的有限合理预期，类似于一种承诺，但是承诺的兑现，则是对被告人进行审判，依法行使审判权的人民法院。且认罪认罚案件中的量刑建议，本质上依然属于求刑权的范畴，其虽然表现为检察院基于被告人认罪认罚而作出的一种承诺，但这种承诺的实现及其程度，仍然需要由人民法院根据对案件事实、证据、定罪量刑的审查，以及对认罪认罚自愿性的审查情况进行综合判断。

如何认定量刑是否适当，是一个非常复杂的问题。尽管公诉机关亦是从专业角度来判断，但量刑建议主要基于被告人认罪认罚后，双方对刑罚达成的合意。然而罪责刑相适应原则是法院裁判的根本原则，法官需要根据被告人犯罪的性质、情节、手段、后果、主观恶性等进行综合考量。罪责刑相适应原则应该贯穿刑事诉讼全过程，以确保审判结果的公正。本案中，首先，要考量被告人犯罪的数额，确定其犯罪属于数额巨大的量刑档次，应当判处十年以上有期徒刑或者无期徒刑，并处五十万元以上犯罪数额二倍以下的罚金或者没收财产。其次，要考虑被告人犯罪的性质，涉及医疗系统的民生民意特定领域。最后，是否存在影响量刑的犯罪情节，如犯罪未遂、立功、自首、从犯、累犯、坦白等法定情节，或者存在前科劣迹、是否退赔、是否获得被害人谅解等酌定情节。上述因素即使公诉机关在对被告人适用认罪认罚从宽制度的时候已经予以考虑，但在法院审理过程中，仍然可能会出现影响量刑的情形，所以只有最终对案件全面审理后才能作出正确的刑罚裁判。

认罪认罚从宽制度在公诉机关提出量刑建议的趋势下，法院作出裁判更要精准，要注重研究类案同判的问题，在同案不失衡的情况下，作出符合刑法理论、刑法规定以及社会公众接受并认可的判决。

编写人：广西壮族自治区桂林市恭城瑶族自治县人民法院　刘维维

50

申请证人出庭作证的审查与处理

——魏某军受贿、贪污案

【案件基本信息】

1. 裁判书字号

天津市高级人民法院（2019）津刑终58号刑事裁定书

2. 案由：受贿罪、贪污罪

【基本案情】

2008年至2017年，魏某军利用担任某管委会常务副主任、某镇党委书记、某1管委会常务副主任、主任等职务上的便利，为他人在土地出让、建设审批、工程承揽等方面提供帮助，索取他人财物共计560万元，非法收受他人财物共计146.86万元；利用本人职权或者地位形成的便利条件，通过其他国家工作人员职务上的行为，为请托人谋取不正当利益，索取请托人财物100万元，共计806.86万元。利用职务上的便利，侵吞公款共计折合781295.5元。其中，2015年下半年，某国土分局发现区内企业某上公司违法用地，某上公司股东赵某某请求魏某军给予帮助，魏某军应允。2016年3月，魏某军利用担任某1管委会主任的职务便利，通过某国土分局时任领导张某军等人进行协调。2016年10月，赵某某给予魏某军40万元，被魏某军之妻及时退还。2017年年初，赵某某再次给予魏某军5万元，魏某军予以收受并用于个人消费。2017年4月，国土分局决定对某上公司予以行政处罚，其中罚款的量罚标准系当地违法用地案件行政处罚罚款最低标准。

【案件焦点】

辩护人申请证人出庭作证，如何进行审查与处理。

【法院裁判要旨】

天津市第一中级人民法院经审理认为：被告人魏某军身为国家工作人员，利用职务上的便利，非法占有公共财物数额巨大；利用职务上的便利，索取他人财物，或者非法收受他人财物，为他人谋取利益，或者利用本人职权或者地位形成的便利条件，通过其他国家工作人员职务上的行为，为请托人谋取不正当利益，索取请托人财物，数额特别巨大。依照法律规定，公诉机关指控魏某军犯罪的事实清楚，证据确实、充分，罪名成立，予以确认；但指控部分受贿数额证据不足，依法予以调整。魏某军的行为已构成受贿罪、贪污罪，应分别依法予以处罚，并实行数罪并罚。魏某军具有索贿情节，对其所涉受贿罪予以从重处罚。鉴于其归案后如实供述自己罪行，对其受贿罪、贪污罪予以从轻处罚。被告人魏某军所提请求及其辩护人所提辩护意见，合理部分予以采纳，不合理部分不予支持。依照《中华人民共和国刑法》第三百八十二条第一款、第三百八十五条第一款、第三百八十八条、第三百八十三条第一款第二项、第三项、第二款、第三百八十六条、第四十七条、第六十四条、第六十七条第三款、第六十九条第一款、第三款、第九十三条，《中华人民共和国刑事诉讼法》第七十六条，《最高人民法院、最高人民检察院关于办理贪污贿赂刑事案件适用法律若干问题的解释》第二条第一款、第三条第一款、第十三条、第十八条、第十九条第一款，《最高人民法院关于刑事裁判涉财产部分执行的若干规定》第十一条第一款之规定，作出如下判决：

一、被告人魏某军犯受贿罪，判处有期徒刑十一年六个月，并处罚金70万元；犯贪污罪，判处有期徒刑四年，并处罚金30万元，决定执行有期徒刑十三年六个月，并处罚金100万元；

二、责令被告人魏某军退赔8849895.5元，发还某1环保园公司781295.5元，剩余款项上缴国库；

三、侦查机关扣押、冻结的财物及其孳息均依法处理。

魏某军不服，向天津市高级人民法院提出上诉。天津市高级人民法院审理过程中，上诉人（原审被告人）魏某军申请撤回上诉。天津市高级人民法院经审理认为：原审判决认定事实和适用法律正确，量刑适当。依照《最高人民法院关于适用〈中华人民共和国刑事诉讼法〉的解释》第三百八十三条、第三百八十六条之规定，裁定：准许上诉人魏某军撤回上诉。

【法官后语】

对于起诉指控收受赵某某财物一节，控辩双方存在较大争议，起诉指控，2016年3月，魏某军利用担任某1管委会主任的职务便利，为产业园区内某上公司未批先建接受处罚事项提供帮助。2017年1月，魏某军收受上述公司股东赵某某给予的45万元。对此，辩护人申请证人赵某某出庭作证，并且认为证人赵某某的庭前证言存在多处矛盾，与常理不符，该起指控依法不能认定。

根据《中华人民共和国刑事诉讼法》第一百九十二条的规定，控辩双方对证人证言有异议，且该证人证言对案件定罪量刑有重大影响，人民法院认为证人有必要出庭作证的，证人应当出庭作证。本案中，辩护人申请证人赵某某出庭作证，一审法院进行了如下审查：

一是全面调取和审查在案证据，确认证人赵某某的证言对该节事实认定具有重大影响。法庭经全面查阅纪委调查阶段、侦查阶段以及审判阶段的案卷材料，发现该节事实因系现金交易，缺乏银行交易记录等书证，魏某军、赵某某处于一供一证状态，在现金交付方面缺乏相关人证，证据较为单薄，能够确认证人赵某某的证言对该节事实认定具有重大影响。

二是全面梳理魏某军、赵某某的供证情况，确认证人赵某某出庭作证确有必要。经过梳理，该节事实系魏某军在纪委调查阶段主动交代，侦查阶段亦供述收受赵某某给予的45万元，同时提到此前赵某某两次去家里送过共计40万元现金，当时其妻子在家，后其让妻子将钱退给赵某某。但是，魏某军在审判阶段辩称没有收受赵某某给予的45万元，称先前供述的目的是想多说点事情，组织处理时可以从轻，后又供述以先前笔录为准，即认可收受赵某某45万元。再查赵某某的笔录，赵某某在纪委调查阶段称魏某军收受其给予的45万元现金，但在侦查阶段称，魏某军收受其给予的45万元现金后，曾在一个饭局上欲退还，当天其喝了不少的酒，是否退还记不清了，对于魏某军妻子曾将其所送其余40万元现金退还的情况，赵某某予以证实。综合考虑，该起事实虽系魏某军在"两规"期间主动交代的组织不掌握的问题，但纪委笔录依法不能作为定案证据使用；在侦查阶段，魏某军的最初有罪供述与证人赵某某证言笔录在谋利事项、钱款给付过程、45万现金的具体特征、收受钱款的场所及人员等方面能够相互印证，但在是否及时退还问题上，因赵某某在证言笔录中称，其喝醉记不清了，被告人有罪供述与证人证言不能相互印证。鉴于魏某军在审判阶段存在辩解，证人赵某某的证言笔录在是否及时退还问题上含糊不清，存在重大欠缺，确认证人赵某某出庭作证确有必要。据此，法庭依辩护人的申请，通知证人赵某某出庭作证。

在证人出庭作证以后，认定案件事实时就涉及如何采信证人证言的问题。对此，根据《最高人民法院关于适用〈中华人民共和国刑事诉讼法〉的解释》的有关规定，证人当庭作出的证言，经控辩双方质证、法庭查证属实的，应当作为定案的根据。证人当庭作出的证言与其庭前证言矛盾，证人能够作出合理解释，并有其他证据印证的，应当采信其庭审证言；不能作出合理解释，而其庭前证言有其他证据印证的，可以采信其庭前证言。本案中，一审法院依法采信了证人赵某某的庭审证言中的合理部分，理由如下：

一是证人赵某某对于证言反复能够作出合理解释，并有其他证据印证。庭审时，辩护人、公诉人先后向证人赵某某进行发问，证人赵某某对于"2016年10月，其给魏某军送过现金40万元，大概一周后被魏某军之妻退回。2017年年初，其又给魏某军送过现金5万元，这笔钱没有退还"能够稳定供述，并且对先前笔录作出解释，特别是对于笔录中出现的赵某某醉酒一节，赵某某自述，当地均知道其从不喝酒，该细节与被告人魏某军当庭供述能够相互印证。

二是经当庭对质，被告人魏某军对于收受赵某某45万元的认罪供述，无法供述案发具体细节，对赵某某的庭审证言亦不予否认，存在明显矛盾。庭审中，对于证人赵某某的庭审证言，被告人魏某军一方面表示没有意见，另一方面一味要求供述以此前笔录为准，但对于案发具体过程不能稳定供述，对此前笔录与庭审证言的矛盾不能作出合理解释，其认罪供述存在明显矛盾，难以采信。

三是对于证人赵某某庭审证言中的不合理部分，依法不予采信。证人赵某某在庭审证言中提出，魏某军夫妇亦给其家随过礼，以此证明其给魏某军的5万元属于礼尚往来。但是，赵某某在此前接受办案机关询问时从未提过魏某军夫妇给其家随礼的事情，并且当庭亦曾承认即使有随礼也与该5万元无关，且赵某某系将40万元与5万元均直接给予魏某军，而所谓随礼却由魏某军之妻支付，故不应认定赵某某所述随礼与本案有关，对庭审证言中的该部分内容不予采信。

综上，法庭对于起诉指控魏某军收受赵某某财物一节，虽然予以认定，但受贿数额由起诉指控的45万元调整为5万元。天津市高级人民法院认为，一审判决认定事实和适用法律正确，量刑适当，依法准许魏某军撤回上诉，一审判决发生法律效力。

编写人：天津市第三中级人民法院　田虎

51

再审生效判决维持原判缓刑的，原执行的缓刑考验期应予折抵

——刘某增行贿案

【案件基本信息】

1. 裁判书字号

北京市第一中级人民法院（2020）京01刑再3号刑事裁定书

2. 案由：行贿罪

【基本案情】

2011 年至 2014 年，上诉人刘某增在不具备施工资质的情况下，通过挂靠方式承揽了某开发公司开发的某地块部分工程，刘某增为感谢某开发公司总经理明某富同意其以挂靠的方式承揽上述工程及在工程款拨付、结算、施工协调等方面提供帮助，先后四次向明某富行贿钱款共计人民币 155 万元。2017 年 7 月 4 日，刘某增在监察机关调查明某富受贿案时，接电话通知后自行到监察机关配合调查，并如实供述了行贿事实。北京市海淀区人民法院判决被告人刘某增犯行贿罪，判处有期徒刑三年，缓刑四年，并处罚金人民币四十万元（缓刑考验期限，自判决确定之日起计算。罚金于本判决生效后三日内缴纳）。原审判决生效后，刘某增自 2019 年 7 月 16 日起开始执行缓刑，接受社区矫正。后该院对本案进行再审，改判：（1）撤销（2019）京 0107 刑初 184 号刑事判决书；（2）原审被告人刘某增犯行贿罪，判处有期徒刑三年，缓刑四年（缓刑考验期限，从判决确定之日起计算）。

【案件焦点】

原审刑事判决生效后，缓刑考验期已经开始执行，案件提起再审后生效判决维持缓刑的，原执行的缓刑考验期按照判决确定之日起重新计算还是应当折抵。

【法院裁判要旨】

北京市石景山区人民法院经审理认为：原审被告人刘某增为谋取不正当利益，给予国家工作人员财物，情节严重，其行为已经构成行贿罪，依法应予惩处。原公诉机关北京市石景山区人民检察院指控原审被告人刘某增犯行贿罪的事实清楚，证据确实、充分，指控的罪名成立。鉴于原审被告人刘某增犯罪后主动到案并如实供述犯罪事实，应属自首，且其在被追诉前主动交代行贿行为，自愿签署认罪认罚具结书，悔改态度良好，故法院对其依法减轻处罚并依据原审被告人刘某增自首、认罪等具体情节对其予以适用缓刑。对于原审被告人刘某增的辩护人提出的辩护意见，该院予以采纳。故原审判决认定原审被告人刘某增犯罪的事实，犯罪的性质、情节和对于社会的危害程度所作出的判决，定罪正确，主刑量刑适当，审判程序合法。根据我国刑法关于溯及力所采用从旧兼从轻的适用原则，原审被告人刘某增实施行贿犯罪行为的时间发生在2011年至2014年，故其所犯行贿罪在定罪量刑，应该适用旧刑法即1997年刑法。而原审判决在适用法律上错误，故该院再审中予以纠正。

北京市石景山区人民法院依据《中华人民共和国刑事诉讼法》第二百五十六条，《最高人民法院关于适用〈中华人民共和国刑事诉讼法〉的解释》第四百七十二条第一款第三项，1997年《中华人民共和国刑法》第十二条第一款、第三百八十九条第一款、第三百九十条、第九十三条第二款、第六十七条第一款、第七十二条第一款、第七十三条第二款、第三款、第六十一条，《最高人民法院、最高人民检察院关于办理贪污贿赂刑事案件适用法律若干问题的解释》第八条之规定，判决如下：

一、撤销（2019）京0107刑初184号刑事判决书；

二、原审被告人刘某增犯行贿罪，判处有期徒刑三年，缓刑四年（缓刑考验期限，从判决确定之日起计算）。

刘某增不服一审判决，提出上诉。北京市第一中级人民法院经审理认为：上诉人刘某增为谋取不正当利益，给予国家工作人员财物，情节严重，其行为已构成行贿罪。鉴于刘某增犯罪以后自动投案，如实供述自己的罪行，有自首情节，且其系在被追诉前主动交代行贿行为，并自愿签署认罪认罚具结书，认罪态度较好，可依法对其减轻处罚并宣告缓刑。一审法院根据刘某增犯罪的事实，犯罪的性质、情节和对于社会的危害程度所作出的判决，定罪准确，量刑适当，审判程序合法，应予维持。但原审被告人刘某增应自2019年7月16日起开始执行缓刑的日期。对于上诉人刘某增及其辩护人所提一审判决适用法律错误，量刑过重的上诉理由及辩护意见，经查，一审判决已考虑刘某增具有的法定从轻、减轻情节，并在法定量刑幅度之内对刘某增减轻处罚，适用法律正确，量刑适当，故上诉人刘某增的此项上诉理由及其辩护人的此项辩护意见均不能成立，法院均不予采纳。对于上诉人刘某增所提请求二审法院在确定缓刑考验期限起始时间时，对其已执行的缓刑考验期考虑在内的上诉理由，经查，原审判决生效后，刘某增自 2019 年 7 月 16 日起开始执行缓刑，一直接受社区矫正，其已执行的缓刑考验期理应计算在缓刑四年之内，故刘某增的此项上诉请求合理，法院予以采纳。

北京市第一中级人民法院依照《中华人民共和国刑事诉讼法》第二百三十六条第一款第一项的规定，裁定如下：

驳回上诉，维持原判。

【法官后语】

本案涉及的一个主要问题是再审生效判决维持缓刑的，原执行的缓刑考验期是否应当折抵。因为法律及司法解释对该问题未作出明确规定，司法实践中也没有形成相关的会议纪要或统一的裁判思路，所以实践中对于此问题的理解与处理存在着比较大的分歧。刑事诉讼法规定，对被判处管制、宣告缓刑、假释或者暂予监外执行的罪犯，依法实行社区矫正，由社区矫正机构负责执行。同时，刑法规定，缓刑考验期限，从判决确定之日起计算。实践中，对缓刑考验期能否折抵存在两种处理方式。第一种观点认为，缓刑考验期不应予以折抵，主要理由是原审判决生效后，已被再审生效判决所撤销，案件最终生效的判决为再审判决，所以应当以再审判决生效之日作为判决确定之日，也就是从再审判决生效之日计算缓刑考验期限。本案中，一审法院认定以再审判决生效之日重新计算刘某增缓刑考验期就是依据第一种观点作出的处理。第二种观点认为，缓刑考验期应当予以折抵，缓刑考验期限执行以前已有考验的，考验一日折抵考验期一日。本案二审则依据第二种观点对刘某增已执行的缓刑考验期计算在再审重新判决的缓刑四年之内。

二审之所以依据第二种观点作出相应的处理，主要是综合考虑了罪犯权利保护原则、法律适用的统一、错误产生的原因等因素，笔者将从三个方面解读原审判决生效后已执行的缓刑考验期应予折抵的具体理由。

一、基于犯罪嫌疑人权利保护原则

根据刑事诉讼法的规定，对判处管制、宣告缓刑、假释或者暂予监外执行的罪犯，依法实行社区矫正，由社区矫正机构负责执行。缓刑考验期间罪犯虽然没有收监执行完全限制人身自由，但是缓刑期间适用的社区矫正对罪犯人身自由也有一定的限制。根据刑法第七十三条的规定，缓刑考验期限，从判决确定之日起计算。也就是说原审判决生效之日起，即对罪犯基本权利产生约束。根据刑事诉讼法的规定，人民法院按照审判监督程序审判的案件，可以决定中止原判决、裁定的执行，也就是说再审审理期间并不必然中止原判决的执行，从原审判决生效之日起至再审判决生效之日止，罪犯都要受社区矫正规范的影响，如果原审判决生效后已经执行的缓刑考验期不计算在再审判决缓刑考验期间内，对罪犯的权利将产生负面影响，不利于保障犯罪嫌疑人的合法权益。

针对本案来说，原审判决生效后原审法院已通知司法行政机关对刘某增实行社区矫正。本案如果不对刘某增的缓刑考验期予以折抵，则无视社区矫正人员受到的各种“限制”，既是对司法行政机关监督管理资源的浪费，也侵犯了刘某增的合法权益。

二、基于法律适用的统一

根据刑法第七十三条的规定，有期徒刑的缓刑考验期限为原判刑期以上五年以下，但是不能少于一年。因为缓刑考验期限有上限的要求，所以如果原审考验期限不能折抵，可能会存在超过法律规定上限的情况。例如，一个罪犯被判处有期徒刑二年，缓刑三年，在缓刑执行二年六个月的时候，原审判决确有错误被提起再审，再审判决维持了原审判决对缓刑的判决，在原执行的缓刑考验期不能折抵的情况下，该犯依据两次生效判决共执行的缓刑考验期将变成五年六个月，超过了法律规定的缓刑考验期五年的最长期限。这不仅违背了刑法中罪刑相适应的基本原则，导致缓刑考验期人为延长，加重被告人的刑罚，也将突破刑法关于缓刑考验期限的上限规定，引发审判和执行中诸多问题，存在舆情风险。

另外，根据《最高人民法院关于办理减刑、假释案件具体应用法律的规定》第十八条的规定，被判处拘役或者三年以下有期徒刑，并宣告缓刑的罪犯，一般不适用减刑。前款规定的罪犯在缓刑考验期内有重大立功表现的，可以参照刑法第七十八条的规定予以减刑，同时应当依法缩减其缓刑考验期。根据上述司法解释规定，缓刑考验期内如有重大立功表现是可以减刑的，减刑作为一种刑罚执行变更制度，对于激励服刑人员积极改造、维护社会稳定有着重要的作用。如果缓刑考验期不予折抵，即在法律上不认定罪犯先行已经执行的缓刑考验期的有效性，如果罪犯在已经执行的缓刑考验期内有重大立功表现，将无法参照上述规定呈报减刑，严重影响罪犯社区矫正期间改造的积极性，直接剥夺了罪犯在原缓刑考验期间获得减刑的机会。

具体到本案中，刘某增已经从2019年7月16日开始执行缓刑，截至再审判决作出时，刘某增已经执行的缓刑考验期与一审再审确定的缓刑考验期相加已接近五年，虽然符合刑法对有期徒刑缓刑考验期确定五年以下的规定，但如果一审法院再审时间再有延后，法院作出同样再审判决将可能导致刘某增缓刑考验期超过五年。

三、基于错误产生的原因

提起再审的原因是复杂多样的，根据《最高人民法院关于适用〈中华人民共和国刑事诉讼法〉的解释》的规定，提起刑事再审的情形主要有以下几个方面：有新的证据证明原判决、裁定认定的事实确有错误，可能影响定罪量刑的；据以定罪量刑的证据不确实、不充分、依法应当排除的；证明案件事实的主要证据之间存在矛盾的；主要事实依据被依法变更或者撤销的；认定罪名错误的；量刑明显不当的；违反法律关于溯及力规定的；违反法律规定的诉讼程序，可能影响公正裁判的；审判人员在审理该案件时有贪污受贿、徇私舞弊、枉法裁判行为的。上述情形大多数都不是犯罪嫌疑人自身原因导致案件提起再审，刑事案件提起再审一般都是多重因素互相牵连导致的，如犯罪嫌疑人供述不真实不全面、侦查阶段侦查不细致、公诉阶段审查不严密、审判阶段审理不全面等。多方面因素共同作用导致案件存在错误，案件错误的风险均由犯罪嫌疑人个人承担，明显不当。具体到缓刑考验期折抵问题上，如果犯罪嫌疑人再审判决仍适用了缓刑制度，则说明再审仍认定犯罪嫌疑人所犯罪行相对较轻、确有悔改表现、社会危害性和再犯罪风险较小，如果原判已执行的缓刑考验期不能折抵，则是将再审风险全部归于犯罪嫌疑人承担。

编写人：北京市第一中级人民法院　刘宇红　杨薇

三、渎职罪

52

主动向办案单位交代没有掌握的犯罪事实构成自首

——陈某友挪用公款、滥用职权案

【案件基本信息】

1. 裁判书字号

湖北省红安县人民法院（2020）鄂 1122 刑初 284 号刑事判决书

2. 案由：挪用公款罪、滥用职权罪

【基本案情】

2014 年 2 月至 2017 年 2 月，被告人陈某友在担任某国土资源局矿产资源股副股长期间，利用掌管单位临时账户的便利，私自将单位临时账户中收取的矿产资源费、矿产资源出让价款共计人民币 50 万元挪借给本人和他人从事营利活动。案发前，被告人陈某友挪用的 50 万元已全部归还。

2015 年 8 月至 2016 年 7 月，被告人陈某友在担任某国土资源局地质矿产管理股副股长期间，在办理某碎石厂矿区采矿许可证过程中，超越职权，擅自决定变更扩大该矿区采矿范围，致使国家矿产资源被非法开采，造成国家经济损失共计人民币 305.16178 万元。

【案件焦点】

陈某友主动向某国土资源局交代其擅自决定变更扩大矿区采矿范围的事实是否构成自首。

【法院裁判要旨】

湖北省红安县人民法院经审理认为：被告人陈某友身为国家工作人员，利用职务上的便利，挪用公款归个人和他人进行营利活动，数额较大，其行为构成挪用公款罪。被告人陈某友身为国家机关工作人员，在办理某碎石厂矿区采矿许可证过程中，超越职权，擅自决定变更扩大该矿区采矿范围，致使国家矿产资源被非法开采，造成国家经济损失共计人民币305.16178万元，情节特别严重，其行为构成滥用职权罪。案发前，某县检查委员会与某县自然资源和规划局工作人员刘某桥、吴某禄谈话笔录和视为约谈记录均显示陈某友在2018年6月，向单位领导承认未按规定程序擅自变更某碎石厂矿区的开采范围行为。随后，某县国土局就该行为向某县监委移送了《违法线索移交函》，该时间早于公安机关采取强制措施时间，其行为构成自首，可以从轻或者减轻处罚。被告人陈某友到案后能如实供述自己的罪行，认罪认罚，愿意接受处罚，可以从宽处理。公诉机关的量刑建议适当，符合上述法律精神。依照《中华人民共和国刑法》第三百八十四条、第三百九十七条、第六十一条、第六十二条、第六十七条、第六十九条，《中华人民共和国刑事诉讼法》第二百零一条之规定，判决如下：

被告人陈某友犯挪用公款罪，判处拘役六个月；犯滥用职权罪，判处有期徒刑二年。决定合并执行有期徒刑二年（刑期自判决执行之日起计算，判决以前先行羁押的，羁押一日折抵刑期一日。被告人陈某友于2020年9月2日被某县公安局刑事拘留，即自2020年9月2日起至2022年9月1日止）。

一审宣判后，被告人陈某友未上诉，公诉机关未抗诉，一审判决书已发生法律效力。

【法官后语】

犯罪以后自动投案，如实供述自己罪行的，是自首。根据《关于办理职务犯罪案件认定自首、立功等量刑情节若干问题的意见》的规定，犯罪分子向所在单位等办案机关以外的单位、组织或者有关负责人员投案的，应当视为自动投案。对于具有自首情节的犯罪分子，办案机关移送案件时应当予以说明并移交相关证据材料。根据《最高人民法院关于适用〈中华人民共和国刑事诉讼法〉的解释》第一百四十二条的规定，对监察机关、侦查机关出具的被告人到案经过、抓获经过等材料，应当审查是否有出具该说明材料的办案人员、办案机关的签名、盖章。对到案经过、抓获经过或者确定被告人有重大嫌疑的根据有疑问的，应当通知人民检察院补充说明。本案中，陈某友于2020年涉嫌非法采矿罪被批准逮捕，系书面传唤到案，涉嫌的非法采矿罪不构成自首。公安机关在侦查涉嫌非法采矿过程中，发现陈某友涉嫌职务犯罪，遂将线索移交监察机关。但该犯罪行为，陈某友已于2018年主动向单位交代其擅自决定变更扩大矿区采矿范围的事实，其单位随即将陈某友涉嫌职务违法线索移交监委。针对到案经过存在疑问，经合议庭释明，公诉机关在补充证据后，认为陈某友滥用职权罪构成自首，并对量刑建议予以调整。

编写人：湖北省红安县人民法院　赵学焕

53

滥用职权罪的司法认定

——李某涛受贿、滥用职权案

【案件基本信息】

1. 裁判书字号

北京市第一中级人民法院（2020）京01刑终92号刑事裁定书

2. 案由：受贿罪、滥用职权罪

【基本案情】

一、受贿事实

1. 2016年11月，被告人李某涛在某规土委工作期间，利用自己分管区治砂办的职务便利，为卜某在某农地非法经营砂石厂提供帮助，向卜某索要人民币100万元。

2. 2016年4月，被告人李某涛在某国土资源局工作期间，利用自己分管国土资源执法监察队、国土资源管理所的职务便利，为成某违法建设提供帮助，收受成某给予的好处费现金5万元。

二、滥用职权事实

2015年至2017年9月，被告人李某涛在某国土资源局工作期间，明知卜某非法经营砂石厂，仍为其提供帮助，并于2016年9月接受卜某请托，审批通过了某国土资源局内容为“现场部分地块作为囤料场地使用，剩余地块为平整土地，未发现盗采盗挖痕迹”的违法线索核查报告，致使该砂石厂未被及时关停，仍得以继续非法运营，最终导致农地遭受严重破坏。

【案件焦点】

1. 李某涛审批通过明显违背事实的违法线索核查报告的行为应界定为滥用职权还是玩忽职守；2. 如何判断李某涛的渎职行为与损失后果之间的因果关系。

【法院裁判要旨】

北京市昌平区人民法院经审理认为：根据在案证据，卜某自2015年就请托李某涛对其无证经营砂石厂进行关照，李某涛明知卜某盗采砂石，却一直放任卜某的行为，2016年9月更是受卜某请托，通过了查明不实的违法线索核查报告。卜某非法采矿行为造成的后果虽不是李某涛一人所致，但其作为主管领导，明知有违法行为仍予以放任，甚至利用职务便利为卜某谋利，是卜某非法采矿行为得以持续的主要原因，卜某非法采矿行为对涉案农地造成了严重破坏。经过对卜某销售砂石的相关材料进行核实，仅自2016年9月李某涛签署核查报告起至案发，卜某销售砂石金额高达6000余万元，属情节特别严重。被告人李某涛身为国家机关工作人员，利用职务上的便利，索取、非法收受他人财物，为他人谋取利益，且数额巨大，其行为已构成受贿罪；李某涛滥用职权，致使公共财产遭受重大损失，情节特别严重，其行为已构成滥用职权罪，依法应予惩处。

北京市昌平区人民法院依据《中华人民共和国刑法》第三百八十五条第一款、第三百八十六条、第三百八十三条第一款第二项、第二款、第三百九十七条第一款、第五十二条、第五十三条、第六十九条、第六十四条之规定，判决如下：

一、被告人李某涛犯受贿罪，判处有期徒刑五年六个月，并处罚金人民币五十万元；犯滥用职权罪，判处有期徒刑五年；决定执行有期徒刑十年，并处罚金人民币五十万元；

二、追缴被告人李某涛的受贿款人民币五万元，予以没收。

李某涛以其没有索贿情节，受贿罪对其量刑过重，其不构成滥用职权罪为由向北京市第一中级人民法院提起上诉。

北京市第一中级人民法院同意一审法院的裁判意见，裁定：

驳回上诉，维持原判。

【法官后语】

本案的疑难点在于对李某涛渎职行为的准确认定：一是李某涛审批通过明显违背事实的违法线索核查报告的行为究竟属于滥用职权还是玩忽职守；二是如何判断李某涛的渎职行为与损失后果之间的因果关系。

一、滥用职权罪与玩忽职守罪的界分

刑法对滥用职权罪、玩忽职守罪仅通过简单罪状[①]的方式加以规定，而“滥用职权”与“玩忽职守”两词具有模糊性，难以通过词语本身的含义准确界定两罪的外延。不同罪名的认定代表行为人行为恶性及对其谴责程度的不同，

① 简单罪状，是指条文只简单地规定罪名或者简单描述具体犯罪的基本构成特征。

为做到准确定罪量刑，有必要对行为人的渎职行为进行明确评价。

对于滥用职权罪和玩忽职守罪的区分应聚焦于两罪的客观方面和主观方面。

（一）滥用职权罪和玩忽职守罪在客观方面的区分

李某涛作为主管治砂办的国家机关工作人员，在已接到明确线索举报卜某非法开采砂石的情况下，审批通过了内容为“现场部分地块作为囤料场地使用，剩余地块为平整土地，未发现盗采盗挖痕迹”的违法线索核查报告，致使砂石厂未被及时关停。仅从客观行为来看，该行为既有职权的“不正当行使”，又有职责的“不认真对待”。要想对李某涛渎职行为进行准确认定，必须对其主观罪过形式进行探知，即其究竟是故意不履行自己的监管职责还是因为疏忽大意而轻易审批通过了该报告。

（二）滥用职权罪和玩忽职守罪在主观方面的区分

我国刑法理论对玩忽职守罪的主观罪过形式系过失在认识上基本一致。而关于滥用职权罪的罪过形式理论界存在不少分歧，有故意说①、过失说②、复合说③等多种观点。

从滥用职权罪的字面含义来看，能够比较直观地体现行为人是故意违背职权而实施渎职性行为的，“滥用”即胡乱地或过度地使用，行为人对自己行为性质的认识应是明确的，对自己行为的态度也是积极的。从滥用职权罪的立法沿革、渎职罪规定的体系来看，滥用职权罪的主观罪过也应当区别于玩忽职守罪，为故意。

在司法实践中，行为人的主观心理状态难以探知，行为人在危害结果发生后往往会为自己未正确行使或者未行使职权进行辩解。本案中，李某涛在监察

---

① 该观点认为，本罪主观上具有犯罪故意即明知是逾越其职权的行为而为之或者明知是依照职务应当履行的义务而不为之。参见陈兴良：《刑法疏议》，中国人民公安大学出版社1997年版，第650页。

② 该观点认为，应以行为人对结果的心态确定罪过形式的依据，而不是以对行为本身的心态作为确定罪过形式的依据。参见李洁：《论滥用职权罪的罪过形式》，载《法学家》1998年第4期。

③ 该观点认为，在滥用职权罪的主观罪过中，既可能存在犯罪故意，也可能存在过失。参见张兆松：《滥用职权罪主观要件浅析》，载《人民检察》1998年第4期。

委调查阶段虽供认明知卜某存在盗采砂石的行为，但在法院审理阶段翻供否认自己主观上具有明知。对行为人主观罪过形式的探知，还是要通过对客观行为的分析判断以得出的高度盖然性的结论。

判断渎职行为人行为时的主观心态，应结合行为前的背景、行为过程中的情况以及行为后的表现进行综合判断。要考虑行为人与所处理的事项、所涉及人员之间是否具有利害关系、是否有收受贿赂的行为、职权行使的规定是否明确、行为是否伴有明确的目的性追求、处理公务的态度是胡作非为还是草率马虎、对损失后果是否采取了补救措施等。

本案中，李某涛和砂石厂老板卜某自2015年就存在着密切的交往关系，卜某盗采砂石持续时间长且开采量极大，李某涛明知卜某无照经营砂石厂；在已有明确线索举报卜某非法盗采砂石巨大的情况下，卜某在治砂办调查时给李某涛打电话寻求关照；调查人员现场拍摄的照片能够体现砂石厂堆积大量砂石，卫星图片更能够清晰体现存在盗采情况，因卜某对其提出请托，李某涛便在未核实具体情况也未查看卫星拍摄图片的情况下在“未发现盗采盗挖痕迹”的核查报告上签署同意；李某涛更是在事后主动向卜某索要了100万元的好处费。综上所述，结合李某涛在监察委调查阶段的供述，李某涛对于卜某的非法盗采行为应当知晓，其行为伴有明确的目的性追求。李某涛作为稽查执法部门的主管领导，在明知有违法行为的情况下刻意不履行自己的监管义务，审批通过了明显违背事实的违法线索核查报告，其明知自己的行为会破坏国家机关的正常管理活动，而放任这种结果的发生，故该行为应评价为滥用职权。

二、滥用职权行为与重大损失之间的结果归责

由于滥用职权罪是结果犯，滥用职权的行为与重大损失之间必须具备刑法上的因果关系，才能成立犯罪，而滥用职权罪中多因一果的情形较为普遍，因果关系的认定是被告方常提出的辩解理由。

本案中，判定李某涛构成滥用职权罪需要确认李某涛滥用职权的行为对严重损失后果应当承担责任，即明确李某涛滥用职权行为与重大损失之间具有刑法上的因果关系。

一是要确认渎职行为与危害结果之间符合条件关系。渎职犯罪中因果关系的判断并不要求行为人对重大损失的出现具有支配关系，只要求行为对后果的发生具有作用力，否则会不当缩小渎职罪的认定范围，导致渎职罪条文的虚设。渎职犯罪中因果关系的判断应当适用条件公式，行为与结果之间需满足“没有前者就没有后者”的条件关系。在渎职行为以不作为形式存在的情况下，因果关系判断的条件公式即为“一旦履行了一定的作为义务的话，该结果就不会发生”。本案中，李某涛若在接到线索举报后对卜某盗采砂石的行为予以核查，及时关停砂石厂，则不会导致农地最终遭受严重破坏的后果，故李某涛滥用职权的行为与危害后果之间符合条件关系。

二是要判断介入因素能否中断因果关系。李某涛审批通过违背事实的违法线索核查报告的行为只有与卜某后续持续开采的行为结合起来才会导致严重的损失后果，需要评价卜某的行为能否中断因果关系。因为渎职犯罪中刑法也处罚间接创设危害后果的行为，所以仅仅介入第三人行为还不足以中断因果关系，不能产生排除结果归责的效果，只有渎职行为对于危害后果的作用效果终结的情况下，才能产生因果关系中断的效果。中断渎职行为与危害结果之间的因果联系必须满足以下条件：第一，介入因素的异常性程度很高；第二，介入因素合乎规律地引起了结果的发生；第三，介入因素在行为人的监管范围之外。本案中，卜某盗采砂石的行为在李某涛的监管范围之内且该行为的发生不具有异常性，故卜某持续的开采行为不能中断李某涛滥用职权与危害后果之间的因果关系。

三是要结合行为人的职责范围进行价值判断。本案中，结果归责判断的关键，并不在于李某涛审批通过违背事实的违法线索核查报告的行为是否造成农地严重破坏的直接或独立原因，而在于李某涛滥用职权的行为本身是否蕴含让农地遭受严重破坏的危险，即从价值判断的角度明确危害结果能否归责于该行为。在渎职犯罪中，危害结果的发生可能是由参与决策、执行、监督环节的多人共同导致的，需要结合国家机关工作人员的职责范围、职务履行的实际情况，科学、公正地认定应承担责任的人员范围。本案中，李某涛任某国土资源局副调研员期间分管治砂办，主要负责监督查处土地矿产资源的盗采盗挖行为、日常巡查、举报线索的核查等工作。卜某非法经营砂石厂导致农地遭受严重破坏的结果，虽非仅因李某涛一人放纵所致，但李某涛作为负有监管职责的国家工作人员，在依法行使特定职权的过程中实施了对危害结果具有“原因力”的滥用职权行为，应认定其行为与危害结果之间具有刑法意义上的因果关系。

编写人：北京市第一中级人民法院　魏晓田

附录：

中华人民共和国刑法修正案（十一）

（2020年12月26日第十三届全国人民代表大会常务委员会第二十四次会议通过）

一、将刑法第十七条修改为："已满十六周岁的人犯罪，应当负刑事责任。

"已满十四周岁不满十六周岁的人，犯故意杀人、故意伤害致人重伤或者死亡、强奸、抢劫、贩卖毒品、放火、爆炸、投放危险物质罪的，应当负刑事责任。

"已满十二周岁不满十四周岁的人，犯故意杀人、故意伤害罪，致人死亡或者以特别残忍手段致人重伤造成严重残疾，情节恶劣，经最高人民检察院核准追诉的，应当负刑事责任。

"对依照前三款规定追究刑事责任的不满十八周岁的人，应当从轻或者减轻处罚。

"因不满十六周岁不予刑事处罚的，责令其父母或者其他监护人加以管教；在必要的时候，依法进行专门矫治教育。"

二、在刑法第一百三十三条之一后增加一条，作为第一百三十三条之二："对行驶中的公共交通工具的驾驶人员使用暴力或者抢控驾驶操纵装置，干扰公共交通工具正常行驶，危及公共安全的，处一年以下有期徒刑、拘役或者管制，并处或者单处罚金。

"前款规定的驾驶人员在行驶的公共交通工具上擅离职守，与他人互殴或者殴打他人，危及公共安全的，依照前款的规定处罚。

"有前两款行为，同时构成其他犯罪的，依照处罚较重的规定定罪处罚。"

三、将刑法第一百三十四条第二款修改为："强令他人违章冒险作业，或者明知存在重大事故隐患而不排除，仍冒险组织作业，因而发生重大伤亡事故或者造成其他严重后果的，处五年以下有期徒刑或者拘役；情节特别恶劣的，处五年以上有期徒刑。”

四、在刑法第一百三十四条后增加一条，作为第一百三十四条之一：“在生产、作业中违反有关安全管理的规定，有下列情形之一，具有发生重大伤亡事故或者其他严重后果的现实危险的，处一年以下有期徒刑、拘役或者管制：

“（一）关闭、破坏直接关系生产安全的监控、报警、防护、救生设备、设施，或者篡改、隐瞒、销毁其相关数据、信息的；

“（二）因存在重大事故隐患被依法责令停产停业、停止施工、停止使用有关设备、设施、场所或者立即采取排除危险的整改措施，而拒不执行的；

“（三）涉及安全生产的事项未经依法批准或者许可，擅自从事矿山开采、金属冶炼、建筑施工，以及危险物品生产、经营、储存等高度危险的生产作业活动的。”

五、将刑法第一百四十一条修改为：“生产、销售假药的，处三年以下有期徒刑或者拘役，并处罚金；对人体健康造成严重危害或者有其他严重情节的，处三年以上十年以下有期徒刑，并处罚金；致人死亡或者有其他特别严重情节的，处十年以上有期徒刑、无期徒刑或者死刑，并处罚金或者没收财产。

“药品使用单位的人员明知是假药而提供给他人使用的，依照前款的规定处罚。”

六、将刑法第一百四十二条修改为：“生产、销售劣药，对人体健康造成严重危害的，处三年以上十年以下有期徒刑，并处罚金；后果特别严重的，处十年以上有期徒刑或者无期徒刑，并处罚金或者没收财产。

“药品使用单位的人员明知是劣药而提供给他人使用的，依照前款的规定处罚。”

七、在刑法第一百四十二条后增加一条，作为第一百四十二条之一：“违反药品管理法规，有下列情形之一，足以严重危害人体健康的，处三年以下有期徒刑或者拘役，并处或者单处罚金；对人体健康造成严重危害或者有其他严重情节的，处三年以上七年以下有期徒刑，并处罚金：

“（一）生产、销售国务院药品监督管理部门禁止使用的药品的；

“（二）未取得药品相关批准证明文件生产、进口药品或者明知是上述药品而销售的；

“（三）药品申请注册中提供虚假的证明、数据、资料、样品或者采取其他欺骗手段的；

“（四）编造生产、检验记录的。

“有前款行为，同时又构成本法第一百四十一条、第一百四十二条规定之罪或者其他犯罪的，依照处罚较重的规定定罪处罚。”

八、将刑法第一百六十条修改为：“在招股说明书、认股书、公司、企业债券募集办法等发行文件中隐瞒重要事实或者编造重大虚假内容，发行股票或者公司、企业债券、存托凭证或者国务院依法认定的其他证券，数额巨大、后果严重或者有其他严重情节的，处五年以下有期徒刑或者拘役，并处或者单处罚金；数额特别巨大、后果特别严重或者有其他特别严重情节的，处五年以上有期徒刑，并处罚金。

“控股股东、实际控制人组织、指使实施前款行为的，处五年以下有期徒刑或者拘役，并处或者单处非法募集资金金额百分之二十以上一倍以下罚金；数额特别巨大、后果特别严重或者有其他特别严重情节的，处五年以上有期徒刑，并处非法募集资金金额百分之二十以上一倍以下罚金。

“单位犯前两款罪的，对单位判处非法募集资金金额百分之二十以上一倍以下罚金，并对其直接负责的主管人员和其他直接责任人员，依照第一款的规定处罚。”

九、将刑法第一百六十一条修改为：“依法负有信息披露义务的公司、企业向股东和社会公众提供虚假的或者隐瞒重要事实的财务会计报告，或者对依法应当披露的其他重要信息不按照规定披露，严重损害股东或者其他人利益，或者有其他严重情节的，对其直接负责的主管人员和其他直接责任人员，处五年以下有期徒刑或者拘役，并处或者单处罚金；情节特别严重的，处五年以上十年以下有期徒刑，并处罚金。

“前款规定的公司、企业的控股股东、实际控制人实施或者组织、指使实施前款行为的，或者隐瞒相关事项导致前款规定的情形发生的，依照前款的规定处罚。

“犯前款罪的控股股东、实际控制人是单位的，对单位判处罚金，并对其直接负责的主管人员和其他直接责任人员，依照第一款的规定处罚。”

十、将刑法第一百六十三条第一款修改为：“公司、企业或者其他单位的工作人员，利用职务上的便利，索取他人财物或者非法收受他人财物，为他人谋取利益，数额较大的，处三年以下有期徒刑或者拘役，并处罚金；数额巨大或者有其他严重情节的，处三年以上十年以下有期徒刑，并处罚金；数额特别巨大或者有其他特别严重情节的，处十年以上有期徒刑或者无期徒刑，并处罚金。”

十一、将刑法第一百七十五条之一第一款修改为：“以欺骗手段取得银行或者其他金融机构贷款、票据承兑、信用证、保函等，给银行或者其他金融机构造成重大损失的，处三年以下有期徒刑或者拘役，并处或者单处罚金；给银行或者其他金融机构造成特别重大损失或者有其他特别严重情节的，处三年以上七年以下有期徒刑，并处罚金。”

十二、将刑法第一百七十六条修改为：“非法吸收公众存款或者变相吸收公众存款，扰乱金融秩序的，处三年以下有期徒刑或者拘役，并处或者单处罚金；数额巨大或者有其他严重情节的，处三年以上十年以下有期徒刑，并处罚金；数额特别巨大或者有其他特别严重情节的，处十年以上有期徒刑，并处罚金。

“单位犯前款罪的，对单位判处罚金，并对其直接负责的主管人员和其他直接责任人员，依照前款的规定处罚。

“有前两款行为，在提起公诉前积极退赃退赔，减少损害结果发生的，可以从轻或者减轻处罚。”

十三、将刑法第一百八十二条第一款修改为：“有下列情形之一，操纵证券、期货市场，影响证券、期货交易价格或者证券、期货交易量，情节严重的，处五年以下有期徒刑或者拘役，并处或者单处罚金；情节特别严重的，处五年以上十年以下有期徒刑，并处罚金：

“（一）单独或者合谋，集中资金优势、持股或者持仓优势或者利用信息优势联合或者连续买卖的；

“（二）与他人串通，以事先约定的时间、价格和方式相互进行证券、期货交易的；

“（三）在自己实际控制的帐户之间进行证券交易，或者以自己为交易对象，自买自卖期货合约的；

“（四）不以成交为目的，频繁或者大量申报买入、卖出证券、期货合约并撤销申报的；

“（五）利用虚假或者不确定的重大信息，诱导投资者进行证券、期货交易的；

“（六）对证券、证券发行人、期货交易标的公开作出评价、预测或者投资建议，同时进行反向证券交易或者相关期货交易的；

“（七）以其他方法操纵证券、期货市场的。”

十四、将刑法第一百九十一条修改为：“为掩饰、隐瞒毒品犯罪、黑社会性质的组织犯罪、恐怖活动犯罪、走私犯罪、贪污贿赂犯罪、破坏金融管理秩序犯罪、金融诈骗犯罪的所得及其产生的收益的来源和性质，有下列行为之一的，没收实施以上犯罪的所得及其产生的收益，处五年以下有期徒刑或者拘役，并处或者单处罚金；情节严重的，处五年以上十年以下有期徒刑，并处罚金：

“（一）提供资金帐户的；

“（二）将财产转换为现金、金融票据、有价证券的；

“（三）通过转帐或者其他支付结算方式转移资金的；

“（四）跨境转移资产的；

“（五）以其他方法掩饰、隐瞒犯罪所得及其收益的来源和性质的。

“单位犯前款罪的，对单位判处罚金，并对其直接负责的主管人员和其他直接责任人员，依照前款的规定处罚。”

十五、将刑法第一百九十二条修改为：“以非法占有为目的，使用诈骗方法非法集资，数额较大的，处三年以上七年以下有期徒刑，并处罚金；数额巨大或者有其他严重情节的，处七年以上有期徒刑或者无期徒刑，并处罚金或者没收财产。

“单位犯前款罪的，对单位判处罚金，并对其直接负责的主管人员和其他直接责任人员，依照前款的规定处罚。”

十六、将刑法第二百条修改为：“单位犯本节第一百九十四条、第一百九十五条规定之罪的，对单位判处罚金，并对其直接负责的主管人员和其他直接责任人员，处五年以下有期徒刑或者拘役，可以并处罚金；数额巨大或者有其他严重情节的，处五年以上十年以下有期徒刑，并处罚金；数额特别巨大或者有其他特别严重情节的，处十年以上有期徒刑或者无期徒刑，并处罚金。”

十七、将刑法第二百一十三条修改为：“未经注册商标所有人许可，在同一种商品、服务上使用与其注册商标相同的商标，情节严重的，处三年以下有期徒刑，并处或者单处罚金；情节特别严重的，处三年以上十年以下有期徒刑，并处罚金。”

十八、将刑法第二百一十四条修改为：“销售明知是假冒注册商标的商品，违法所得数额较大或者有其他严重情节的，处三年以下有期徒刑，并处或者单处罚金；违法所得数额巨大或者有其他特别严重情节的，处三年以上十年以下有期徒刑，并处罚金。”

十九、将刑法第二百一十五条修改为：“伪造、擅自制造他人注册商标标识或者销售伪造、擅自制造的注册商标标识，情节严重的，处三年以下有期徒刑，并处或者单处罚金；情节特别严重的，处三年以上十年以下有期徒刑，并处罚金。”

二十、将刑法第二百一十七条修改为：“以营利为目的，有下列侵犯著作权或者与著作权有关的权利的情形之一，违法所得数额较大或者有其他严重情节的，处三年以下有期徒刑，并处或者单处罚金；违法所得数额巨大或者有其他特别严重情节的，处三年以上十年以下有期徒刑，并处罚金：

“（一）未经著作权人许可，复制发行、通过信息网络向公众传播其文字作品、音乐、美术、视听作品、计算机软件及法律、行政法规规定的其他作品的；

“（二）出版他人享有专有出版权的图书的；

“（三）未经录音录像制作者许可，复制发行、通过信息网络向公众传播其制作的录音录像的；

“（四）未经表演者许可，复制发行录有其表演的录音录像制品，或者通过信息网络向公众传播其表演的；

“（五）制作、出售假冒他人署名的美术作品的；

“（六）未经著作权人或者与著作权有关的权利人许可，故意避开或者破坏权利人为其作品、录音录像制品等采取的保护著作权或者与著作权有关的权利的技术措施的。”

二十一、将刑法第二百一十八条修改为：“以营利为目的，销售明知是本法第二百一十七条规定的侵权复制品，违法所得数额巨大或者有其他严重情节的，处五年以下有期徒刑，并处或者单处罚金。”

二十二、将刑法第二百一十九条修改为：“有下列侵犯商业秘密行为之一，情节严重的，处三年以下有期徒刑，并处或者单处罚金；情节特别严重的，处三年以上十年以下有期徒刑，并处罚金：

“（一）以盗窃、贿赂、欺诈、胁迫、电子侵入或者其他不正当手段获取权利人的商业秘密的；

“（二）披露、使用或者允许他人使用以前项手段获取的权利人的商业秘密的；

“（三）违反保密义务或者违反权利人有关保守商业秘密的要求，披露、使用或者允许他人使用其所掌握的商业秘密的。

“明知前款所列行为，获取、披露、使用或者允许他人使用该商业秘密的，以侵犯商业秘密论。

“本条所称权利人，是指商业秘密的所有人和经商业秘密所有人许可的商业秘密使用人。”

二十三、在刑法第二百一十九条后增加一条，作为第二百一十九条之一：“为境外的机构、组织、人员窃取、刺探、收买、非法提供商业秘密的，处五年以下有期徒刑，并处或者单处罚金；情节严重的，处五年以上有期徒刑，并处罚金。”

二十四、将刑法第二百二十条修改为：“单位犯本节第二百一十三条至第二百一十九条之一规定之罪的，对单位判处罚金，并对其直接负责的主管人员和其他直接责任人员，依照本节各该条的规定处罚。”

二十五、将刑法第二百二十九条修改为：“承担资产评估、验资、验证、会计、审计、法律服务、保荐、安全评价、环境影响评价、环境监测等职责的中介组织的人员故意提供虚假证明文件，情节严重的，处五年以下有期徒刑或者拘役，并处罚金；有下列情形之一的，处五年以上十年以下有期徒刑，并处罚金：

“（一）提供与证券发行相关的虚假的资产评估、会计、审计、法律服务、保荐等证明文件，情节特别严重的；

“（二）提供与重大资产交易相关的虚假的资产评估、会计、审计等证明文件，情节特别严重的；

“（三）在涉及公共安全的重大工程、项目中提供虚假的安全评价、环境影响评价等证明文件，致使公共财产、国家和人民利益遭受特别重大损失的。

“有前款行为，同时索取他人财物或者非法收受他人财物构成犯罪的，依照处罚较重的规定定罪处罚。

“第一款规定的人员，严重不负责任，出具的证明文件有重大失实，造成严重后果的，处三年以下有期徒刑或者拘役，并处或者单处罚金。”

二十六、将刑法第二百三十六条修改为：“以暴力、胁迫或者其他手段强奸妇女的，处三年以上十年以下有期徒刑。

“奸淫不满十四周岁的幼女的，以强奸论，从重处罚。

“强奸妇女、奸淫幼女，有下列情形之一的，处十年以上有期徒刑、无期徒刑或者死刑：

“（一）强奸妇女、奸淫幼女情节恶劣的；

“（二）强奸妇女、奸淫幼女多人的；

“（三）在公共场所当众强奸妇女、奸淫幼女的；

“（四）二人以上轮奸的；

“（五）奸淫不满十周岁的幼女或者造成幼女伤害的；

“（六）致使被害人重伤、死亡或者造成其他严重后果的。”

二十七、在刑法第二百三十六条后增加一条，作为第二百三十六条之一：“对已满十四周岁不满十六周岁的未成年女性负有监护、收养、看护、教育、医疗等特殊职责的人员，与该未成年女性发生性关系的，处三年以下有期徒刑；情节恶劣的，处三年以上十年以下有期徒刑。

“有前款行为，同时又构成本法第二百三十六条规定之罪的，依照处罚较重的规定定罪处罚。”

二十八、将刑法第二百三十七条第三款修改为：“猥亵儿童的，处五年以下有期徒刑；有下列情形之一的，处五年以上有期徒刑：

“（一）猥亵儿童多人或者多次的；

“（二）聚众猥亵儿童的，或者在公共场所当众猥亵儿童，情节恶劣的；

“（三）造成儿童伤害或者其他严重后果的；

“（四）猥亵手段恶劣或者有其他恶劣情节的。”

二十九、将刑法第二百七十一条第一款修改为：“公司、企业或者其他单位的工作人员，利用职务上的便利，将本单位财物非法占为己有，数额较大的，处三年以下有期徒刑或者拘役，并处罚金；数额巨大的，处三年以上十年以下有期徒刑，并处罚金；数额特别巨大的，处十年以上有期徒刑或者无期徒刑，并处罚金。”

三十、将刑法第二百七十二条修改为：“公司、企业或者其他单位的工作人员，利用职务上的便利，挪用本单位资金归个人使用或者借贷给他人，数额较大、超过三个月未还的，或者虽未超过三个月，但数额较大、进行营利活动的，或者进行非法活动的，处三年以下有期徒刑或者拘役；挪用本单位资金数额巨大的，处三年以上七年以下有期徒刑；数额特别巨大的，处七年以上有期徒刑。

“国有公司、企业或者其他国有单位中从事公务的人员和国有公司、企业或者其他国有单位委派到非国有公司、企业以及其他单位从事公务的人员有前款行为的，依照本法第三百八十四条的规定定罪处罚。

“有第一款行为，在提起公诉前将挪用的资金退还的，可以从轻或者减轻处罚。其中，犯罪较轻的，可以减轻或者免除处罚。”

三十一、将刑法第二百七十七条第五款修改为：“暴力袭击正在依法执行职务的人民警察的，处三年以下有期徒刑、拘役或者管制；使用枪支、管制刀具，或者以驾驶机动车撞击等手段，严重危及其人身安全的，处三年以上七年以下有期徒刑。”

三十二、在刑法第二百八十条之一后增加一条，作为第二百八十条之二：“盗用、冒用他人身份，顶替他人取得的高等学历教育入学资格、公务员录用资格、就业安置待遇的，处三年以下有期徒刑、拘役或者管制，并处罚金。

“组织、指使他人实施前款行为的，依照前款的规定从重处罚。

“国家工作人员有前两款行为，又构成其他犯罪的，依照数罪并罚的规定处罚。”

三十三、在刑法第二百九十一条之一后增加一条，作为第二百九十一条之二：“从建筑物或者其他高空抛掷物品，情节严重的，处一年以下有期徒刑、拘役或者管制，并处或者单处罚金。

“有前款行为，同时构成其他犯罪的，依照处罚较重的规定定罪处罚。”

三十四、在刑法第二百九十三条后增加一条，作为第二百九十三条之一：“有下列情形之一，催收高利放贷等产生的非法债务，情节严重的，处三年以下有期徒刑、拘役或者管制，并处或者单处罚金：

“（一）使用暴力、胁迫方法的；

“（二）限制他人人身自由或者侵入他人住宅的；

“（三）恐吓、跟踪、骚扰他人的。”

三十五、在刑法第二百九十九条后增加一条，作为第二百九十九条之一：“侮辱、诽谤或者以其他方式侵害英雄烈士的名誉、荣誉，损害社会公共利益，情节严重的，处三年以下有期徒刑、拘役、管制或者剥夺政治权利。”

三十六、将刑法第三百零三条修改为：“以营利为目的，聚众赌博或者以赌博为业的，处三年以下有期徒刑、拘役或者管制，并处罚金。

“开设赌场的，处五年以下有期徒刑、拘役或者管制，并处罚金；情节严重的，处五年以上十年以下有期徒刑，并处罚金。

“组织中华人民共和国公民参与国（境）外赌博，数额巨大或者有其他严重情节的，依照前款的规定处罚。”

三十七、将刑法第三百三十条第一款修改为：“违反传染病防治法的规定，有下列情形之一，引起甲类传染病以及依法确定采取甲类传染病预防、控制措施的传染病传播或者有传播严重危险的，处三年以下有期徒刑或者拘役；后果特别严重的，处三年以上七年以下有期徒刑：

“（一）供水单位供应的饮用水不符合国家规定的卫生标准的；

“（二）拒绝按照疾病预防控制机构提出的卫生要求，对传染病病原体污染的污水、污物、场所和物品进行消毒处理的；

“（三）准许或者纵容传染病病人、病原携带者和疑似传染病病人从事国务院卫生行政部门规定禁止从事的易使该传染病扩散的工作的；

“（四）出售、运输疫区中被传染病病原体污染或者可能被传染病病原体污染的物品，未进行消毒处理的；

“（五）拒绝执行县级以上人民政府、疾病预防控制机构依照传染病防治法提出的预防、控制措施的。”

三十八、在刑法第三百三十四条后增加一条，作为第三百三十四条之一：“违反国家有关规定，非法采集我国人类遗传资源或者非法运送、邮寄、携带我国人类遗传资源材料出境，危害公众健康或者社会公共利益，情节严重的，处三年以下有期徒刑、拘役或者管制，并处或者单处罚金；情节特别严重的，处三年以上七年以下有期徒刑，并处罚金。”

三十九、在刑法第三百三十六条后增加一条，作为第三百三十六条之一：“将基因编辑、克隆的人类胚胎植入人体或者动物体内，或者将基因编辑、克隆的动物胚胎植入人体内，情节严重的，处三年以下有期徒刑或者拘役，并处罚金；情节特别严重的，处三年以上七年以下有期徒刑，并处罚金。”

四十、将刑法第三百三十八条修改为：“违反国家规定，排放、倾倒或者处置有放射性的废物、含传染病病原体的废物、有毒物质或者其他有害物质，严重污染环境的，处三年以下有期徒刑或者拘役，并处或者单处罚金；情节严重的，处三年以上七年以下有期徒刑，并处罚金；有下列情形之一的，处七年以上有期徒刑，并处罚金：

“（一）在饮用水水源保护区、自然保护地核心保护区等依法确定的重点保护区域排放、倾倒、处置有放射性的废物、含传染病病原体的废物、有毒物质，情节特别严重的；

“（二）向国家确定的重要江河、湖泊水域排放、倾倒、处置有放射性的废物、含传染病病原体的废物、有毒物质，情节特别严重的；

“（三）致使大量永久基本农田基本功能丧失或者遭受永久性破坏的；

“（四）致使多人重伤、严重疾病，或者致人严重残疾、死亡的。

“有前款行为，同时构成其他犯罪的，依照处罚较重的规定定罪处罚。”

四十一、在刑法第三百四十一条中增加一款作为第三款：“违反野生动物保护管理法规，以食用为目的非法猎捕、收购、运输、出售第一款规定以外的在野外环境自然生长繁殖的陆生野生动物，情节严重的，依照前款的规定处罚。”

四十二、在刑法第三百四十二条后增加一条，作为第三百四十二条之一：“违反自然保护地管理法规，在国家公园、国家级自然保护区进行开垦、开发活动或者修建建筑物，造成严重后果或者有其他恶劣情节的，处五年以下有期徒刑或者拘役，并处或者单处罚金。

“有前款行为，同时构成其他犯罪的，依照处罚较重的规定定罪处罚。”

四十三、在刑法第三百四十四条后增加一条，作为第三百四十四条之一："违反国家规定，非法引进、释放或者丢弃外来入侵物种，情节严重的，处三年以下有期徒刑或者拘役，并处或者单处罚金。"

四十四、在刑法第三百五十五条后增加一条，作为第三百五十五条之一："引诱、教唆、欺骗运动员使用兴奋剂参加国内、国际重大体育竞赛，或者明知运动员参加上述竞赛而向其提供兴奋剂，情节严重的，处三年以下有期徒刑或者拘役，并处罚金。

"组织、强迫运动员使用兴奋剂参加国内、国际重大体育竞赛的，依照前款的规定从重处罚。"

四十五、将刑法第四百零八条之一第一款修改为："负有食品药品安全监督管理职责的国家机关工作人员，滥用职权或者玩忽职守，有下列情形之一，造成严重后果或者有其他严重情节的，处五年以下有期徒刑或者拘役；造成特别严重后果或者有其他特别严重情节的，处五年以上十年以下有期徒刑：

"（一）瞒报、谎报食品安全事故、药品安全事件的；

"（二）对发现的严重食品药品安全违法行为未按规定查处的；

"（三）在药品和特殊食品审批审评过程中，对不符合条件的申请准予许可的；

"（四）依法应当移交司法机关追究刑事责任不移交的；

"（五）有其他滥用职权或者玩忽职守行为的。"

四十六、将刑法第四百三十一条第二款修改为："为境外的机构、组织、人员窃取、刺探、收买、非法提供军事秘密的，处五年以上十年以下有期徒刑；情节严重的，处十年以上有期徒刑、无期徒刑或者死刑。"

四十七、将刑法第四百五十条修改为："本章适用于中国人民解放军的现役军官、文职干部、士兵及具有军籍的学员和中国人民武装警察部队的现役警官、文职干部、士兵及具有军籍的学员以及文职人员、执行军事任务的预备役人员和其他人员。"

四十八、本修正案自2021年3月1日起施行。

ISBN 978-7-5216-2506-6

9 787521 625066 >

图书在版编目（CIP）数据

中国法院2022年度案例．刑事案例．四／国家法官学院，最高人民法院司法案例研究院编．—北京：中国法制出版社，2022.2

ISBN 978-7-5216-2506-6

Ⅰ．①中… Ⅱ．①国…②最… Ⅲ．①刑事犯罪-案例-汇编-中国 Ⅳ．①D920.5

中国版本图书馆CIP数据核字（2022）第025261号

策划编辑：李小草　韩璐玮（hanluwei666@163.com）
责任编辑：韩璐玮　　封面设计：李宁

中国法院2022年度案例．刑事案例．四

ZHONGGUO FAYUAN 2022 NIANDU ANLI. XINGSHI ANLI. SI

编者/国家法官学院，最高人民法院司法案例研究院
经销/新华书店
印刷/三河市紫恒印装有限公司
开本/730毫米×1030毫米　16开　　印张/15　字数/181千
版次/2022年2月第1版　　2022年2月第1次印刷

中国法制出版社出版
书号ISBN 978-7-5216-2506-6　　定价：58.00元

北京市西城区西便门西里甲16号西便门办公区
邮政编码：100053　　传真：010-63141600
网址：http：//www.zgfzs.com　　**编辑部电话：010-63141792**
市场营销部电话：010-63141612　　**印务部电话：010-63141606**

（如有印装质量问题，请与本社印务部联系。）